Peter Brückner

Ulrike Marie Meinhof und die deutschen Verhältnisse

Peter Brückner

Ulrike Marie Meinhof

und die deutschen Verhältnisse

Mit Texten von Ulrike Marie Meinhof
und einem Nachwort zur Neuausgabe
von Klaus Wagenbach

Verlag Klaus Wagenbach Berlin

Für die Neuausgabe wurden zur leichteren Lesbarkeit die Texte typographisch neu gegliedert und mit einigen Anmerkungen sowie einer erläuternden Zeittafel versehen. Die Anmerkungen des Verlags stehen in [eckigen Klammern]. Die Texte selbst blieben unangetastet.
Das Nachwort von Klaus Wagenbach über die Geschichte des Buchs und seine Folgen wurde für diese Ausgabe geschrieben.

Wagenbachs Taschenbuch 245
Neuausgabe 1995

Umschlaggestaltung Rainer Groothuis. Gesetzt aus der Korpus Garamond und Optima durch die Offizin Götz Gorissen, Berlin. Gedruckt auf chlor- und säurefreiem Papier und gebunden von Wagner, Nördlingen. Printed in Germany. ISBN 3 8031 2245 7

Inhalt

Vorwort

Es gibt Vorurteile in der Politik: danach wandele sich in Staat und Gesellschaft Vieles – Regierungsmehrheiten ändern sich wie die internationalen Beziehungen, der Kapitalzins fällt und steigt, die Gründer-Generation des Staates stirbt aus. Das Problem sei die »Wahrung der Kontinuität«. Und es gibt Vorurteile in der politischen Psychologie: danach blieben sich gewisse Personen, namentlich die hartnäckigen Regierungsgegner, immer gleich – unangepaßt, lernten sie auch nicht; schafften es nicht, sich mit den Verhältnissen zu verändern.

In Wahrheit bleibt sich gerade *Herrschaft* in Deutschland, als präventive Konterrevolution, in vielem gleich. Die Beamten-Organisation des Staates, der Administration, wie sie in *Preußen* entwickelt wurde, verallgemeinert in einem Land ohne bürgerliche Revolution, enthält Elemente einer Blockierung von Erfahrung. In den höheren Rängen wurde, wo es um die geschichtliche Aufgabe der Entfaltung von bürgerlicher *Demokratie* ging, die Lern-, die Innovationsfähigkeit bald behindert, blieb minimal; da fehlte (und fehlt noch) nicht nur der »gute Wille«.

Welcher »Wille« regierte die Regierungen der Bundesrepublik? Welches *Interesse*? War es eines, wie es der Erfahrungsbildung, dem Lernen, der Innovation hätte vorausgehen müssen? Konnte es ein solches Interesse sein? Da in der Klassengesellschaft die Rebellion immer gegenwärtig ist, bedeutet »Regieren« in ihr *Prävention*; in der Bundesrepublik antreffbar als ein die schöpferischen sozialen Prozesse immer überschießender Wille zur Verfestigung von Herrschaft, ein »Interesse«, das die Blockierung von Erfahrung und Lernen aus der wilhelminischen (und nationalsozialistischen) Überlieferung fortsetzt. In der BRD hat sich seit 1948/49 strukturell wenig verändert, und wo es doch einige Wandlungen gab, betrafen sie nicht die Sozialstruktur und wurden den Regierungen *von außen*, von den Machtzentren befreundeter Nationen, wie den USA, aufgenötigt.

Der Aufbau und Ausbau der *Prävention* vollzog sich besonders kontinuierlich. Ihr Haßobjekt war – von Anfang an – nicht nur der befürchtete »Ausbruch *von unten*«, die sozialistische Revolution, sondern auch die Einleitung einer »bürgerlichen«

Revolution und damit zunächst die Kritik des bürgerlichen *Selbstbewußtseins* an der Restauration des Obrigkeitsstaats. Nicht einmal der Abbau des Rechtsstaats, d.h. von Freiheits-Garantien, und des Anspruchs des Bürgers auf ein geordnetes Verfahren vor Gericht, war eine »Abdrift«, die irgendwann einmal aus dem heiteren Himmel einer sich entfaltenden, liberalen Demokratie bedrohlich eingesetzt hätte, sondern ist Ausdruck von Kontinuität, *Gesetz* schon des Anfangs. Man muß einräumen, daß sich diese Kontinuität zeitweise gegen den Einspruch der früheren SPD, der Gewerkschaften, auch des liberalen Bürgertums mühsam behaupten mußte, sogar Niederlagen erlitt, wie z.B. durch die studentische *Protestbewegung,* Niederlagen, die von kurzer Dauer waren – und dennoch: Wer auf die deutsche Geschichte den bösen Blick wirft, wer Radikalen-Erlässe, Ausländer-Verordnungen usw. mit den Karlsbader Beschlüssen 1819 vergleicht, *Metternich in Bonn,* sieht die Blockierung von Erfahrungs- und Lernfähigkeit bürgerlicher Herrschaft in Deutschland bestätigt. Er wird in seiner Vermutung bestärkt, daß – auf der Ebene kollektiver Prozesse – die *Innovation* auf der Seite der »Historischen Alternative« lag und noch liegt. Die Impulse für den *Wandel* liegen dort, wo die Prävention des Staates sie kontinuierlich verdrängen oder zerstören will: in den arbeitenden und abhängigen Klassen, in den Emanzipations-Bewegungen und in den »revolutionären Hintergedanken« der bürgerlichen Freiheitsrechte.
Auf der Ebene des anderen Vorurteils, die angebliche Unveränderlichkeit, ja Starrheit bestimmter – gegnerischer! – Individuen anbetreffend, wird Wahrheit auch zugedeckt. In der Denkweise psychiatrischer Gutachter, diesen modernen Vorreitern des Vorurteils, konnte die Entwicklung der (erwachsenen) Ulrike M. Meinhof nur die Geschichte der *Ausfaltung* einer von der Norm schon immer abweichenden, psychopathischen und daher starren, unveränderlichen, Persönlichkeit sein; eine Abnorme, die sich erschreckend gleich blieb.
Nun gibt es in uns Oppositionellen allerdings ein überdauerndes, wenig veränderliches Element: unsere kritische Haltung nicht nur gegenüber der Despotie der Warenproduktion, sondern gegenüber dem Schrecken deutsch-bürgerlicher Kontinuität. Damit diese Haltung eingenommen und durchgehalten

werden kann, bedarf es mehr als eines kritischen Verstands. Es gehört dazu ein moralisches Interesse, eine vielleicht wirklich naturwüchsige Bereitschaft, dem Schwindel von Herrschaft: dem Konsens, nicht zu erliegen. Aber ebenso deutlich ist der *Wandel,* der sich in den Oppositionellen vollziehen kann: ein Wandel, den gerade Ulrike M. Meinhof tätig vollzog – etwa der Bruch mit *konkret* und ihrem Hamburger Leben 1968/69, der Bruch mit der Legalität im Jahre 1970; Brüche, in denen sie übrigens eigenen früheren, auch theoretischen, Positionen radikal widersprach; Brüche, in deren Folge sie sich auch als »Person« mit einiger Sicherheit verändert hat. Die politisch getroffene Entscheidung wäre dann einem psychischen, subjektiven »Umbau« vorangegangen.

Brüche müssen nicht in allem die Qualität des Alternativen, Neuen haben: Immer wieder übernehmen die BRECHT'schen »Kämpfer gegen das Unrecht« Aspekte ihres Selbstverständnisses auch aus den Händen des Klassenfeinds, und damit aus der Vergangenheit: aus den Händen von Herrschaft.

Ulrike M. Meinhof selbst empfand sich nach 1970 als die ›ganz andere‹; war der Auffassung, daß das Bedingungsgefüge und die Basis ihres Lebens: ihres Denkens, Fühlens, Handelns, kurz – ihrer *Subjektivität* das *Kollektiv der RAF* geworden war. Was sie als Person war, entsprang nach ihrer Auffassung nun dem *Leben des Kollektivs,* nicht mehr irgendeiner Vergangenheit. Diese Umbrüche – die laut gewordenen wie die in ihrem Sprachgestus, und die für die meisten von uns noch stummen – sind alles andere als bloße Ausfaltungen irgendeiner erworbenen Konstitution oder »Psychopathie« – ausgefaltet, weil nicht rechtzeitig abgeklammert wie ihr Hirntumor. Diese Umbrüche bildeten sich heraus in der Auseinandersetzung mit dem »Klassenfeind«; sie resultierten aus jahrelangem *Handgemenge,* aus Versuch und Irrtum (und nicht, wie vor einiger Zeit der Psychoanalytiker Th. Hacker vermutete, aus dem Ödipus-Komplex). Darum wird die Hinwendung zur *Biografie* eines Menschen aus dem Lager der »Historischen Alternative« immer etwas Dezentrierendes haben müssen. Das Geheimnis seiner Entscheidungen und Unterlassungen, die Wahl seiner Ziele liegt zu großen Anteilen in den *öffentlichen Ereignissen,* in die er lange verstrickt war.

Ich versuche, dem Leser in dem folgenden Text einen Eindruck von diesen Verhältnissen, den »öffentlichen Ereignissen« zu vermitteln. Verhältnisse darstellen, heißt auswählen. Die Kommentare von Ulrike M. Meinhof (in *konkret* und anderswo), die Analysen und Dokumente, die die von ihr betreuten Ressorts der Zeitschrift *konkret* für »den Leser damals« bereitgestellt haben, bestimmen weitgehend die Auswahl.
Aus diesen Kommentaren, Analysen, Dokumenten wird auch zitiert – spärlicher, als der Leser es nach dem Titel meines Textes erwarten wird. Ich hoffe, darin Ulrike M. Meinhof gerecht zu werden: nicht nur sie selbst sperrte sich in den letzten Jahren ihres Lebens dagegen, als »kritische Journalistin« in unsere Erinnerung einzugehen, auch die Ereignisse sperren sich; vor ihren späten Entscheidungen verblaßt ihre Tätigkeit als Journalistin zur Episode.

Ulrike M. Meinhof

Die Würde des Menschen

Das Grundgesetz ist das einzige Programm der bundesrepublikanischen Demokratie, das nicht vom Diktat einzelner Interessengruppen bestimmt ist, noch von perfektionistischen Weltanschauungssystemen sich herleitet. Seiner Entstehung und seinem Inhalt nach ist es vielmehr ein Stück Zeitgeschichte, präziser: Nachkriegsgeschichte.

Über dem Parlamentarischen Rat, der in Herrenchiemsee tagte und viele vereinigte, darunter die besten, die in den drei Westzonen nach 12 Jahren Nazismus noch aufzutreiben waren, lag der Anspruch, völkerrechtlich, ethisch, moralisch, historisch, staatsrechtlich und menschlich die Basis einer durch keine Barbarei zerstörbaren Welt zu entwerfen. Der Anspruch mag schon damals angesichts des Gegenstandes und seiner Möglichkeiten zu hoch gewesen sein; aber er war pathetisch, er wurde in breitester Front ernst genommen und schien zumindest angesichts der schmalen, vom Hunger gezeichneten Gesichter der Parlamentarier glaubwürdig.

Aus zwei Haupterkenntnissen sollten die Konsequenzen gezogen werden:

1. Demokratie ist die einzige Menschenwürde sichernde Form staatlichen Zusammenlebens – Diktatur ist Barbarei, Unmenschlichkeit, Terror, Rückschritt.
2. Krieg ist im 20. Jahrhundert nicht mehr möglich. Die Verluste sind durch keinen Kriegsgewinn und keine Beute aufzuwiegen, die materiellen nicht, sowieso nicht die menschlichen.

Gemäß diesen zwei Erfahrungen wurde mit dem Grundgesetz der Rechtsstaat geschaffen, und zwar so wohldefiniert und total, so durchdacht und vielfältig gewährleistet, wie es ihn vorher in Deutschland nicht gab, und Wehrpflicht und Remilitarisierung waren von vornherein verfassungsmäßig, das schien: katexochen aus der projektierten Existenz der Bundesrepublik ausgeschlossen. Das Grundgesetz war in seiner ursprünglichen Fassung total freiheitlich und total antimilitärisch. Für eine Remilitarisierung war schlechterdings kein Platz, und

Grundrechte und Freiheitsrechte galten – außer für Kriminelle – uneingeschränkt, d.h. dem Plan nach für alle Zeiten, für alle Menschen, für alle Situationen, für die fetten und für die mageren Jahre.
Diese Grundpfeiler der Verfassung waren nicht nur eine Rechtskonstruktion, sondern zugleich ein politisches Programm. Dem innenpolitischen Gegner und dem außenpolitischen Kontrahenten sollte grundsätzlich, das hieß jetzt: grundgesetzlich – gewaltlos einerseits und mit vollem Rechtsschutz andererseits begegnet werden. Was Recht sei in Deutschland sollte nie mehr durch die Manipulationen von Machtkämpfen entschieden werden. Friedenspolitik im Sinne von Nicht-Rüsten sollte nie mehr Sache parteipolitischer Willkür bzw. mehrheitlicher Entscheidungsbefugnis sein.
Als dann 1956 das Grundgesetz mit Zwei-Drittel-Mehrheit im Bundestag durch die sogenannten Wehrartikel geändert wurde, holte man nur programmatisch nach, was politisch schon vollzogen war. Der Kanzler hatte den westlichen Alliierten schon 1949 einen deutschen Verteidigungsbeitrag angeboten, weshalb Gustav Heinemann 1950 das Kabinett Adenauer verließ, hatte also schon sieben Jahre vor den entscheidenden Grundgesetzänderungen seine Politik unbekümmert um Geist und Buchstabe der Verfassung eingefädelt und betrieben. Für eine Remilitarisierung war kein Platz im Grundgesetz, es wurde durch diese sowohl verletzt wie gesprengt. Umgekehrt gesagt: Die Politik der Bundesregierung war im Rahmen des 1948er Grundgesetzes nicht länger durchführbar. Da man aber nicht erwog, die Politik zu ändern, da auch die SPD daran nicht dachte, wurde – konsequenterweise –, um die Legalität exekutiven Handelns zu erhalten, das Grundgesetz geändert, durch eine Erweiterung seines Inhalts, eine Verstümmelung seines Geistes.
Wenn heute der zweite Pfeiler, auf dem das Grundgesetz seiner zeitgeschichtlichen Relevanz nach steht, zerbrochen werden soll, wenn heute die Totalität grundgesetzlich gewährter *Freiheit* eingeschränkt werden soll – nicht für immer, wie im Fall Remilitarisierung, sondern *»für den Fall eines Notstands«*, dann heißt das wiederum: Die Politik der Bundesregierung ist nicht mehr länger im Rahmen des geltenden Grundgesetzes durch-

führbar, oder – wie Robert Jungk diesen Tatbestand 1959 auf dem Studentenkongreß gegen atomare Aufrüstung in Berlin kategorisch formulierte: »Atomare Aufrüstung und Demokratie sind unvereinbar.« Bedeutungsumfang und Trefflichkeit von Jungks Formulierung beginnen erst heute erkennbar zu werden. Bemerkenswert augenfällig spiegelt sich dieser Zusammenhang auch in der Entwicklung der sozialdemokratischen Politik der letzten drei Jahre. Noch 1959 durfte Walter Menzel, vormals Vorsitzender des Ausschusses Kampf dem Atomtod, im »Vorwärts« prinzipiell und grundsätzlich gegen ein deutsches Notstandsgesetz schreiben. Das war im Jahr des Deutschlandplans. Das war 1959, als es im Schutz der SPD noch möglich war, öffentlich über eine deutsche Konföderation und den Abschluß eines deutschen Friedensvertrags zu diskutieren. Das war, als der Rapacki-Plan noch eine Presse hatte; als die Rede von Verhandlungen mit Pankow wohl schocking war und diffamiert wurde, aber nicht resonanzlos blieb unter denen, die es anging; das war, als der Satz: »Wir werden nicht ruhen, solange der Atomtod unser Volk bedroht« zumindest für einen Teil der sozialdemokratischen Parteiorganisation noch keine Phrase, als Imperativ kein Ausschlußgrund war, sondern bitterer Ernst, Anleitung zum Handeln und zu politischer Willensbildung. Erst in dem Augenblick, als die SPD sich der Außenpolitik der Bundesregierung anschloß, schloß sie sich auch der Forderung nach einem Notstandsgesetz an. Als Herbert Wehner 1960 das Ja zum Natobündnis sprach, begannen MdB Arndt und Schäfer konstruktiv in die Notstandsdiskussion einzusteigen. Als Schmidt (Schnauze) über Feststoff- oder Flüssigkeits-Raketen zu fabeln begann, da fing die SPD an, über ein Notstandsgesetz mit sich reden zu lassen.

Als SPD und CDU in Sachen Atomwaffen einig wurden, lenkte die SPD auch in Sachen Notstand ein. Menzel schweigt seitdem und Wolfgang Abendroth, Chefideologe der Notstandsgegner, ist aus seiner Partei ausgeschlossen worden.

Atomare Aufrüstung und Demokratie sind unvereinbar. Der Satz ist umkehrbar: Atomare Aufrüstung und Auflösung der Demokratie bedingen einander zwangsläufig, Massenvernichtungsmittel und Terror gehören zusammen, technisch, organisatorisch und schließlich faktisch. Vom politischen Programm

des Grundgesetzes: »Frieden und Freiheit« wäre dann nichts übriggeblieben.
Die Schlußfolgerungen, die die Versammlung magerer Männer am Herrenchiemsee 1948 glaubte ziehen zu müssen, aus einem gescheiterten Weimar, aus 12 Jahren Nationalismus, wären dann also – im Falle der Verabschiedung eines Notstandsgesetzes – hinfällig. Der Faschismus nicht, wohl aber die Ansätze seiner Überwindung wären damit aus der neueren deutschen Geschichte wieder gestrichen. Die Erkenntnis: Nur Demokratie sichert Menschenwürde, nur Waffenlosigkeit Friede – wäre damit aufgehoben, die Manifestationen der Umkehr wären erloschen, die Bereitschaft zur Bewältigung aufgegeben. Von der Freiheit bliebe nur jene, für die Regierung zu sein, nicht gegen sie, jedenfalls nicht in Massen, nicht in harten Auseinandersetzungen, nicht in Streiks und Demonstrationen. Sie wäre abgeschafft, vor dem Termin ihrer eigenen Feuerprobe. Im formalen Vergleich und plastischen Bild hieße das: Oppositionelle Massen können in Zukunft zusammengeschossen werden – wie im ungarischen November, und der Krieg braucht nicht mit den Mitteln kluger Politik verhindert zu werden, er würde einfach – gemäß dem dann neuen Selbstverständnis der Bundesrepublik, vororganisiert, für den »Fall eines Notstands«. Die Würde des Menschen wäre wieder antastbar. Auch Diktatur wäre eine mögliche Form staatlichen Zusammenlebens. Krieg wäre auch in der zweiten Hälfte des 20. Jahrhunderts noch möglich.

konkret, 10, 1962

Deutsche Verhältnisse I: Die Gewalt der Restauration

Die »Freiheit des Westens« als Alibi

Meine sehr verehrten Damen und Herren! Es ist bisher hier wenig davon die Rede gewesen, daß Europa und alle *Völker außerhalb des russischen Vorhangs* in einer tödlichen Gefahr stehen, in der *Gefahr der Vernichtung* im wahrsten Sinne des Wortes (...). Das muß der Ausgangspunkt einer wiederanhebenden deutschen Außenpolitik sein.« Der Redner, der FDP-Abgeordnete *August Euler* (1908–1966), 1. Vorsitzender der FDP in Hessen 1949–1958, hat in der Bundestagsdebatte über die West-Integration (am 15. November 1949) dieses Votum noch ergänzt:
»Was heißt in der heutigen Situation ›pro-westlich‹, da wir überhaupt nur mit dem Westen zusammenarbeiten können (...), um gemeinsam mit (ihm) der Überfremdungsgefahr, der Aggressionsgefahr aus dem Osten zu begegnen?«
Diese Rede markiert die Militanz der Gesinnung gegenüber der UdSSR und, natürlich, der DDR – die Idee gewaltsamer Abenteuer ging seither in manchen Köpfen, und viele Jahre später auch im Volk, spürbar um*. Schon Euler hoffte in der gleichen Debatte, Rußland werde eines Tages – unter dem Druck westlicher Stärke – »auf Gebiete« verzichten, »die niemals russisch waren und niemals russisch sein werden, deren Bevölkerung nur darauf wartet, von einem unerträglichen Joch befreit zu werden«**, und Eugen Gerstenmaier, CDU (Mitglied des Bundestags 1949–1969, ab 1954 Präsident des Bundestags), der vor Euler sprach, erklärte in der salbungsvollen Redeweise des evangelischen Konsistorialrats:

* Vgl. die *Deutsche Rundschau*, 84. Jg., 1958, S. 25.
** Ich zitiere Bundestags-Debatten, wenn nicht anders angegeben, nach: *Deutsche Parlamentsdebatten*, III: 1949–1970, Fischer Bücher, Frankfurt 1971.

»Wir ersehnen den Tag, an dem die Vertreter der Länder der Ostzone und Groß-Berlins hier zwischen uns erscheinen, und das deutsche Land jenseits der Oder-Neiße-Linie wieder zur Heimstätte derer werden kann, denen es von Gottes und Rechts wegen gehört.«*

Der *Alleinvertretungsanspruch* der jungen BRD, 1949 formuliert, d.h. das Postulat, allein die westdeutsche Regierung vertrete in den internationalen Beziehungen alle Deutschen –

Heinrich Lübke, Bundespräsident, im Jahre 1964: »Welches ist seine wesentliche Aufgabe? Der Bundespräsident vertritt Deutschland – und zwar das ganze Deutschland (lebhafter Beifall) und alle seine Bürger nach innen und außen« (Allseitiger starker Beifall).**

Die *Hallstein-Doktrin* –

»Nach der Hallstein-Doktrin sieht es die Bundesrepublik als einen unfreundlichen Akt an, wenn ein Staat die Zone diplomatisch anerkennt, d.h. Botschafter oder Gesandte mit ihr austauscht« [und bricht *ihre* diplomatischen Beziehungen zu diesem Staat dann ab], so Ernst Majonica, CDU, Vorsitzender des außenpolitischen Arbeitskreises der CDU/CSU-Fraktion im Bundestag 1965***,

die *Nicht-Anerkennung der DDR* –

»(...) daß dieses Gebilde keine völkerrechtliche Anerkennung finden darf« (Regierungserklärung zur außenpolitischen Lage vom 28. Juni 1956(*)),

die bis in die jüngere Zeit hinein die Außenpolitik der BRD erst bestimmt, dann wenigstens gefärbt und modifiziert haben, verknüpften sich mit Drohgebärden gegenüber der »Zone« von manchmal deutlich imperialistischem Charakter. So sah Dr. Mende, damals Fraktionsgeschäftsführer der FDP, 1952 die »Lösung des Problems der Einheit«, d.h. der Wiedervereinigung

* Als Antwort auf die blutige und expansive Ostpolitik des »Dritten Reichs« (wenn auch nicht ohne Einfluß russischer Expansions-Interessen unter Stalin), mußten Deutsche nach 1945 Gebiete jenseits dieser Grenzlinie (und die »Sudeten«) verlassen – in der BRD wurden sie *Heimatvertriebene*, in der DDR *Neusiedler* genannt.

** Vgl. *Das Parlament*, Bonn 8. Juli 1964

*** Vgl. *Mann in der Zeit*, Augsburg April 1965

(*) Zit. nach: *Deutschlandpläne*, Hrsg. Kurt Hirsch, Rütten & Loening, München 1967, S. 365

Deutschlands, in einer »Ausdehnung der Bonner Verfassung auf die Sowjetzone«, deren politische Befreiung angestrebt werden müsse*, und Freiherr von und zu Guttenberg, MdB (CSU) definierte 1961 als »Ziel und Auftrag der Außenpolitik der BRD « *das Ende des DDR-Regimes*, und zwar *»ohne Kompromisse«***. Und in seiner Neujahrsansprache 1966 (!) wandte sich der unsägliche Bundespräsident Dr. Lübke an die »unter kommunistischer Herrschaft stehende Bevölkerung Mitteldeutschlands«:
»Es gibt trotz aller gegenteiligen Beteuerungen sehr wohl auch Anzeichen dafür, daß die Kommunisten selbst nicht daran glauben, auf die Dauer die Existenz von zwei deutschen Staaten erzwingen zu können (...) Man scheint (...) selbst kein Vertrauen zum Weiterbestand der kommunistischen Herrschaft in Mitteldeutschland zu haben.
Wo lebensfremde Ideologie und naturgegebene Wirklichkeiten in Konkurrenz miteinander stehen, wird sich auf die Dauer stets das natürlich gewachsene durchsetzen.«***

Ulrike M. Meinhof:
Wir sind nicht bereit, zu glauben, daß man in Bonn einen »Blitzkrieg« gegen die DDR plant, obwohl die Einsicht in die Unvernünftigkeit einer Sache noch nicht gegen das Vorhandensein derselben spricht. Und in Deutschland wurde schon einmal gedacht: »Das kann ja gar nicht sein«, und geschah dann doch und hat Millionen von Menschen das Leben gekostet. Fest steht: Es darf nicht sein, fest steht, daß die Tendenzen der bundesdeutschen Politik heute jede, weiß Gott jede Befürchtung rechtfertigen, fest steht, daß in dieser Situation der Optimismus den Toren, den Tumben überlassen bleiben muß, daß sich zusammenschließen müssen alle, in denen der Verdacht, das Mißtrauen und das Unbehagen wachgeworden ist, zu verhindern, was schon einmal nicht verhindert wurde. Vorsicht sei besser als Nachsicht – heißt es, und daß Vorsicht geboten ist, dazu bedarf es keiner neuen Beweise mehr.

konkret, 10, 1960, S. 3

* Vgl. *Der Tagesspiegel*, 5. Juli 1952
** Vgl. *Frankfurter Rundschau*, 28. April 1961
*** Zit. nach: *Deutschlandpläne*, S. 378

Begründet wurde die Nicht-Anerkennung der »Zone« als souveräner Staat üblicherweise durch eine Art von dogmatischem Legalismus: die Regierung der DDR sei nicht aus *freien Wahlen* hervorgegangen. Keine solchen Einwände hörte man bei der Aufnahme diplomatischer Beziehungen zu Diktatoren wie Franco oder Synghman Rhee [Staatspräsident von Südkorea]. Ich erinnere an diese »Ostpolitik« nicht, um eine historische Erklärung für Schießbefehl und Grenzfetischismus der DDR zu geben, oder um die Politik der CDU/CSU als Neigung zum Hasardspiel, aber unter dem Motto: »Nur keine Experimente!« vorzustellen, was eben mit diesen Worten schon Erich Kuby getan hat*. Die Ostpolitik war eine imperialistische Attitüde – von Vielen zeitweise, von Einigen immer ganz ernst gemeint, aber zugleich war sie auch *Vorwand*, Täuschung. Ich möchte hier auf Absichten, Pläne, Ideen der BRD-Regierungen hinweisen, denen die Militanz der Ostpolitik als Alibi dienen konnte oder sollte – so als werde, um in der Sprache des Krieges zu bleiben, ein *Rauchschleier* geschossen, der dem Beobachter bestimmte, wichtige Truppenbewegungen verbergen soll.
So war es einerseits »wahr« (d.h. so gemeint, wie es gesagt wurde), wenn Konrad Adenauer in der Bundestagsdebatte vom 15. November 1949 es als Thema der (historischen) Stunde bezeichnete, die »Republik Deutschland«, die noch international isolierten, von den Spuren des Zusammenbruchs 1945 und den Kriegsfolgen tief gezeichneten westlichen Teile des ehemaligen Deutschen Reiches, »einzufügen in den Kreis der westeuropäischen Mächte«** Dies allein böte ja auch Schutz vor der Aggressivität der UdSSR und des ostdeutschen Kommunismus. Eugen Gerstenmaier nannte gar als Thema und Ziel den »Aufbau einer (west)europäischen Gemeinstaatlichkeit«***, die Ära der Nationalismen und National-Egoismen sollte beendet werden, Deutschland, lange besonders gefährlich als »Nation«, war nun bereit, zugunsten dieser »Gemeinstaatlichkeit« zu entsagen. Dies alles war jedoch andererseits Vorwand, ein Rauchschleier für etwas ganz anderes, was der damaligen Opposition nicht

* *Frankfurter Hefte*, 1960, S. 382
** *Deutsche Parlamentsdebatten*, S. 34
*** *Deutsche Parlamentsdebatten*, S. 49

entging. Kurt Schumacher, 1946–1952 Vorsitzender der SPD (und, wie Max Reimann [KPD], von 1933–1945 fast ununterbrochen inhaftiert), sah in den »Kreisen, die heute die Träger der neoeuropäischen Agitation sind«, dieselben, die schon im Kaiserreich und in der Weimarer Republik »Gelegenheit zum Abschluß von großen Wirtschaftsabkommen, speziell zwischen den Kräften der Schwerindustrie« gehabt hätten*, und fügte hinzu, es sei ein Skandal, daß man im Bundestag über (europäische) Wirtschafts-Integration spreche, *aber den deutschen Arbeitern das Mitbestimmungsrecht verweigere.* Schärfer im Ton Max Reimann, ab 1948 Bundesvorsitzender der KPD, 1949–1953 Mitglied des Bundestags: es sei das deutsche, französische und amerikanische Kapital, das diese Konzeption der Bundesregierung bestimme**.

Kurz: Die West-Integration – mitsamt der Kreuzfahrer-Mentalität gegenüber der UdSSR und der DDR – war ein Rauchschleier für die Interessen der großen Kapital-Eigner: politische Form für die rasche und möglichst ungestörte Rekonstruktion des Kapitalismus in der Bundesrepublik.***

Die *Marshall-Hilfe* der Vereinigten Staaten lieferte später das Geld. »Rauchschleier« war die Integration Westdeutschlands auch für die militärpolitischen Interessen der USA, hinter der weitgehend »europäischen« Argumentation in Bonn nicht leicht zu erkennen (und damit eine zeitige Ouverture für die Wiederaufrüstung der BRD). Als die *New York Times* am 20. Juli 1952 feststellte, infolge der Eingliederung der beiden Deutschlands in die »Blöcke« sei jede Wiedervereinigung Deutschlands wahrscheinlich *um Jahrzehnte* hinausgeschoben, antwortete die *New Herald Tribune*, die Integration der Westzonen anbetreffend: »Aber wo sonst auf dem Kontinent können amerikanische Truppen stationiert werden?« Ihre Stationierung war für die USA unverzichtbar: Einkreisung der UdSSR (vgl. die Einmischung in Griechenland 1946/47, in der Türkei, später in Persien).

* a.a.O., S. 40
** a.a.O., S. 71
*** Das diente den ökonomischen Interessen auch in den westlichen Siegerstaaten.

Fritz Erler, SPD, 1949–1967 Mitglied des Bundestags, fünf Jahre später: »Die deutsche Einheit gibt es nicht als sowjetischer Satellitenstaat, sie gibt es auch nicht als amerikanischer Truppenübungsplatz.«*

Doch an dieser Stelle soll uns die ökonomisch-politische Seite hinter dem Rauchschleier beschäftigen. Rekonstruktion des Kapitalismus in der BRD, das bedeutete das Herstellen und die Sicherung des *sozialen Friedens*, eine wichtige Bedingung der ungestörten Kapital-Akkumulation. Wieder ist es der FDP-Abgeordnete August Euler, der – vielleicht unter dem Eindruck der massiven Streiks 1948 – am 15. November 1949 zwei zentrale Momente für diese Sicherung nennt:

»Alle Produktivkräfte werden benötigt, um einen Wohlstand zu sichern, der jede Möglichkeit der Verführung durch jene gewitzigen Demagogen ausschließt, die (...) darauf spekulieren, daß der in Not Befindliche doch einem verführerischen Wort offen steht, das alles zu versprechen scheint«**,

und in der gleichen Debatte rügt er den SPD-Vorsitzenden Schumacher:

»Es ist schlecht, Herr Dr. Schumacher, in der Öffentlichkeit zu sagen, eine Regierung, die immerhin von einer Mehrheit der Wähler getragen wird, sei getragen von Klassen-Interessen.«

Dieser Tadel reißt den »Rauchschleier« für einen kurzen Moment auf, man sieht eine Angriffs-Formation. Immerhin, um Euler zu ergänzen, hatten 1949 fast 30% der Bevölkerung die damals sozialistische SPD und fast 6% die KPD gewählt; und das Ahlener Programm der CDU mit seinen antikapitalistischen Formulierungen lag erst zwei Jahre zurück.

Die West-Integration, »europäische Gemeinstaatlichkeit« und die Abgrenzung zur Sowjetzone deckten nicht nur eine »Wohlstands«-Strategie zur Bindung der Bevölkerung an den Staat, sondern verschleierten die geplante Verhinderung der ökonomischen und politischen Emanzipation der Arbeiterschaft; *Klasse* sollte sie nicht werden. Dies ist nicht nur der Grund für das KPD-Verbot, 1951 beantragt, und für die damit verbundenen

* *Deutsche Parlamentsdebatten*, S. 238 (15./16. Dezember 1954)

** a. a. O., S. 60

*Berufsverbote**, die erst dann als »realitäts-orientiert« angesehen werden können, wenn wir sie als Auftakt zur *Militarisierung der Inneren Sicherheit* verstehen –
Dr. Becker, FDP, bezeichnete die Kommunisten 1954 als »fünfte Kolonne«, »die die Kader schon bereitstehen haben für den Fall, daß das einzelne Land einem Angriff vom Osten preisgegeben ist«** –,
sondern auch für die absurde »Wiedervereinigungs-Politik« der Bundesregierungen bis hin zur »Großen Koalition« (1966–69). Eine Wiedervereinigung, über die in den 50er Jahren hätte verhandelt werden können, hätte die *parlamentarischen Mehrheiten verändert* – zugunsten der SPD und auch der KPD, und hätte irgendeine Formierung der Arbeiter*klasse* nahegelegt. Beides wollten die CDU/CSU-Regierungen à tout prix vermeiden. Um nun einer vom Grundgesetz geforderten wirksamen Anstrengung zur Vereinigung der Teilstaaten zu entgehen, und Volk, politische Gegner und das Ausland möglichst einzuschläfern, war zweierlei nötig: In der Öffentlichkeit keinen Zweifel daran zu lassen, *daß* politische Entscheidungen in Bonn an der Wiedervereinigung orientiert seien (durch die »Methode der schlechthinnigen Behauptung«), aber *auch* keinen Zweifel daran, daß sie nur auf dem Wege der Westintegration und der Anlehnung an die militärisch-ökonomische Macht der USA zu erreichen sei***. Sie war jedoch höchstens durch Verhandlungen auch mit der *UdSSR* und unter Verzicht auf Einfügung in Militärbündnisse anzustreben, und die westdeutschen Politiker wußten das. Am 10. März 1952 schlug die UdSSR den Abschluß eines Friedensvertrags unter Beteiligung Deutschlands vor, *vertreten durch eine gesamtdeutsche Regierung.* Als die Westmächte erklärten, eine derartige Regierung könne doch aber nur auf der Grundlage *freier Wahlen* gebildet werden, bot die Sowjetunion an, diese Frage ohne Verzug zu erörtern(*). Es kam nie zu Verhandlungen.

* Die Adenauer-Regierung nannte etwa 20 Organisationen der KPD, bzw. der KPD nahestehend, deren Mitgliedschaft mit einer Beschäftigung im Öffentlichen Dienst unvereinbar sei.
** *Deutsche Parlamentsdebatten*, S. 254
*** Vgl. Oskar Negt, in: *Politik ohne Vernunft*, rororo aktuell, Reinbek 1965, S. 143
(*) Vgl. H. Jäckel, in: *Deutsche Parlamentsdebatten*, a.a.O., S. 292

Gustav Heinemann, SPD, 23. Januar 1958 im Bundestag:
»Verehrte Freunde der CDU! Als diese Note der Sowjetunion 1952 auf den Tisch kam, gab es in Ihren Reihen eine weite Zustimmung (...) Der Herr Bundeskanzler hat damals, als die Note ihm bekannt wurde, gleich wegwerfend gesagt – wie ja immer, wenn so etwas passierte, ›belanglos‹. Er (...) sagte: Der Westen muß erst stärker werden, ehe wir in eine Verhandlung eintreten können! Noch ist der Zeitpunkt nicht gekommen! (...) Wenige Tage vorausgegangen war die Rede des Bundeskanzlers vor dem CDU-Tag in Heidelberg am 1. März 1952, wo er mit aller Klarheit gesagt hatte: ›Erst stärker werden‹, und dann sollte es gehen, so hieß es wörtlich, ›um eine Neuordnung der Verhältnisse in Osteuropa‹. Ebenso (...) in einer Rede vom 5. März 1952: ›Es geht nicht nur um die Ostzone; es geht darum, ganz Osteuropa östlich des Eisernen Vorhangs zu befreien‹.«*
Die Sowjetunion wiederholte ein ähnliches Angebot im Oktober 1954. Ihre Interessen lagen auf der Hand: Sie wollte das Entstehen westeuropäischer Militärbündnisse unter Einbeziehung der BRD, und unter US-Hegemonie, nicht. Wieder ging niemand auf dieses Angebot ein. Daraufhin nahm die UdSSR ein Jahr später diplomatische Beziehungen zur Bundesrepublik auf und schloß zugleich einen Vertrag mit der DDR, »in dem sie diese für ›frei in der Entscheidung über Fragen ihrer Innen- und Außenpolitik, einschließlich der Beziehungen zur Deutschen Bundesrepublik‹, erklärte«**. Im Klartext: Fragen der Wiedervereinigung hatte die UdSSR damit als Sache der beiden deutschen Staaten definiert. Mit der DDR jedoch konnte Bonn nicht reden: Das war ein Gebilde, ein Phänomen, eine Zone, ohne Legitimität und Souveränität. Ein Verhandlungspartner für Fragen der Wiedervereinigung existierte nicht mehr.

* *Frankfurter Rundschau*, 25. Januar 1958 – G. Heinemann erinnerte in der zitierten Bundestagsrede daran, daß die Sowjetunion bereits *1947* freie Wahlen für alle Besatzungszonen anbot, und daß dies von den West-Alliierten »aus Sicherheitsgründen« abgelehnt worden war; sie waren, nach zwei Weltkriegen, an der Wiederherstellung des *Deutschen Reiches* nicht interessiert.
** H. Jäckel, a. a. O.

Ulrike M. Meinhof:
Natürlich kann Bonn die DDR nicht anerkennen. Das Gesicht, das Bonn dann verlieren würde, ist schon verloren. Bonn müßte mit dem Hinterkopf durch die Wand, das ist zuviel verlangt. Das wäre, als müßte sich einer, der unter dem Verdikt des Paragraphen 175 steht, verheiraten. Die gesamte Bonner Außen- und Innenpolitik von der europäischen Einigung bis zur Nato bis zu den Notstandsgesetzen, von der Entwicklungshilfe ganz zu schweigen, steht und fällt mit der Nichtanerkennung der DDR. Davon ausgenommen ist nur das bißchen Politik, das Bonn unfreiwillig leistet: Bildungspolitik, Familienpolitik, Sozialpolitik. Im übrigen ist es egal, ob man das nun Zone, DDR, Mitteldeutschland, Drüben oder SBZ nennt, was seit fast sechzehn Jahren unser Nachbarstaat ist. Das eigentlich Ungewöhnliche ist, daß man sich landauf, landab an diese mehr phantastische als realistische Politik gewöhnt hat, daß man die Ausnahme längst mit der Regel verwechselt, daß das Normale – die Anerkennung eines Staates, den es nun einmal gibt – als Laster erscheint, es zu erwägen, macht schon ein schlechtes Gewissen – wem gegenüber eigentlich? –, es ist verdrängt, es kommt auch publizistisch kaum vor, es kommt gar nicht in Frage.
Kaum ein Land hat eine so große Chance und hätte selbst dabei so großen Gewinn, der Welt ein Beispiel von Koexistenz vorzuführen, wie das geteilte Deutschland.
Warum wird kein Gebrauch davon gemacht? Dem steht nicht nur einfach Torheit, Kurzsichtigkeit, Borniertheit entgegen. Dem steht entgegen, was Strauß im Stern vom 28. Februar, als Ulbricht schon und noch in Kairo war, in bemerkenswerter Offenheit unter dem Stichwort: »Europäisierung der deutschen Frage« entwickelt hat. Strauß, der immerhin der Vorsitzende einer in Bonn regierenden Partei ist, macht zur Bedingung der Wiedervereinigung nicht nur »den Abbau des kommunistischen Systems in der Zone«, sondern darüber hinaus die »Wiedervereinigung Europas«. »Polen, die Tschechoslowakei, Ungarn, Rumänien, Bulgarien gehören genauso zu Europa, wie Holland, Belgien und die Schweiz ... Es gilt, eine Entwicklung dort mit allen Mitteln der politischen, wirtschaftlichen, kulturellen und psychologischen Kontakte zu unterstützen, damit ein Punkt erreicht wird, von dem an es keine Rückkehr mehr zur

Möglichkeit des alten Terrors gibt.« Erst dann wird es eine Lösung der deutschen Frage geben, »wenn Deutschland ein Teil eines europäischen Gravitationszentrums wird, dessen Gründungsurkunde legitime, deutsche Rechte und Lebensnotwendigkeiten enthält.« Wiedervereinigung in den Grenzen von 1943. – – Die Alternative zu Strauß ist die Anerkennung. Alles andere ist der kleine Finger. *konkret, 3, 1965, S. 3, gekürzt*

Auch der »Europa-Gedanke«, die europäische Gemeinstaatlichkeit Gerstenmaiers, zeitweise in der Jugend der BRD durchaus wirksam, bis zur stürmischen und symbolischen Beseitigung einiger Grenzschranken zwischen Deutschland und Frankreich, entschlief in Bonn an derselben Krankheit: Ein geeintes Europa hätte im Parlament starke Vertreter kommunistischer Parteien und radikaler Gewerkschaften gehabt.
Der »soziale Friede« enthielt noch andere, innenpolitische Programme zur Transformation der entstehenden Klassengesellschaft in eine *formierte Gesellschaft* – materielle, ideologische und polizeistaatliche. Von den materiellen habe ich das Wohlstands-Programm, d.h. auch: die Verbesserung der wirtschaftlichen Lage der arbeitenden Bevölkerung, bereits genannt. »Materiell« war auch das *Arbeitsrecht*, das voller Zweideutigkeiten war. Es gab ein Streikrecht, aber unter bestimmten Umständen konnten Streiks als Gewalt im Sinne des Hochverrats-Paragraphen des Strafgesetzbuchs betrachtet werden*, es galt auch nur für gewerkschaftlich organisierte, »legale« Arbeitskämpfe; und schließlich betrachtete man Streiks – in den Führungsetagen macher Groß-Unternehmen, in Bonner Regierungsbüros, bei der Polizei – zwar offiziell als Mittel des Arbeitskampfs, aber inoffiziell zugleich als »unterwanderungs-verdächtig«: waren Streiks, namentlich »wilde«, nicht ein Mittel der gegnerischen, der kommunistischen Sabotage? Konnten sie nicht dazu genutzt oder überhaupt zu dem Zwecke arrangiert werden, die westdeutsche Wirtschaft zu schädigen und die Ordnung des Staats (und der Fabrik!) zu stören?** Halb ideologisch, halb

* Vgl. BGH, Urteil vom 4. Juni 1955, sog. »Angenfort-Urteil«
** Vgl. z.B. Norbert Hamacher, Werksschutzleitung der Mannesmann AG, Düsseldorf (zit. nach: *Blätter für deutsche und internationale Politik*, 10, 1969, S. 1078)

polizeistaatlich war die Position von Regierung und Bundesverfassungsgericht zur Klassenfrage: Der Staatssekretär Ritter von Lex, Prozeßvertreter der Regierung beim KPD-Verbotsprozeß, erklärte jede *inhaltlich* vom »revolutionären Klassenkampf« ausgehende Politik für schlechthin verfassungsfeindlich, also auch bei Beachtung formeller Regeln der parlamentarischen Demokratie.

Ebenso verfassungsfeindlich sei der Massenstreik, und das BVG urteilte in seinem Verbot der KPD (1956), das System der Demokratie *verbiete* es, einen Menschen als Mitglied einer Klasse anzusehen – es widerspreche der Würde des Menschen, die These von der »Klassengesellschaft« zu akzeptieren. Im Juni 1957 entschloß sich die FDP sogar dazu, im Landtag von Nordrhein-Westfalen den Antrag zu stellen, in das Grundgesetz ein *Sozialisierungsverbot* aufzunehmen, aber die CDU unterstützte die FDP nicht: sie hielt es für richtiger, diese Frage zu einem späteren Zeitpunkt zu beraten.*

»Wir sind Grenzland neben dem eisernen Vorhang. Die moralische Kraft und der innere Friede in diesem Grenzland können entscheidend dafür sein, ob der Friede der Welt erhalten bleibt«, erklärte der CDU-Finanzminister Schäffer im Jahre 1951.** Und:

»Letzten Endes besteht das Wesentliche an dem Verteidigungsbeitrag des deutschen Volkes darin, den sozialen Frieden im Lande zu bewahren, sich damit immun gegen den Griff des Ostens zu machen«***, wonach in Mitbestimmungs- und ähnlichen Diskussionen ein mächtiger Teil der deutschen Kapitaleigner guten Gewissens danach trachten durfte, gesetzliche und politische Möglichkeiten dafür zu schaffen, ihre Gegenspieler – die Gewerkschaften – niederzuhalten. Wer ihre ökonomischen Vormacht-Stellungen auch nur berührte, galt schlicht als *gemeinschaftsschädlich*(*).

* Vgl. hierzu W. Abendroth, in: *Arbeiterklasse, Staat und Verfassung*, EVA, Frankfurt-Köln 1975, S. 116

** *Deutsche Parlamentsdebatten*, S. 99

*** a.a.O., S. 110

(*) Vgl. Eugen Kogon, in: *Frankfurter Hefte*, Jg. 1962, S. 580

Lutz Lehmann:

Vorsicht! Politische Justiz! Ein Bildband über Ravensbrück

Am 18. April 1963 erschienen in einem großen Werk in Hannover zwei Beamte der politischen Kriminalpolizei, um im Zuge eines Ermittlungsverfahrens wegen Verdachts illegaler KPD-Tätigkeit den Arbeitsplatz der 19jährigen Laborantin Ute Diegel zu durchsuchen. Tatsächlich konnten sie hier eine höchst verdächtige Schrift sicherstellen: »Das kommunistische Manifest« von Marx und Engels aus dem Jahre 1848. Nach erkennungsdienstlicher Würdigung der Beschuldigten – Polizeifotos und Fingerabdrücke – wurden bei einer Wohnungsdurchsuchung noch eine Reihe Postkarten und Briefe sowie ein Bildband über das KZ Ravensbrück sichergestellt. Die Beschlagnahme dieses »Materials« wurde durch Beschluß des Amtsgerichts Hannover vom 3. Mai 1963 bestätigt.

Die Arbeitgeberin folgerte aus der Durchsuchung des Arbeitsplatzes einen gegen Fräulein Diegel vorliegenden schwerwiegenden Verdacht und sprach darum die Kündigung aus. Eine von der Gewerkschaft unterstützte Klage Ute Diegels, die nie der KPD oder FDJ angehört hat, auf Nichtigkeit der Kündigung und Wiedereinstellung wurde vom Arbeitsgericht abgewiesen. Am 14. Januar 1964 wurde zwar von der Staatsanwaltschaft bei dem Landgericht in Lüneburg (2 Js 171/63) das Ermittlungsverfahren gegen Ute Diegel eingestellt – nicht aber sie wieder bei ihrer Firma. Die beschlagnahmten Gegenstände sind bis heute nicht zurückgegeben worden. Warum? »Das kommunistische Manifest« und ein Bildband über ein Nazi-KZ – was sind das überhaupt für Beweismittel? Und welche schwerwiegenden Verdachtsgründe haben das Ermittlungsverfahren, die Haus- und Arbeitsplatzdurchsuchung notwendig gemacht? Die Staatsanwaltschaft in Lüneburg blieb die Antwort auf diese Fragen bisher schuldig.

Vorladung zur Kriminalpolizei

Ein Abiturient soll in der Klasse ein Referat zum Thema »Berlin – Symbol der Teilung Deutschlands« halten. Er forderte dazu Material an: vom Bundesministerium für Gesamtdeutsche Fragen, vom Berliner Senat, von der Landeszentrale für politische Bildung und von einem Ostberliner Informationsbüro. Aber das

Material aus dem Osten kommt nicht bei ihm an. Er fragt nach: bei der Post – die schickt ihn zum Zoll – der schickt ihn zur Staatsanwaltschaft. Einige Tage später bekommt der Abiturient sein Material. Und zwei Wochen später wird er zur Kriminalpolizei bestellt und gefragt: »Wird bei Ihnen in der Schule öfter solches Material verwendet? Und – das interessiert uns ganz privat – von welchem Lehrer erhielten Sie das Referat?«
Jeder hat das Recht, seine Meinung in Wort, Schrift und Bild frei zu äußern und zu verbreiten und sich aus allgemein zugänglichen Quellen ungehindert zu unterrichten?
Wenn ich nicht irre, steht das im Grundgesetz, Artikel 5.
Wir können noch lange nicht ruhig und zufrieden sein.

konkret, 1, 1965, S. 14ff.

Gott und Metternich in Bonn

»Wir müssen uns klarmachen, wo wir stehen: wir müssen uns klar werden über das Ziel, das wir erreichen wollen, und da müssen wir im Vertrauen auf Gott unser Herz in die Hand nehmen und müssen die nötigen Schritte tun. Jeder von uns (...) ist verpflichtet, mitzutun und mitzuhandeln, denn glauben Sie: Es geht darum, ob Europa christlich bleibt oder ob Europa heidnisch wird.«
Konrad Adenauer, 1952*

Europa heidnisch oder christlich: ein besonderer westdeutscher »Rauchschleier«, ein Nebel auch in den Köpfen, der für Viele die wirkliche Entwicklung der BRD dem Blick entzog. Was in der Bundesrepublik entwickelt werden sollte, war höchstens insofern »christkatholisch«, als eine schleichende Hispanisierung dies wäre: die möglichst abgesicherte Macht »bestimmter Teile der gesellschaftlichen Wirklichkeit«, wie die *Frankfurter Hefte* 1961 etwas vage schrieben. Gemeint waren im wesentlichen die Kapitaleigner, die besitzende Bourgeoisie also, und die Kirche.** Der gesamten Bonner Öffentlichkeitspolitik teilte sich eine parareligiöse Weihe mit, die sich nicht allzuspät mit der Tendenz vereinigte, jede Opposition zu kriminalisieren. Dr. Thomas Dehler, FDP:
»Wer in der Bundesrepublik etwas Provisorisches sieht und mit aller Kraft die deutsche Einheit erstrebt, der kommt in den Geruch der Verfassungsverletzung, ja der Beihilfe zum Hochverrat und Landesverrat«,
denn er hätte ja mit Pankow verhandeln müssen, aber Pankow existierte rechtlich nicht. Wer so tat »als ob«, handelte im Interesse des heidnischen Europas***.
Die fortschreitende Restauration eines Sozialsystems, »das auf Unterschieden der gesellschaftlichen Privilegien, auf Unterschieden der Chancen zur Entfaltung individueller Produktivkräfte und auf ungleichen Möglichkeiten zur Mitbestimmung bei den für alle Schichten gleich wichtigen Angelegenheiten«

* *Bulletin des Presse- und Informationsamts der Bundesregierung*, 22. Juli 1952
** Das war die Auffassung der *Frankfurter Hefte*. Vgl. Jg. 1961, S. 24
*** Th. Dehler, 1961, zit. nach: *Deutschlandpläne*, S. 258

beruht*, kurz: eines Systems von *Klassenherrschaft*, brachte erneut Charakteristika des autoritären Staats hervor. Wer den für die Restauration wesentlichen Elementen der Regierungspolitik und ihren Verfechtern nicht zustimmte, galt entweder als Dummkopf oder als (halber) Verbrecher. *Solche Diffamierungen sind also nicht erst von heute.* Sie trafen: die SPD – ob nun wirklich noch oppositionell oder schon nicht mehr –, die Gewerkschaften, linke und liberale Intellektuelle, Studenten, Journalisten, Redakteure und Schriftsteller.
Gleichschaltungs-Tendenzen im *Nachrichtenwesen* (Presse-Agenturen) und der *Massenkommunikation* (Tageszeitungen, Rundfunk, später Fernsehen, Illustrierte) wurden zwar schon in den ersten Jahren der Bundesrepublik spürbar: 1952 war die dpa (Deutsche Presse-Agentur), 1953 der Norddeutsche Rundfunk (NDR) bis 1955 der Publizist Paul Sethe (FAZ) Objekt heftiger Attacken vonseiten des Bonner Bundeskanzleramts, aber erst gegen Ende des Jahrzehnts begannen diese Gleichschaltungs-Tendenzen – im Urteil liberaler Kritiker – das Gesicht der »öffentlichen Meinung« zu bestimmen.** »Restaurativ« war auch die anwachsende, und heute unvorstellbare, Konfessionalisierung der Öffentlichkeit.*** Eine heilige Allianz von Ordnungsmächten: Regierung, Kapital, Katholizismus, verbündet mit der kleinbürgerlichen (und öfters nationalistischen) Mentalität in breiteren Bevölkerungs-Schichten, sorgte für die Durchdringung des Landes mit *Tabus*, die nicht nur die freie Gestaltung des geistigen und kulturellen, sondern auch die Entfaltung des politischen Lebens einengten und bedrohten (und, als eine latente Gewaltform bürgerlicher Herrschaft, bis in die zwischen-

* H. Pross, in: *Deutsche Rundschau*, 84. Jg., 1958, S. 926

** Den genannten Beispielen (dpa, NDR, Sethe) wären andere hinzuzufügen. Aber gegen Ende der 50er Jahre verschärfte sich aus verschiedenen Gründen der Konformationsdruck auf die Medien der Massen-Kommunikation.

*** Ich kann hier die Wirksamkeit der *Fuldaer Bischofskonferenz* oder des *Zentralkomitees der deutschen Katholiken* nicht im einzelnen darstellen. – Konnte 1960 ein Atheist ordentlicher Professor an einer deutschen Hochschule werden? Im Falle des Stuttgarter Max Bense lautete die Antwort zunächst: Nein! Er durfte Ordinarius für Philosophie erst werden, nachdem man ihm einen katholisch-christlichen Kollegen zur Seite gestellt hatte.

menschlichen, nachbarlichen Beziehungen hinein wirksam wurden). *»Metternich in Bonn«* hieß eine Schlagzeile in *konkret*, 13, 1961, S. 4. Es hatte sich – Ende der 50er Jahre, nach zögernden Anfängen – ein richtiges System regierungskonformer Sprachregelungen ausgebildet, ein »unausgesprochenes Gesetz« für Berichterstattung, Kommentar und öffentliche Erörterung, das alle Gesellschafts- oder sozial*kritischen* Äußerungen (ohne Rücksicht auf ihre politische Herkunft und Zielsetzung!) unter wenige schimpfwortartige Stereotype brachte: marxistisch, ideologisch, dogmatisch, unzeitgemäß; und die, die noch Kritik übten, unter die Stereotype »Outsider«, »Utopisten«, »Pinscher«*. Wer Ereignisse in Deutschland oder in der Welt anders als »erwünscht« kommentierte, galt sehr leicht als Teil der *fünften Kolonne* (des Kommunismus, der DDR, der SU); in manchen Zeitungen kurz und grob als »Handlanger Ulbrichts« (und natürlich *Wirrkopf*). Willy Brandt 1960: »Nach der größten Katastrophe unserer Geschichte (...) ist das Mißtrauen gegenwärtig tonangebender Kreise gegen jede Kritik aus dem Bereich des Geistes nicht selten so groß, daß eine (...) degradierte, eine dem Angebot und der Nachfrage unterworfene Verbrauchskultur weithin dem kritischen Intellekt vorgezogen wird.«**

Als die Opposition schließlich aus den Parlamenten ausgewandert war, nach 1960***, wurden Presse, Funk und Fernsehen als außerparlamentarische Einrichtungen wichtige Instanzen der Kritik(*). Diffamierung und Gleichschaltungsversuche nahmen daher zu. Als Joachim Fest, Leiter und Moderator von *Panorama* (ARD) am 4. Juli 1966 eine entschiedene und sorgfältige Kritik der Notstandsgesetzgebung brachte, wurde er nur fünf Tage später von seinen Aufgaben »entbunden«. Auch seine Vorgänger Proske, Paczensky, Kogon waren vor Ablauf ihrer Verträge entlassen worden.(**)

* *Gewerkschaftliche Monatshefte*, 12, 1961, S. 536 und die DBG-Tagung über »Politische Bildung« im Rahmen der Ruhrfestspiele Recklinghausen, 1961

** In: *Kultur und Politik in unserer Zeit*, Dokumentation des Kongresses der SPD am 28./29. Oktober 1960 in Wiesbaden (Hannover 1960)

*** siehe weiter unten, S. 36

(*) Vgl. *Frankfurter Hefte*, 16. Jg., 1962, S. 508f.

(**) Ulrike Marie Meinhof, in: *konkret*, 8, 1966, S. 2

Ulrike M. Meinhof:
Joachim Fest oder Die Gleichschaltung

Am 4. Juli brachte Panorama unter der Leitung von Joachim Fest eine dreiviertelstündige Sendung über die Notstandsgesetze. Es war die schärfste Kritik und klarste Darstellung dieses Gesetzgebungswerkes, die dem Millionenpublikum des Deutschen Fernsehens je vorgeführt worden ist. In den gleichen Tagen hatte sich Kai-Uwe von Hassel im Deutschen Bundestag wegen Vorwürfen, die Panorama gegen ihn erhoben hatte, zu rechtfertigen. Die Wahlen in Nordrhein-Westfalen und damit eine erneute Diskussion der Großen Koalition standen bevor. Da wurde Joachim Fest, fünf Tage nach seiner Notstandsgesetzsendung, von seinen Aufgaben als Leiter und Moderator von Panorama zum 1. Januar 1967 – gegen seinen Willen – entbunden. Seitdem die SPD nur noch formal Oppositionspartei ist, in fast allen politischen Sachfragen dagegen mit der Politik der Bundesregierung kollaboriert, in vielen mißlichen Lagen der Regierung das Gesicht wahren hilft, ist politische Opposition in der Bundesrepublik zunehmend in Mißkredit geraten, Kritik verpönt.

Die Große Koalition braucht keine Kritiker, nur noch Interpreten. Große-Koalitions-Politik setzt die Umwandlung von Interessenparteien in Volksparteien voraus, die Bagatellisierung – mit anderen Worten – von Interessengegensätzen in Staat und Gesellschaft zugunsten höherer Ziele. Wer aber die Maßnahmen von Volksparteien kritisiert, kann leicht dem Verdacht ausgeliefert werden, er kritisiere das Volk selbst und dessen von den Parteien artikulierten Willen. Selbstverständlich, daß Volksparteien sich weniger durch Volksprogramme als durch Volkspolitiker (am liebsten Volksredner) der Öffentlichkeit vorstellen. Zu den Mitteln Großer-Koalitions-Politik gehören mit anderen Worten: Die Verdrängung politischer Sachdiskussion zugunsten von Personalfragen (»neue Köpfe«!), die Unterordnung politischer Meinungsverschiedenheiten unter ein alle Personen ergreifendes Ziel. Was mit diesen Mitteln bewirkt wird, ist das, was man gemeinhin Entpolitisierung nennt. Die Politik der Großen Koalition zielt nicht auf eine regierungstreue Bevölkerung, sondern auf eine unpolitische. Regierungstreue stellt sich dann von selbst ein.

Joachim Fest ist nicht das erste Opfer dieser Entwicklung. Der Abgang seiner Vorgänger beweist es. Wohl aber ist sein Fall symptomatisch für den derzeitigen Stand der Dinge.
Gesündigt hat Fest gegen die Einigkeitsideologie der Parteien, die primär auf Antikommunismus basiert, der in der Bundesrepublik die Funktion des Antisemitismus der NS-Zeit abgelöst hat. Wer den Glauben an die alles erdrückende Bedrohung aus dem Osten bedingungslos teilt, verzichtet darauf, Schwächen und Fehler ans Licht der Öffentlichkeit zu zerren, die im zivilen und militärischen Bereich bei der Abwehr dieser Bedrohung unterlaufen. Notstandsgesetze, Starfighterabstürze, Vertriebenenpolitik, einen reaktionären Justizminister und illegale Flugblattaktionen der Bundeswehr gegen die DDR bemäkelt nicht, wer sich dem höheren Ziel dieser Maßnahmen verpflichtet fühlt, dem Antikommunismus.
Fest ist ein Einzelner. Große Koalitionspolitik, angewiesen auf Verschleierung realer Interessengegensätze in Volksparteien, gibt einzelnen keine Chance.
Es sieht so aus, als bliebe Fest nichts anderes übrig, als sich – willig oder unwillig – ins Dritte Programm abdrängen zu lassen oder zur Illustriertenpresse zu gehen, jenem seiner Natur nach unpolitischen Medium, das schon anderen Narrenfreiheit gab, weil sie dort nicht mehr als Außenseiter sein können: Er käme in individuelle Gesellschaft. Es bliebe ihm freilich auch die Möglichkeit, Bücher zu schreiben, die wiederum nur jene lesen, die die Zeichen der Zeit auch so verstehen. Die Große Koalition schickt den Einzelnen, der den Anschluß verweigert, in die Isolation. Es wäre gut, wenn Fest das nicht kampflos mit sich geschehen ließe. *konkret, 8, 1966, S. 2, gekürzt*

In den Gewerkschaften gab es Stimmen, die die Situation hinter den »Rauchschleiern« exakt beschrieben: Was sich seit 1949 in etwa zehn Jahren vollzogen hatte, war nach dem Einschwenken der CDU auf den Kurs des Großbürgertums die Vollendung *besitzbürgerlicher Herrschaft.* Eine bloß formale Demokratie, wie die in der Bundesrepublik, gab nur dem Großbürgertum Chancen, nicht jedoch der Opposition. Was war zu tun? Offensichtlich nur wenig: die Position der Kritik im *außerparlamentarischen Bereich* zu verstärken und das Institut der *Mitbestimmung in den*

Betrieben zu forcieren*. Der wirtschaftliche Aufschwung, in der Tat erstaunlich, und mit einer spürbaren Erhöhung der Reallöhne und der Sozialleistungen verknüpft, hatte die Machtverhältnisse in der westdeutschen Gesellschaft in wenigen Jahren verschoben – sehr zuungunsten einer *sozialen* Demokratie**. Funktional für bürgerliche Herrschaft war auch der Rechtsstaat. Gesetze sind (auch) *Waffenstillstände* im Kampf sozialer Gruppen, und fixieren eigentlich einen *früheren* Stand der Kontroverse oder des Konflikts. Nun ändern sich jedoch die Verhältnisse – wie bringt man bestehende Gesetze in Einklang mit den Verhältnissen der Gegenwart? Das war kein Problem für die Inhaber von Herrschaftspositionen: »Zivile und militärische Obrigkeiten nehmen sich immer ihr Recht.« *Aber der Bürger?****, aber die Opposition? Auch *Verfassungen* sind natürlich auslegbar, und was in ihnen 1948/49 dilatorischer Kompromiß war, erfuhr durch den Machtzuwachs der Bourgeoisie seine einseitige Definition.

Ulrike M. Meinhof schrieb anläßlich der Kaufhaus-Brandstiftung von Baader, Ensslin, Proll 1968, die ein Fanal für den Widerstand gegen den Vietnam-Krieg sein sollte:

Das Gesetz, das da gebrochen wird durch Brandstiftung, schützt nicht die Menschen, sondern das Eigentum (...). Die da Schindluder treiben mit dem Eigentum, werden durch das Gesetz geschützt, nicht die, die Opfer dieses Schindludertreibens sind (...). Und so desparat es auch immer sein mag, ein Warenhaus anzuzünden, dies, daß die Brandstifter (...) das Gesetz brechen, das die Logik der Akkumulation schützt, nicht aber die Menschen vor dieser Logik und ihren barbarischen Folgen, dieser Gesetzesbruch ist das progressive Moment einer Warenhausbrandstiftung. *konkret, 14, 1968*

* Vgl. etwa Kurt Brumlop, in: *Gewerkschaftliche Monatshefte*, 1960, S. 83
** Walter Dirks, in: *Frankfurter Hefte*, Jg. 12, 1958, S. 685
*** *atomzeitalter*, 2, 1962, S. 269

(Anmerkung des Lesers P. B.: Wer sich mit der Geschichte der Bundesrepublik beschäftigt, hat in der Tat den Eindruck, daß der Rechtsstaat nach dem Prinzip der *Spielbank* organisiert ist: Natürlich haben einzelne Spieler Gewinn-Chancen, aber die einzige, die mit Sicherheit immer gewinnt, ist die Bank. [Ohne Zweifel würde man in einigen anderen Staaten zu dem gleichen Ergebnis gelangen.]
Wo der »Bruch der Gesetze« jedoch zum *Prinzip* revolutionären Handelns gemacht wird, dort werden über kurz oder lang die bürgerlichen Freiheiten verspielt. Was immer man von ihnen halten mag, *sie* waren und sind Waffen im politischen Kampf. »Und wir sollen die Arme verschränken, wenn man sie uns nehmen will?«, so Friedrich Engels.)

Seit 1958/59 begann die parlamentarische Opposition, die SPD, damit, sozialistische Restbestände ihrer Tradition über Bord zu werfen*. Mit ihrem Godesberger Programm, 1959, hatte sie sich endgültig dazu entschlossen, »nach rechts abzubiegen«**, eine »Partei des Volkes« zu werden. Die Fabriken überließ sie der sozialen Initiative der Unternehmer.*** Sie gab nicht nur produktive Utopien auf, sie verlor ein »an der wirklichen Situation in der wirklichen Welt orientiertes Bewußtsein«(*), und weil Wahrheit etwas ist, was durch realitätsmächtiges Handeln hergestellt werden muß, trug sie zum *objektiven Nebel* in den Verhältnissen bei. Am 30. Juni 1960 erklärte Herbert Wehner die Nato zur »Grundlage aller Außenpolitik«(**). Als sich die europäischen sozialistischen Parteien im November 1961 zu einer Beratung trafen, lehnten die SPD-Führer sogar die dort vorgeschlagene Aufnahme von De-facto-Beziehungen zur DDR ab (und ebenso die Anerkennung der Oder-Neiße-Linie). Spätestens in der Bundestagsdebatte vom Juni 1965 aber zeigte sich, daß die sozialdemokratische Partei jede eigene Vorstellung über Deutschland- und über Außenpolitik aufgegeben hatte (und

* übrigens auch zu Teilen die Gewerkschaften
** Vgl. *SPD und Staat,* Politik 51, Wagenbach, Berlin 1974, S. 45f.
*** Walter Dirks, in: *Frankfurter Hefte*, Jg. 1960, S. 3f.
(*) Walter Dirks, a. a. O.
(**) *Blätter für deutsche und internationale Politik*, 7, 1965, S. 621

der Sache nach wohl ihren Widerstand gegen die damals heftig diskutierte atomare Aufrüstung der Bundeswehr, vgl. S. 60). Die SPD hatte aufgehört, eine wenigstens radikaldemokratische, wenn schon nicht sozialistische, Partei zu sein. »Sie war entschlossen, auf der Ebene der etablierten Verhältnisse und der etablierten Ideologie die Macht in dieser etablierten Ordnung zu erobern. Die programmatische und pragmatische Bejahung des bestehenden gesellschaftlichen Systems erschien ihr als Voraussetzung dafür, um mit einigermaßen gleichen Chancen auf dem Markte der Stimmenwerbung auftreten zu können«.*
konkret, 17, 1961: »die SPD sei nicht mehr wählbar, weil sie die Grundlagen der Adenauer-Politik übernommen habe«. Als Zeichen für ihre Distanzierung von allen sog. radikalen Thesen schloß die SPD – noch vor den Bundestagswahlen 1961 – die parteiinterne Kritik aus, also den SDS und die den Studentenverband stützenden Professoren**. Es gibt für diesen Selbstreinigungsprozeß der parlamentarischen Opposition von ihren oppositionellen Köpfen und Inhalten bekanntlich den sogenannten *guten Grund*: die SPD sah darin die einzige Chance, endlich Wähler-Mehrheiten zu finden, und sich der Denunziation als *vaterlandslose Gesellen* zu entziehen***. (Ulrike M. Meinhof hielt lange, wohl bis 1965, die SPD dennoch für eine Hoffnung: würde sie nicht nach einem Wahlsieg »das Ruder herumreißen« und innenpolitisch die Interessen der *Arbeitnehmer* verteidigen?(*)).
Auch hier drohen »Rauchschleier«. Der Weg der Sozialdemokratie in Regierungsämter führte nicht nur über Godesberg, sondern, während der Kennedy-Ära, über *Washington*. Kennedy und seine Mitarbeiter realisierten, daß die amerikanische ›containment‹-Politik gegenüber der UdSSR, also der Versuch, die SU zurückzudrängen und einzuschüchtern, gescheitert war. Die Politik der friedlichen Koexistenz sollte nun auf sublimeren Wegen eine Erosion des »Ostblocks« einleiten. Es war Egon

* Theo Pirker, in: *Die SPD nach Hitler*. Karl Wienand, Bad Godesberg-Liechtenstein, o. J. (1965), S. 285

** wie Wolfgang Abendroth

*** und wurde dabei fast widerstandslos gegen jede Erpressung von rechts, *konkret*, 17, 1961, S. 7

(*) Vgl. etwa *konkret*, 12, 1964, S. 3 (Der SPD-Parteitag)

Bahr, der, nach seinen Besuchen in den USA (und nach den Besuchen Willy Brandts) die neue nützliche Formel fand: *»Wandel durch Annäherung«*, und es war die Kennedy-Administration, die für ihre veränderten Methoden bei der Führung der Sozialdemokratie mehr Verständnis fand als bei CDU und CSU. Bestimmte Intentionen der USA waren bei der SPD besser aufgehoben als bei den konservativen Parteien. Eine Änderung in den *Zielen* amerikanischer Politik war nicht vorgesehen.

»... aber der Bürger?«

Was aber sagte das Volk? »Aktivität von unten nach oben (...) wird nicht erwähnt, scheint unerwünscht«, schrieb Ulrike M. Meinhof in *konkret* (2, 1966, S. 2) zu den Gesprächen Herbert Wehners mit Günter Gaus*. Die Leitidee der Regierungsparteien (und ihrer Vasallen) war es schon seit dem Geburtsjahr der Bundesrepublik, daß politische Stabilität *politische Apathie* in der Bevölkerung voraussetze** – natürlich nicht bis zur Wahlenthaltung. Das Monopol der Parteien, so die herrschende Auffassung, dürfe »von außen« nicht angetastet werden, auch nicht vom Volk.*** Gefahren werden in plebiszitären Ereignissen gesehen, nicht nur im direkten Plebiszit, wie es die Schweiz kennt, sondern auch in Demonstrationen oder Streiks. Denn: üben auf solchen Wegen die Massen nicht einen »direkten Machtdruck« aus, so daß ohne ihre »psychische Zustimmung« gar nicht mehr regiert werden könne? Und das, obwohl sie notwendig inkompetent, politisch höchstens halbgebildet sind(*)? Es wäre wenig ratsam, das geringe politische Interesse der Massen zu erhöhen – es bliebe ja doch fruchtlos. Nicht einmal *als Wähler* kann sich der Mann auf der Straße vernünftig verhalten, denn »was (er) mit seiner Entscheidung aus- oder anrichtet, ist jenseits seines Begreifens«(**). Kommt es dem Wähler überhaupt auf Mit-Entscheidung an? Was wollen die Leute denn so? Sie wollen, antwortete Gerhard Schröder (CDU), in erster Linie »glücklich leben«, die Masse der Bevölkerung sei immer verantwortungslos[*].

* *Staatserhaltende Opposition – oder hat die SPD kapituliert?*, Rowohlt, Reinbek 1966

** In den Verfassungsberatungen von Herrenchiemsee, 1948, sind ähnliche Tendenzen schon zu erkennen.

*** Heute gilt die Forderung nach Demokratisierung als Versuch, die demokratischen Kräfte »zu lähmen«, eine Bürger-Initiative schon als »verdächtig«.

(*) Vgl. etwa: *Deutsche Rundschau*, Jg. 85, 1959, S. 15

(**) Ernst Forsthoff, in: *Der Staat der Industriegesellschaft*, München 1971², S. 82

[*] *Elitebildung und soziale Verpflichtung*, Bonn 1957, S. 7

Schröder und andere Politiker, Prälaten, Offiziere und Lehrer waren der Auffassung, daß ein auf *Mehrheiten* beruhendes Regierungssystem – mit Mehrheiten, die sich verändern können! – nur schwer Autorität bilden, nur schwer *Ordnung* festigen könne. Die parlamentarische Idee selbst war es, die Herrschaft schwer machte. Der Bürger, der mit seinem Platz in dieser Ordnung unzufrieden wird und *seine* Auffassungen vertritt, galt daher von vorneherein als subversiv*. (Wäre dies doch eine Übertreibung!) Doch auch seine Teilnahme in der Verwirklichung der Interessen anderer Bürger, etwa der Großbourgeoisie, bleibe besser auf die Beteiligung an den *Wahlen* beschränkt.

Liberale Warnung:
Was uns fehlt, ist danach nicht so sehr ein Mehr an politischer Information durch vielleicht obligatorische Vorlesungen und Arbeitskreise, sondern ein Mehr an Möglichkeiten zu politisch verantwortlicher Tätigkeit. Mit großen Gesten der rechten Hand Verantwortung zu künden und gleichzeitig mit der Linken jeden abzuwehren, der sich daran versuchen will, das genau macht aus jedem von uns den Nur-Konsumenten, der schließlich seine Kräfte in Radikalismen abreagiert oder zum politischen Apathiker wird. *Freiburger Studentenzeitung, 1, 1960*

Rudolf Augstein: »Das Volk wurde um die Ansätze zu einer moralischen Erneuerung gebracht, die Unbußfertigkeit organisiert.«**
Kurz: Vom Bürger wird ein *ohne mich* erwartet. Ich weiß nicht, ob es den in der BRD einflußreichen Carl-Schmitt-Schülern (wie Ernst Forsthoff) bewußt war, daß der Ausschluß der Massen aus der Politik es nicht zuläßt, daß sich so etwas wie eine »Kultur der Solidarität« oder *solidarische Kultur* bilden könnte; daß dieses »ohne mich« dazu beiträgt, jeden Bericht über das Schicksal der *fraternité*, Brüderlichkeit, in den bürgerlichen Gesellschaften zu einem Bericht über Versäumnisse zu machen. Solidarität unter

* So Olaf Radke, in: *Gewerkschaftliche Monatshefte*, 10, 1959, S. 11ff. »In Deutschland herrscht die Idee des »idealen Staates« vor, in dem jeder Bürger seinen vorausbestimmten Platz hat.«
** Aus: Konrad Adenauer und seine Epoche, in: *Die Ära Adenauer*, Fischer-Bücherei, Frankfurt 1964, S. 69

den Regierten, den Abhängigen, entspringt nur der Solidarität *im Regieren*, der Selbstbestimmung. Es war Ende der 50er Jahre schon spürbar, welchem Bedürfnis die vielen »Ratgeber« und *Frau Irenes* in den Illustrierten und Zeitungen Rechnung trugen: Die Leser suchten nicht Rat, sondern Hilfe (oder Verständnis) – wegen der Grausamkeit, Rücksichtslosigkeit, Härte ihres Alltags. Offensichtlich hatte sich unter der Decke des konformen, »ordentlichen«, »bürgerlichen« Sozialverhaltens der Individuen eine Bereitschaft zur *Feindseligkeit* untereinander ausgebildet – ein *Zugleich von Anpassung und Aggression*, bezeichnend für die modernen Industriestaaten, in denen dem Bürger einerseits verwehrt bleibt, sich politisch, d.h. in der Regelung unserer Angelegenheiten, *handelnd* zu bewähren, und in denen andererseits ein steter Druck auf ihn ausgeübt wird, doch möglichst alle sozial verursachten Ängste, Probleme, Enttäuschungen zu (re-)privatisieren. Und während er das tut, verinnerlicht er seine Aggression. Sie »staut sich« – und fließt schließlich ab in seiner privaten Sphäre, dort, wo der Widerstand, der sich bietet, entweder gering ist oder sich »rationalisieren« läßt. Die *vorurteilsgesteuerte* Feindseligkeit: gegen Minderheiten, gegen Frauen (und selbst gegen Kinder), aber auch die Gereiztheit und Härte in zwischenmenschlichen Konflikten sind nur die *andere Seite* der »Entpolitisierung«.
Es ist *Herrschaft*, die zwischenmenschliche Beziehungen und Individualität deformiert; ob Ihr's glaubt oder nicht.

Ulrike M. Meinhof:
Jürgen Bartsch und die Gesellschaft*

Im Prozeß Jürgen Bartsch ist alles, alles Erdenkliche geschehen, um den entscheidenden Punkt herauszuhalten, ihn nicht zum Prozeßgegenstand, nicht zum öffentlichen Diskussionsgegenstand werden zu lassen. Man hat ihn in bezug auf das Urteil herausgehalten, in bezug auf die Urteilsfindung und in der Urteilsbegründung – die Sache selbst bestand aus gar nichts anderem: Die Geschichte von Jürgen Bartsch und der Prozeß selbst offenbarten in unheimlicher Anhäufung im Elend dieser Person das Elend der Gesellschaft, in der er gelebt und gemordet hat – in kaum bezeichnetem, selten so kraß sichtbar werdendem Ausmaß. Aber das Gericht hat alles Menschenmögliche getan, um zu verhindern, daß die Verhältnisse, die an Jürgen Bartschs Entwicklung Pate gestanden haben, zum Prozeßgegenstand werden, alles, um die Möglichkeit auszuschließen, daß der Junge sich bessert, aufhört zu morden, sich ändert, und hat damit gleich die andere Möglichkeit ausgeschaltet, daß diese Gesellschaft an diesem Prozeß begreift, daß sie änderungsbedürftig, änderbar ist. Der Gerichtsvorsitzende in seinem Schlußwort: »... und der Herrgott möge Ihnen helfen, daß auch Sie Ihre Triebe beherrschen lernen.« Und der Herrgott möge uns helfen, die Augen zu verschließen vor dem, was in diesem Prozeß über die Änderungsbedürftigkeit der Gesellschaft, in der wir leben, hochgekommen ist.

Mit der Adoption fing es an. Sieben Jahre lang mußten die Eltern Bartsch warten, bis sie ihn adoptieren konnten, wegen der »gewagten Abstammungsverhältnisse«, die darin bestanden, daß der Vater Arbeiter und arm und ein Mann mit Familie war und die Mutter seit Jahren ohne Mann und nachher krank, eine arme Frau. Ein Nazisud von Abstammungslehre spukte da in den Köpfen von Fürsorge und Jugendamt. Daß das Kind schon ein Jahr im Heim gewesen war, das hätte Sorgen machen müssen und zu dem Schluß führen: Schnell adoptieren, schnell klare Verhältnisse, schnell ein gesichertes Nest. Aber der Ge-

* [Jürgen Bartsch tötete von 1962 bis 1966 vier Jungen; nach einem langen Prozeß wurde er 1968 zu lebenslänglicher Haft verurteilt. Um auch nur eine kleine Chance zu haben, wieder in Freiheit zu kommen, ließ er sich im April 1976 sterilisieren und starb an den Folgen des Eingriffs.]

richtsvorsitzende bringt diesen NS-Biologismus selbst noch mal auf, indem er zur Mutter sagt, der Junge sei ja nicht »ihr eigen Fleisch und Blut« gewesen, und der Vater ist ihn bis heute nicht los, wenn er sagt, mit einem eigenen Kind wäre man anders umgegangen, weil kein Mensch ihm rechtzeitig gesagt hat, daß das Erbe egal ist, daß es auf das Milieu ankommt, daß davon und von nichts anderem die Zukunft des Kindes abhängt. Sieben Jahre hat man mit der Adoption gefackelt, das Kind in Unsicherheit gehalten, geglaubt, Adoption sei für das Kind eine Schande, was doch nur sein Glück und für die Eltern weiß Gott ehrenhaft ist.
Doch hat man das Kind ins Heim gegeben, weil die Mutter im Geschäft mitarbeiten mußte, weil der Konkurrenzkampf für einen kleinen Metzger hart ist, weil einer, der was zu essen verkauft, dabei um seine Existenz kämpfen muß. Und sie wußten nur den Heim-Ausweg, weil diese Gesellschaft sich immer noch nicht darauf eingerichtet hat, daß sie zehn Millionen berufstätige Mütter mit Kindern unter 14, die sich alle mehr oder weniger mit Notlösungen für ihre Kinder behelfen müssen, die Belastung von Beruf und Familie alleine durchstehen müssen, obwohl ihre Berufstätigkeit gesellschaftlich notwendig ist, aber die Kindergartenplätze sind rar, Ganztagsschule eine Utopie, Halbtagsarbeit kaum realisierbar.
Dann wechselt er das Heim, weil er altersmäßig aus dem ersten Heim herausgewachsen ist, weil Kinderheime in der Bundesrepublik in der überwiegenden Mehrzahl Altersgruppenheime sind, Säuglingsheime, Kleinkinderheime, Schulkinderheime, Lehrlingsheime, weil man Heimkinder, die ohnehin wegen ihrer Herkunft und Zukunft in Angst und Unsicherheiten leben, mit Heimwechseln traktiert, das heißt Wechsel der Freunde, der Erziehungspersonen, der Umgebung. Ein pädagogischer Wahnsinn – jedermann weiß es, aber man ändert es nicht, es fehlt nicht an Einsicht, es fehlt an Geld und Entschlossenheit.
Dann kommt er in eine katholisch-preußische Anstalt, mit 50 Kindern pro Schlafsaal, mit Prügelpädagogik, mit Spaziergängen in Marschkolonnen, mit Aufsicht im Schlafsaal, mit Religion. Und da greift keine Jugendbehörde ein und schließt den Laden und entzieht den Erziehungsberechtigten die Erziehungsberechtigung.

Da läuft er weg und muß wieder hin und läuft wieder weg und landet auf einer Polizeistation. Polizei als pädagogische Einrichtung. Das paßt zu dem Vater mit dem Feldwebelton, der ja auch fand, Prügel schaden nichts, er solle ja auf das Leben vorbereitet werden. Weil er ein Vater ist, der nie auf das Leben vorbereitet wurde, sondern für den Kasernenhof und den Kasernenhof für das Leben hält. Und weil wir eine Familienpolitik haben, die nichts tut, um die Eltern über Erziehungsfragen aufzuklären, nichts.

Dann liebt er einen Jungen, ja er liebt ihn, und da hat er schon gelernt, daß Homosexualität eine »Schweinerei« ist und daß er nicht lieben darf, so daß Liebe Schuldgefühle in ihm erzeugt, weil eine anachronistische Fortpflanzungsmoral das Beste, was er in sich hat, was es gibt: Liebe als »Schweinerei« deklariert, so daß er sein Bestes für eine »Schweinerei« hält, so daß er es heimlich tun muß, schließlich kaufen muß, weshalb er jetzt wegen »gewerbsmäßiger Unzucht« bestraft wird, von einer Gesellschaft, die Liebe zur Schweinerei gemacht hat, so daß es sie anders als käuflich nicht gibt.

Dann will er reden, sich aussprechen, aber in der katholischen Prügelanstalt war schon Silentium die Hauptsache, und der Vater hört auf der Fahrt zum Schlachthof eine halbe Stunde Radio, und Samstagabend ist Fernsehen, und der Kaplan, dem gegenüber er endlich zu Wort kommt, als schon ein Kind tot ist, der gibt die Rede weiter an den lieben Gott, schweigt, verweigert die menschliche, die einzig mögliche Antwort, daß man sich endlich mit diesem Jungen beschäftigt, und wenn es der Staatsanwalt ist, daß endlich einer sich ihm zuwendet, kapiert, daß das ein Mensch ist, der wie alle anderen ohne Kommunikation nicht leben kann.

Da kommt er in die Metzgerlehre, da flucht der Vater über die Jugendschutzgesetzgebung, die es verhindert, daß Kinder schon 60 Stunden in der Woche arbeiten, holt ihn in den eigenen Laden, läßt ihn 60 Wochenstunden schuften, und kein Gewerbeaufsichtsamt schaltet sich ein, kontrolliert, verbietet das, denn Gewerbeaufsichtsbeamte werden schlecht bezahlt, also leidet man unter Personalmangel, also kann man Gesetzesverletzungen nicht entdecken, also arbeitet Jürgen Bartsch 60 Wochenstunden, also hat er keine Freunde, kein legales

Eigenleben, also führt er ein Doppelleben, weil er nicht totzukriegen ist, zählebig, noch nicht aufgegeben hat, obwohl aufgegeben ist, jedenfalls vom zuständigen Gewerbeaufsichtsamt, das die Jugendschutzgesetzgebung ein Papier sein, keine Praxis werden läßt.
Aber die Mutter macht auf den Gerichtsvorsitzenden einen ausgezeichneten Eindruck, weil sie »sauber« und »adrett« ist, und hat ja auch aufgepaßt, daß er immer seine Suppe aß und die Uhr nur sonntags am Arm trug und Pünktlichkeit lernte und sich täglich wusch – hat die Kasernenhoferwartungen des Vaters am Kind durchgeführt, eine Erziehungsmethode, die sich an den Steckuhrbedürfnissen der Industrie orientiert statt an den Bedürfnissen des Kindes, die alles verlangt und wenig zu geben bereit und fähig ist, zu einer Zeit, wo es das Recht des Kindes ist, alles zu verlangen und erst wenig zu geben, wenn es gedeihen soll. Eine unberatene Frau, eine weitverbreitete Erziehungsmethode, nicht auszumalende Kinderleiden erzeugend.
Aber für das Gericht ist der Heimausweg keine Katastrophe, für das Gericht ist Prügelpädagogik kein Prozeßgegenstand, für das Gericht ist eine 60-Stunden-Woche gerade recht, damit er auf keine dummen Gedanken kommt, für das Gericht macht eine Mutter mit Kasernenhoferziehung einen »ausgezeichneten« Eindruck. Und für den Gutachter Bresser ist die Aufforderung, ein Gutachten zu machen, die Aufforderung, sich auf das zu beschränken, was das Gericht vom Gutachten verlangt. Und für den Gutachter Lauber sind Bartschs in die Zellenwand gekritzelte Briefe nur Versuche, Mitleid zu erregen, obwohl sie genau das sind, legitimerweise genau das sind, Signale seiner ungedeckten Bedürfnisse, zu spät eingekritzelt, gewiß, grauenhaft spät. Und für den Verteidiger ist der Wille des Angeklagten maßgeblich, des unberatenen, dessen Leben verkorkst ist, der Verteidiger begreift nicht, daß er hier nicht Jürgen Bartsch zu verteidigen hat, sondern Hunderttausende von Kindern, Adoptivkinder, Heimkinder, homosexuelle Kinder, geprügelte Kinder, ausgebeutete Kinder. Er schweigt.
Und der Gerichtsvorsitzende schweigt, als das Publikum im Gerichtssaal auf das Urteil »Lebenslänglich« hin klatscht und Bravo ruft, wo Beifalls- und Mißfallensbekundungen aus gutem Grund sonst gerügt werden, schweigt, wo eine Gesellschaft

sich durch ihren Haß auf einen Kindermörder jenes gute Gewissen verschafft, das sie braucht, um zum Kindermorden in Vietnam schweigen zu können und zur Barbarei im Umgang mit Kindern im eigenen Land, in der eigenen Familie. Und keine Zeitung klopft einem Gerichtsvorsitzenden auf die Finger, der den Journalisten erzählt, er brauche zur Beurteilung des Falles »Fingerspitzengefühl«, und dabei würde es ihm helfen, daß er Musik liebt und Klavier spielt. Himmelschreiende Mißstände kamen in Wuppertal zur Sprache, und der Gerichtsvorsitzende holt sich am Klavier die Erleuchtung.
Jürgen Bartschs Leben ist verpfuscht. Aber die Kriminalität, die in Wuppertal Prozeßgegenstand war, geht weiter, die Verhältnisse bleiben dieselben, die Kindermörder und klavierspielende Gerichtsvorsitzende hervorbringt. Es stimmt schon, wenn gesagt wird, der Bartsch-Prozeß sei ein Jahrhundert-Prozeß gewesen. Das Gericht aber und die Presse haben alles getan, ihn nicht dazu werden zu lassen. Die Kriminalität geht weiter.

konkret, 1, 1968

Die Militarisierung der »Inneren Sicherheit«

> »Wir sind ein Volk zwischen Ost und West, unterwandert von vielen kommunistischen Agenten, und haben obachtzugeben, daß unsere demokratische Ordnung nicht aus den Angeln gehoben wird.«
> CDU-Innenminister Lücke am 23. Januar 1966 im WDR

Die Allianz der Ordnungsmächte verwischte im Laufe weniger Jahre fast jeden Unterschied zwischen Opposition und Kommunismus (wobei Kommunismus, wie schon gesagt, immer an Landesverrat grenzte).

Zwar gab es Opposition (es wird noch darüber berichtet werden), aber es gab kaum irgendeine ins Gewicht fallende Kraft, die mit aggressiver Verfassungsfeindlichkeit wirksam auf den Plan getreten wäre. Und doch nahm das *Staatsschutz-Instrumentarium* immer perfektere Ausmaße an*.

1958 sprach die CDU-Regierung erstmals öffentlich von einer Notstandsgesetzgebung, und der Innenminister Schröder empfahl den höchsten Gerichten der Bundesrepublik im gleichen Jahre, wieder in Termini von »Staatssicherheit« zu denken. 1960 erwog E. Forsthoff einen möglichen »Ausnahmefall«, in dem das Grundgesetz eingeschränkt werden müsse: wenn nämlich die »Wohlstandsentwicklung unterbrochen und durch das Abfallen des Sozialprodukts das System der Umverteilungen nicht mehr funktionier(e)«**.

»Die Erfahrungen dürften dafür sprechen, das Staatsnotrecht so zu gestalten, daß dem Versuch feindlicher Mächte auch dann wirksam begegnet werden kann, wenn sie mit Mitteln innenpolitischer Auseinandersetzung, der politischen Unterwanderung unter entsprechender kommunistischer Strategie danach streben, die demokratische Ordnung der BRD zu beseitigen. (...) Daß wirtschaftliche und soziale Entwicklungen den Nährboden für solche Versuche bieten könnten, läßt sich nicht ausschließen.«***

* Vgl. Rudi Ver, *Requiem auf einen Rechtsstaat*, Luchterhand, Neuwied 1967, S. 9
** in: *Merkur*, Jg. 1960, S. 807
*** *Blätter* ..., 5, 1967, S. 476ff. [3: Erklärung der Deutschen Arbeitgeberverbände 1960]

Der Präsident des BDA, Paulssen, erklärte 1962 sogar, man habe es auf Arbeitskämpfe im Jahre 1962 nicht ankommen lassen wollen, weil zureichende Eingriffsmöglichkeiten des Staates, weil ein Notstandsgesetz fehlten*. Minister Höcherl (CSU) ängstigte das reiche Hamburg 1963 mit der Erwägung, daß ein Streik ja den Händen der Gewerkschaften auch entgleiten könne, und dann die lebensnotwendige Versorgung der Bevölkerung, vielleicht, unter gegebenen Umständen, gefährde.
Was war geschehen? Viele »Ordnungen«, die sich nach Ende des Zweiten Weltkrieges rasch ausgebildet hatten, wie der *Kalte Krieg*, lockerten sich. Die Befreiungsbewegungen in der »Dritten Welt« ließen sich immer weniger als jeweils *einzelne* Bedürfnisse nach Staatlichkeit ehemals unterdrückter Völker interpretieren, die »weiße Vorherrschaft«, der *Imperialismus*, die Herstellung des Weltmarkts auch politisch, war global bestritten. 1957 startete ausgerechnet die UdSSR den ersten künstlichen Erdsatelliten (»Sputnik I«), dem noch im gleichen Jahre ein zweiter erfolgreicher Start (»Sputnik II« mit der Hündin *Laika*) folgte. Das *technologische Primat* des Westens schien zu wanken. Die Labilisierung der Lage beschränkte sich nicht auf die internationalen Beziehungen: Gerade führende Industrienationen sahen sich im Inneren revoltierender Unruhe unter ihrer *Jugend* ausgesetzt – die britischen »Teddy boys«, die amerikanische *beat generation* (»Beatniks«), die *Halbstarken* in der BRD (1956–1958). Aus verschiedenen Gründen begannen Bürger, der gesellschaftlichen Ordnung des Kapitalismus ihre Zustimmung zu versagen – es begann die Legitimationskrise des Staats**.
Ohne Zweifel: ein Interregnum zwischen der alten, vertrauten, und einer neuen, noch nicht definierbaren Disziplin hatte begonnen. *konkret* beschreibt die eigentümliche Stimmung dieser Jahre mit einem eindrucksvollen Bild:
»Die Straße sieht aus, als sei ein Unglück passiert, aber das Blut auf der Straße fehlt noch.«***

* ebenda
** Vgl. Etzioni, Habermas, Offe. – Und es lockerten sich Massenloyalitäten noch in anderer Hinsicht (Kriminalität z.B.).
*** Ich kann leider die Ausgabe nicht mehr genau angeben; es war 1959 oder 1960.

Innerhalb der labilen Großwetterlage des »Interregnums« bildeten sich in der Bundesrepublik spezielle *wirtschaftliche Unwetterzonen* aus. 1961 fiel die Arbeitslosenquote unter ein Prozent – keine industrielle Reservearmee mehr, mit der Chance, den Lohnauftrieb zu bremsen. (Allerdings verschwanden mit der Jugend-Arbeitslosigkeit auch die »Halbstarken«-Krawalle.) Krisen kündigten sich an: Die ausländische Konkurrenz verstärkte sich, und dem »übermäßigen Ausbau von Industrieanlagen standen nicht mehr genügend Aufträge gegenüber. Die Kapazitätsauslastung sank (...)«*. Die staatlichen Investitionen stagnierten. Diese Krisenzone – und ihr Abschluß, die Rezession 1966/67 – steigerten die Besorgnis, der Forsthoff'sche »Ausnahmezustand«, den Euler, FDP, ja schon 1949 gefürchtet hatte**, könne wirklich eintreten, und damit die Furcht vor den *Massen*, auch vor den Gewerkschaften der BRD. Allein das »Interregnum« hat zugleich einen anderen Aspekt, einen widersprüchlichen und doch realistischen. Die Bundesrepublik befand sich trotz wirtschaftlicher Schwierigkeiten gleichwohl auf dem Wege zur *expansiven Wirtschaftsmacht*, zur Hegemonie in der EWG, und suchte die »innere« Bedingung dafür – Ruhe im eigenen Haus – kräftig zu sichern oder wiederherzustellen. Für innere Restriktion sprach noch anderes: die außenpolitischen Probleme Bonns. Auch befreundete Nationen waren inzwischen der Auffassung, daß beispielsweise die *Berlin-Krisen*, in denen Kriegsgefahr bestand, letzten Endes nur durch ein Übereinkommen mit der UdSSR zu lösen waren, und hielten die starre Außenpolitik der BRD für gefährlich. Erneut schien der Welt *von Deutschland* eine Katastrophe zu drohen***. Auf dem Podium internationaler Beziehungen, schrieb Ulrike M. Meinhof 1959 (*konkret* 19/20), war die Bundesrepublik in die Rolle des Angeklagten versetzt worden. Hier waren Anpassungs- und Umorientierungs-Leistungen zu erbringen, die – wie *jeder* Gedanke an Entspannung, d.h. Verhandlungen mit kommunistischen Staaten – die Unterdrückung einer *innerstaatlichen* (linken) Opposition als besonders dringlich erscheinen ließ.

* *SPD und Staat*, Wagenbach, Politik 51, Berlin 1974, S. 77f.

** Vgl. hier S. 15

*** Vgl. Erich Kuby, in: *Frankfurter Hefte*, 14. Jg., 1959, S. 2

Anmerkung:
Was ich versuche darzustellen, ist, daß der Antikommunismus der BRD – in der Innen- wie in der Außenpolitik – eine politische, kritische Auseinandersetzung mit dem Kommunismus gerade *suspendierte*, er ist nicht etwa das *Ergebnis* einer solchen Kritik. Er war vielmehr (und ist immer noch) *Nebel* – angereichert mit überlieferten antisozialistischen, antibolschewistischen, antislawischen Vorurteilen dunkelster Observanz, ein Alibi für die glatte Identifikation mit den Interessen des Besitzbürgertums; ist Ausdruck einer Mentalität, die in den Jahren *Adenauers* an die spanischer oder portugiesischer Konservativer erinnerte, und heutzutage an die Weltansichten des CIA.
Die Selbstdarstellung der DDR (und eben nicht nur deren grob verzerrte und entstellte Darstellung in westdeutschen Gazetten vom Typ *Bild* oder *Welt*) und die Politik der SU sind nicht Gegenstand meiner Untersuchung; wären sie es, so würde sich ein »Antikommunismus« abzeichnen, der von denen produziert worden ist, die sich Kommunisten nennen (oder es meinetwegen auch sind) – und von niemandem sonst.

Ulrike M. Meinhof:
Was bleibt, ist die Frage nach dem Verhalten der Bundesrepublik. Deutschland ist nicht der Nabel der Welt, auch wird er es nicht dadurch, daß man ihn anstarrt, als wäre er es. Deutschland ist aber nach wie vor ein Krisenherd, und als solcher hat jede deutsche Politik die Chance, einen Beitrag für die Besserung der weltpolitischen Lage zu liefern. Und was tut Bonn? Es rüstet atomar auf. – Gleichzeitg konnte unter der Führung von Bundesministern eine Reaktion gedeihen, die schließlich die Schatten einer unseligen Vergangenheit wieder an Häuserwände schmiert, und die Regierung bereitet sich vor, das bißchen Demokratie, das es hierzulande noch gibt, per Notstandsgesetz abzuschaffen, bereitet sich vor, alles, was gemäß einem wohlmeinenden Grundgesetz frei sein soll, durch eine Bundestagsmehrheit zu beseitigen. Es ist die gleiche Partei, die allen Wiedervereinigungsbemühungen, Abrüstungsforderungen und Disengagementsplänen nur ein hartes Nein entgegenzuhalten weiß. Man sieht die Zeit auf sich zukommen, wo der (...) dumm gemachte Bundesbürger den Zusammenbruch dieser Politik

begreift und angesichts weltweiter Entspannungsbemühungen des Auslands einen Rüstungsetat von 11 Milliarden DM auf seine Kosten nicht mehr hinzunehmen bereit ist. So plant man die Beseitigung (...) demokratischer Rechte des Bürgers, um zu tun, was in solchen Fällen immer geschieht: um gegen Interessen und Wille des Volkes regieren zu können.

konkret, 3, 1960, gekürzt

Und doch erklären weder Krisenzeichen in der westdeutschen Wirtschaft, noch Großmachtpläne, noch die Labilitäten des »Interregnums« ausreichend, warum etwa seit 1960 in der BRD mit dem Versuch begonnen wurde, die inneren Verhältnisse zu »prämilitarisieren« (Eugen Kogon*); warum also aus der Sicht des Staatsschutzes in den 60er Jahren schon praktisch *Jeder* verdächtig war oder es werden konnte: umsturz-, subversions- oder streikverdächtig, und warum sich damit der Gleichheitsgrundsatz unserer Verfassung zu dem Prinzip wandelte, »daß jedermann jemandes Kontaktperson sein kann«**, »gleich« also in der Universalität des *Verdachts*. 1966 beschrieb Georg Benz, Mitglied des Hauptvorstandes der IG Metall, Hintergrund, Atmosphäre und zu erwartende Konsequenz der noch umstrittenen Notstandsgesetzgebung:
»Ein System der politischen Überwachung und politischen Justiz (...) droht alle eigenwilligen staatsbürgerlichen Regungen zu ersticken. Unbequeme werden verdächtigt, ihre Telefone abgehört, ihre Wohnungen durchsucht (...)«***, er sah in den Notstandsgesetzen einen *Teil* des »Stahlnetzes, das die Demokratie umspannt«(*). Bürger, die ihrem Selbstverständnis nach durchaus verfassungstreu sein wollten, aber den inneren Zustand der BRD für restaurativ, gar: für reaktionär hielten, sah der Staat (und sahen die Regierungsparteien) schon als Gegner des Grundgesetzes, als Verfassungsfeind. Scheinheilig bedauert *Die Welt* diese Entwicklung, und präsentiert einen Schuldigen: »Welchen Anteil haben an dieser Entwicklung die entschiede-

* Nach: *Die Welt*, 1. März 1966
** Rudi Ver, a.a.O., S. 12
*** Kongreß »Notstand der Demokratie«, Frankfurt 20. Oktober 1966
(*) ebenda

nen Sozialisten?« fragt W. Hertz-Eichenrode*; Sozialisten *waren* demnach »Gegner des Grundgesetzes«, *sie* brachten die Kritiker in Verruf. Auf solchen Taubenfüßen kamen Gedanken, die heutzutage die Auseinandersetzung mit der Linken beherrschen.

Ich glaube, daß die »Prämilitarisierung« (Kogon) wenigstens eine *vierfache Wurzel* hat:

In der BRD hatte sich eine Opposition, und zwar eine außerparlamentarische, also formell nicht kontrollierte, gebildet – »außerhalb des Parlaments« auch als einer Einrichtung, in der Unruhe, Konfliktspannungen, Neigung zum Protest »kleingearbeitet« werden sollen. Außerparlamentarische Opposition(en): ein von der Spielregel-Demokratie also unverdauter Herd von Unruhe und Spannung, und dies angesichts einer von den *Arbeits-Bedingungen* in der BRD produzierten neuen Schicht von drop-outs, Obdachlosen, »Ausgeflippten«, Früh-Invaliden!** Die Grenze zwischen Personen, die sich den Arbeits-, den Leistungs- (und Konsum-)Zwängen der Warenproduktion nicht mehr integrieren *können*, und Personen, die dies nicht mehr *wollen*, gilt immer als fließend. »Außerparlamentarische Opposition« konnte bei dieser Sichtweise, neben dem an der Entäußerung noch verhinderten Konfliktkern in Proletariat und *Subproletariat*, ein zweiter – öffentlicher – Konfliktkern in den *Mittelschichten* werden, und konnte eines Tages die Schranken zum Getto der »drop-outs« lockern. Die Sorge der Staatsgewalt sah hier nicht nur eine *Addition* von Konfliktpotentialen, dazu in der Lage, die soziale Integration zu schwächen, sondern wohl auch die Gefahr einer künftigen *Integration*, d.h. einer Verschränkung von – verkürzt formuliert – Subproletariat, Schichten der Arbeiterschaft und APO.

Insofern war die »Prämilitarisierung« im wesentlichen Ausdruck der Sorge um die Wahrung des Besitzstandes von Besitzbürgertum und Herrschaft. Aber die Prämilitarisierung hat

* 26. April 1966

** »Während 68% aller erwerbstätigen Männer in der Bundesrepublik wegen Invalidität vor Erreichen der Altersgrenze ausscheidet, sind es in Belgien nur 32%, in Schweden sogar nur 16%. Der durchschnittliche Krankenstand aber liegt (...) in der Bundesrepublik bei nur 4,8%, Frankreich 6,8%, England 7 %.« Ulrike M. Meinhof, in: *konkret*, 7, 1963, S. 9

auch ihre offensive Seite. Es gab (und gibt heute) eine Tendenz der Großbourgeoisie und ihrer politischen Lobby, den Parlamentarismus in der BRD – soweit er *mehr* ist als nur Befriedungs-Institut, nämlich (Rest einer) Kontroll-Instanz – einzuschränken und den Sozialisierungs-Artikel des Grundgesetzes möglichst abzuschaffen (Art. 15 GG), ein Vorhaben, das angesichts der starken Gewerkschaften niemals auf demokratischem Wege ausgeführt werden kann. Sogar als *Vorhaben* war es, wenn es mehr sein sollte als Gerede beim Sektfrühstück, erst wirklich artikulierbar und als Hintergrund strategischer Vorbereitung oder taktischer Maßnahmen nur denkbar im Zusammenhang mit politisch-militärischen Entwicklungen globalen Ausmaßes; Entwicklungen, an denen die BRD als Partner der USA teilhatte.

Wie war denn die Situation in den USA? In allen Erdteilen mit Waffen, Kapitalexport, Konzernmacht und Geheimdiensten an der Niederhaltung von Befreiungsbewegungen engagiert, von der Machtposition der UdSSR beunruhigt, im eigenen Land von der Rassenfrage erschüttert und von Bürgerrechts-Bewegungen in Frage gestellt, mit traditioneller Erbitterung »gegen den Kommunismus«, stellte die USA die Organisation ihrer *Inneren Sicherheit* und der Internationalen Beziehungen unter das Konzept des *security risk*, des »Sicherheits-Risikos«. Das Wort, das nach so viel gar nicht aussieht, Kern der »neuen Disziplin« (S. 45), bezeichnete zunächst die Forderung nach absoluter Zuverlässigkeit (einer Person) gerade in der *Gesinnung*. Dies ist aber der Anfang vom Ende des bürgerlichen Rechtsstaats, der »Zuverlässigkeit«, Folge, Konformität nur der *Handlungen* kontrolliert, der nicht »Gesinnungen«, sondern nur *Täter* kriminalisieren darf. Unter dem Konzept des »security risk« ist jeder Bürger, der selbst denkt (und das ausdrückt) potentiell ein Feind, und wird als solcher zum Gegenstand der Observation. Dieses Konzept wurde in Westdeutschland sehr bald voll rezipiert: Es war schon mehr als bloße »Illiberalität«, wenn es, so R. Schroers 1962*, in hohem Maße unerwünscht war, Bert Brecht zu zitieren, oder über die »Mauer« anders zu denken als angeordnet – da begann der Landesverrat *wirklich*.

* *atomzeitalter*, 11, 1962, S. 274

Das Prinzip des »security risk« materialisiert sich in der Entfaltung der Organe des Staatsschutzes, in den geheimen Dossiers und im Abbau der öffentlichen Kontrollen: es ist daher der Anfang vom Ende der parlamentarischen Demokratie klassischen Gepräges.
Es ist das Konzept des *security risk*, damit die Auslegung aller inneren wie äußeren Opposition als *Subversion* (und zwar dem Prinzip nach, also vor jeder Prüfung im Einzelfall), das unser aller zivile Existenz »durch militärische Zwangsvorstellungen entfremdet«*. Und nicht nur durch »Vorstellungen«. Mit der Notstandsplanung kündigten sich zeitig Tendenzen zur Legalisierung einer Politischen Polizei an, zur Stärkung des Staatsschutzes, zur Ausrüstung der Polizei mit schweren Waffen**.

»... unsere zivile Existenz durch militärische Zwangsvorstellungen entfremdet«:
4. VII. 1966: ... Rainer Wagner, 17, wurde vom Hauptwachtmeister Werner Serger in den Bauch getreten und geprügelt, als er am 14. Mai mit anderen Gymnasiasten und dem Plakat »Wir wollen Versöhnung mit Polen und der Tschechoslowakei« gegen eine »Deutschlandkundgebung« des Bundes der Vertriebenen demonstrierte.
4. VII. 1966: Im Anschluß an eine von der Polizei genehmigten Vietnam-Demonstration trafen sich etwa ein Drittel der Demonstranten – vielleicht tausend Personen – zu einem Sitzstreik vor dem amerikanischen Generalkonsulat. Obwohl der Streik ohne Aggressionen gegen die Polzei verlief und man den Aufforderungen, die Fahrbahn zu räumen, folgte, setzte die Polizei Wasserwerfer und Gummiknüppel ein. Aus dem Konsulat wurden Flaschen auf die Demonstranten geworfen. Ein Polizist lief vor einer Polizeikette her und schlug auf die Flüchtenden mit dem Gummiknüppel ein.
Eine Amerikanerin, die an dem Sitzstreik teilnahm, wurde von vier Beamten niedergeknüppelt, bis sie bewegungslos und sprechunfähig am Boden lag. Sodann trat ihr ein Polizeibeamter in den Magen. Die Schreie der Amerikanerin versetzte einige junge Menschen in Panik.

* Alexander v. Cube, in: *atomzeitalter*, 11, 1962, S. 271
** *Gewerkschaftliche Monatshefte*, 2, 1960, S. 321f.

Einem Studenten wurde der Arm ausgekugelt. Zwei Mädchen mußten blutüberströmt abtransportiert werden. Ein Student, der ein Transparent trug, dessen Hände also nicht zur Gegenwehr frei waren, wurde niedergeknüppelt. Als ihn ein Kommilitone wegtrug, wurde auch dieser geprügelt. Weitere Studenten wurden zu Boden geschlagen und erlitten Platzwunden am Kopf, Gehirnerschütterungen etc. Die meisten Wunden wurden am Hinterkopf und auf dem Rücken der Demonstranten festgestellt, also schlug die Polizei unvorhergesehen aus dem Hinterhalt oder auf Flüchtende. Tätlichkeiten von seiten der Demonstranten sind nicht berichtet worden.

konkret, 8, 1966, S. 13f.

»Jeder Bürger, der selbst denkt ...«:
Min.-Präs. Filbinger (CDU), Baden-Württemberg:
Es ist bestürzend und beschämend zugleich, daß ein Schriftsteller wie Heinrich Böll politische Auseinandersetzungen nicht streng als geistige Auseinandersetzung begreift.

Die Welt, 15. Januar 1972

Militarisierung der äußeren Sicherheit?

> »Was die Politiker schwatzen, ist nicht das, was die Leute denken, sondern was sie denken sollen – und wenn sie ›Wir‹ sagen, versuchen sie so zu schwatzen, daß die Leute das, was sie denken und wie, darin wiedererkennen (...), aber der Staat brauchte die Demoskopie nicht, auch nicht den Verfassungsschutz, wenn die Indoktrination durch psychologische Kriegsführung so einfach wäre (...). *Materiell,* die Counterinsurgency-Maschine aus BKA, BAW, Verfassungsschutz, Regierung, Medien, Geheimdiensten usw.... Die Massen bewaffnen – das macht immer noch am ehesten das Kapital: die Bullen und das Militär und die Rechtsradikalen ...« Ulrike M. Meinhof*

In der 18. Sitzung des Bundestages (24./25. November 1949) versicherte Konrad Adenauer, die Bundesregierung sei fest entschlossen, »die Entmilitarisierung des Bundesgebiets aufrechtzuerhalten und mit allen ihr zur Verfügung stehenden Mitteln die Neubildung eigener Militärstreitkräfte zu verhindern«. Man könnte heute, wo die Bundesrepublik eine der stärksten Militärmächte des Westens geworden ist, mit den Achseln zucken: Auch solchen feierlichen Erklärungen geht es eben, wie es den Verträgen und den Rosen geht (de Gaulle): Sie blühen, solange sie blühen. Man würde da nur vergessen, daß Konrad Adenauer schon *1949,* äußerst vorsichtig, mit nur diskretem Wohlwollen, bereit gewesen war, auf jene Stimmen einzugehen, die in der USA-Öffentlichkeit auf einem »Verteidigungsbeitrag« Westdeutschlands bestanden. Es war eher so, daß *diese* Blume nicht blühen durfte, so lange westeuropäische Nationen sich noch gegen die Gefahr einer deutschen Aggression verbündeten, statt mit Westdeutschland für die militärpolitische Fundierung und Absicherung der kapitalistischen Staaten.
Nach Korea, 1950, schlug Winston Churchill eine europäische Armee unter westdeutscher Beteiligung vor; die Ära des *roll back* gegenüber dem früheren Alliierten, der Sowjetunion, begann, der *Kalte Krieg.* Im Parlament und außerhalb des Parla-

* Aus: *letzte texte von ulrike*, hrsg. vom internationalen komitee zur verteidigung politischer gefangener in westeuropa, Juni 1976 (ohne Ort), S. 6ff.

ments gab es über diese Frage kontroverse Debatten. Schließlich hatte in den Kriegsverbrecher-Prozessen in Nürnberg auch der *deutsche Militarismus* vor Gericht gestanden. Ein Referendum zur Aufrüstung, wie es die Schweizer Verfassung zugelassen hätte, wäre in der BRD damals gewiß mehrheitlich mit einem deutlichen *Nein* ausgegangen. Aber Politiker der CDU/CSU, Vertreter der Kirchen und manche Journalisten ließen – von der Kritik ganz unbeeindruckt – allmählich eine Stimmungslage entstehen, als sei die Remilitarisierung unvermeidlich.* Erst 1954, mit den »Pariser Verträgen«, d.h. auch: mit dem Beitritt der Bundesrepublik zur NATO, wurde sie wirklich. Die BRD, im Mai 1955 förmlich in die NATO aufgenommen, rief im Januar 1956 die ersten jungen Leute zur Bundeswehr ein.
Die deutsche Öffentlichkeit sah also die ersten Soldaten in dem gleichen Jahr, in dem die Kommunisten aus der Öffentlichkeit verschwanden (KPD-Verbot 1956). Das ist gewiß nur ein zufälliges zeitliches Zusammentreffen, und doch nicht ohne Symbolkraft. Denn weil die »Innere Verteidigung« der BRD, die Sicherung des *sozialen Friedens* Teil gemeinsamer Abwehraufgaben für Militär *und* Zivil im Rahmen der Landesverteidigung der NATO-Mächte war, die Armeen also immer auch Eingreifreserven für den Fall »kommunistischer Unruhen« oder der Subversion waren, galten die Kommunisten in der Auffassung der NATO als potentielle *Insurgenten.*** Über diese Symbolik des zeitlichen Zusammentreffens hinaus gibt es jedoch einen nichtsymbolischen, handfesten Zusammenhang von Wiederaufrüstung und KPD-Verbot: Die Integration in die NATO entzog bei-

* Erich Ollenhauer, SPD, erklärte in der Bundestagsdebatte vom 15./16. Dezember 1954, »die Mehrheit der jungen Menschen wolle einen neuen Militärdienst nicht«. Dazu K.-G. Kiesinger, alter Nationalsozialist, nach 1945 CDU: »EIN TEIL DER JUGEND SEI EBEN ›von des Gedankens Blässe angekränkelt‹, gehöre schon zu einer Gruppe, die ›überhaupt das Bewußtsein der Verantwortung für das Ganze‹ nicht mehr habe«. (Deutsche Parlamentsdebatten, a.a.O., S. 198f.). Verkürzt: und dabei blieb es, die Kritik an der Remilitarisierung »faßte« nicht, sie griff zu, aber hielt nach dem Zugriff nichts in der Hand.

** Konrad Adenauer fand in seinen Verhandlungen mit den drei westlichen Besatzungsmächten nach 1949 dafür den folgenden Ausdruck: Die BRD habe für ihre *innere* Sicherheit Sorge zu tragen, nicht nur für ihre *äußere,* und die »innere« bedeute Schutz vor Unruhen im eigenen Land *und* vor der DDR – diese war ja kein »Ausland«.

spielsweise bestimmte Anteile der westdeutschen Militär- und Sicherheitspolitik der Kontrolle und öffentlichen Diskussion im heimischen Parlament, und das Verbot der KPD entzog wiederum diese *Integration* (als »Internationalisierung« von wichtigen Momenten der nationalen Sicherheit) dem parlamentarischen und öffentlichen Angriff.* Wichtiger noch: Erst die Wiederbewaffnung gab den hegemonialen Absichten in Westdeutschland – d. h. der Tendenz zur Hegemonie in Europa – ihr *militärisches Fundament;* erst als bewaffnete kann eine Wirtschaftsmacht wirklich dominieren. Erst das KPD-Verbot gab den Hegemonie-Bestrebungen den adäquaten *innenpolitischen Ausdruck*: eine antikapitalistisch-antiimperialistische Kritik in der BRD war nun über den § 129 StGB kriminalisierbar.

Ulrike M. Meinhof:
Fassen wir zusammen:
1. Hauptziel der deutschen Verteidigungspolitik ist die Homogenisierung Westeuropas hinsichtlich Wirtschaft, Technik, Politik, Wissenschaft und Gesetzgebung im Magnetfeld der NATO unter deutscher Führung bei Ausschaltung parlamentarischer, ja sogar regierungsamtlicher Mitbestimmung. (...)
3. Diese Periode erfordert die Ausrichtung allen Lebensstils, aller Werte, aller Weltanschauung auf ein ›atlantisches Bewußtsein‹, das seine gesamte Abzweckung im Ausbau eines Militärbündnisses mit tausendjährigen Ambitionen hat.

Es bleibt hinzuzufügen: der Wegbereiter dieser Entwicklung ist die einzige Macht Europas, die – wie der polnische Außenminister Rapacki kürzlich in Wien unwidersprochen bemerken konnte – Gebietsansprüche stellt, wobei es gleichgültig ist, mit welchen Mitteln sie diese Ansprüche zu realisieren gedenkt. Sie

* Jedenfalls erschien der Kanzler-Herrschaft Adenauers die SPD als immer noch eher zähmbar als die KPD. Im übrigen hatten wichtige Gruppierungen in den Gewerkschaften der West-Integration zugestimmt. Als G. Heinemann opponierte, wurde er mitsamt seiner »Notgemeinschaft gegen die Wiederaufrüstung« ins Abseits gedrängt (1951). Auch die *SPD* untersagte ihren Mitgliedern die Mitgliedschaft in dieser ersten ›außerparlamentarischen Opposition‹, und schloß Mitglieder, die sich danach nicht richteten, aus der Partei aus – selbst wenn es verdiente Parteimitglieder mit langer KZ-Vergangenheit in der Nazizeit waren.

ist darüber hinaus die einzige Macht in Europa, die noch nie Vorschläge für eine Abrüstung in begrenztem oder weltweitem Maßstab oder für eine Politik der Entspannung gemacht hat. Es ist die deutsche Bundesrepublik, die neben den sog. Verteidigungsausgaben als nächsthöchsten Posten in ihrem Haushalt Kriegsfolgelasten zu tragen hat.
Quo usque tandem abutere – Herr Strauß – patientia nostra – et mundi? *konkret, 3, 1961*

Ach, die Geduld der *Welt*, die Geduld auch der innerdeutschen Opposition war sehr lange zu mißbrauchen. Nicht einmal die Idee, ja: die Forderung, die Bundeswehr mit allen »modernen Waffen« auszurüsten, also auch den *nuklearen* – gewiß, wie es im März 1958 im Bundestag hieß, »im Rahmen der NATO«, unter »Eigentumsvorbehalt« der USA –, entfachte in der *Welt* einen unaufhaltsamen Sturm der Empörung (wenn auch Kritik). Konrad Adenauer erklärte in einer Pressekonferenz*, taktische Atomwaffen beispielsweise seien nichts weiter als die Weiterentwicklung der Artillerie. F. J. Strauß, damals Verteidigungsminister, denunzierte Kritiker der atomaren Aufrüstung der Bundeswehr als potentielle Kriegsverbrecher, weil sie das westliche Potential schwächten. Hatte er 1961 die *Aufrüstung* als eigentliches Kennzeichen der Staatlichkeit bezeichnet:
»Im Grunde besteht die Souveränität nach außen im Recht und in der Fähigkeit, Krieg zu führen«**, so ergänzte er dies wenig später mit der Bemerkung, das Eigentum an und die Verfügungsgewalt über *Kernwaffen* werde immer mehr zum bestimmenden Kriterium der Souveränität***. Nicht einmal die *Führung* in der BRD berücksichtigte, daß den westlichen Verbündeten der »offensive Wille« (Golo Mann) für eine derartige Desperadopolitik fehlte. Gerade die Atompläne von Strauß und anderen Politikern der CDU/CSU stießen auf Ablehnung, was in der BRD weitgehend verschwiegen wurde. (Dies gilt übrigens auch für das ganze militante Wiedervereinigungsgeschrei der Konservativen(*).) Den Atomwaffen-Sperrvertrag (keine

* am 5. April 1957
** *Die Welt*, 28. Nov. 1961 (Strauß zitiert hier einen Oxford-Professor)
*** *Blätter* ..., 7, 1962, S. 6
(*) Vgl. *Politik ohne Vernunft*, rororo aktuell, Reinbek 1965, S. 39f.

Weitergabe von nuklearen Waffen oder der Mittel zur Eigenproduktion an Dritte), nannte F. J. Strauß trotzig ein »Versailles von kosmischen Ausmaßen«.

Ulrike M. Meinhof über den Verteidigungsminister F. J. Strauß:
Als Repräsentant des Ganzen, verdankt der Minister nur wenig sich selbst, dennoch übergenug.
Den gigantischen Verteidigungshaushalt z.B. verdankt er der beschließenden Bundestagsmehrheit; die zweitgrößte Armee in der westlichen Welt den Beschlüssen der Natoführung; die Aufhebung von Rüstungsbeschränkungen der Westeuropäischen Union; die riesige Rüstungskapazität der deutschen Wirtschaft, den Rohstoffreserven des Ruhrgebiets und der Aufbauhilfe des Marshall-Plans; das funktionsfähige Offizierkorps der Bundeswehr ebenso wie die Möglichkeit, zahllose Bundeswehrführungskräfte für leitende Natopositionen freizustellen, den Schliff der deutschen Wehrmacht, der auf Hitler vereidigten; die Schlüsselrolle in der Nato verdankt er nicht zuletzt der geographischen Lage Westdeutschlands. Daß der Widerstand der Bundesrepublikaner gegen eine Remilitarisierung trotz Stalingrad, Dresden und 1945 gebrochen werden konnte, wird obrigkeitstreuer Erziehung unter Kaiser und Hitler zu danken sein im Bündnis mit der Kontinuität staatsoffizieller Weltanschauung im Freund-Feind-Denken des Antikommunismus; schließlich auch der sozialdemokratischen Anbiederung in Sachen Wiederaufrüstung, Wehrpflicht, Nato, Atomwaffen, gegen den Wähler- und Mitgliederwillen, diesem Vertrauen und Rückgrat brechend. Ohne die Vorarbeit von Kaiserreich und Nationalsozialismus, einschließlich der Experimente von erstem und zweitem Weltkrieg und der Ausrottung jener deutschen Linken, die auch heute noch antifaschistisch wäre, ohne die faktische Anknüpfung der Rechten, könnte Strauß kein Scheibenschießen üben lassen, geschweige denn: Atomkrieg. Für den »Verteidigungsminister« ist die Klaviatur des modernen Industriestaates westlicher Prägung, sind Begriffe wie staatliche Souveränität und Demokratie, Außen- und Innenpolitik, Konjunktur und Arbeitsmarkt nur in den Bezügen von Krieg, Militär und Waffengewalt analysier- und vorstellbar. Nichts gibt es in seinen Reden und Programmen, das diesen Koordinaten nicht zugeordnet wäre.

Über den politischen Wert der Atombombe sagte er: »Atomwaffen seien politische Waffen, mit denen man die Angst vor der Bombardierung der Bevölkerung steigern könnte, sie seien also ein politisches Druckmittel ...« (FAZ 3. *Juli* 1962).
Mit der Stärke der Armee, der Höhe des Haushalts, der Militanz des Denkens, der Offenheit der Gewaltandrohung korrespondieren die politischen Ziele des Ministers.
Strauß fordert Atomwaffen für den Bereich seiner eigenen Befehlsgewalt, er will Raketenabschußrampen an der Elbe eingraben, amerikanische Polaris-U-Boote in den europäischen Küstengewässern genügen ihm nicht, aus angeblich strategischen Gründen. Was ihm die USA verweigern, sollen Frankreich und England ermöglichen. Deshalb spricht der Freiherr von Guttenberg [MdB, CSU] von einer Atom-EVG, schreibt Adelbert Weinstein [konservativer Redakteur und »Militärexperte« der FAZ] für ein zweites atomares Abschreckungszentrum in Europa, fordern Regierung und synchronisierte Presse die beschleunigte Konstituierung einer Politischen Union Europa.
Der Ausschluß aus dem Klub atomar bewaffneter Länder wäre gleichbedeutend mit dem Ausschluß der Bundesrepublik aus den Führungspositionen der westlichen Politik. Solange die Auseinandersetzung mit dem Osten sich auf dem Gebiet des Wettrüstens abspielt, solange ist die militärische Stärke eine Bedingung für politischen Einfluß in der eigenen Hemisphäre. Ohne Atombombe vermöchte kein Druck auf die westlichen Partner ausgeübt werden, weder zugunsten von Berlin, noch zugunsten von Vertriebenenverbänden für Oder und Neiße. Die Durchsetzung bundesdeutscher Interessen wäre auf die Mittel der Vernunft und Diplomatie angewiesen.
Die Bundesrepublik ist auf dem Weg zum Militärstaat. Militante Politiker und politische Militärs sind im Begriff so viel reale Macht an sich zu ziehen, daß eine Ablösung und Redemokratisierung unmöglich scheint. *konkret, 9, 1962, S. 4, gekürzt*

Die Führung der konservativen und reaktionären CSU verstand eben die »Zeichen der Zeit« schlechter als beispielsweise die SPD (und auch schlechter als einige reaktionäre Journalisten, die »Meinungslobby« der CSU).

Die »neue Disziplin« (S. 45), das *security risk*, implizierte – ich weiß nicht, ob schon von Anfang an – eine spürbare Abgrenzungs-Bereitschaft im Sinne der Respektierung von *Einflußzonen*. Ich halte es nicht einmal für ausgeschlossen, daß die »neue Disziplin« die Staaten des Warschauer Pakts noch in einer anderen Hinsicht respektierte: Waren es nicht immerhin *Staaten*: ja sogar vorbildliche, weil sie auf der Unwandelbarkeit jener »Staatlichkeit« und »Ordnung« bestanden, die in parlamentarisch-demokratischen Nationen sichtlich von der Erosion bedroht waren? Der Fetischismus von Staat, Staatlichkeit, Ordnung in den Ländern des Ostblocks entsprach durchaus den Absichten der *neuen Disziplin*: dem Abbau von Massen-Loyalitäten in kapitalistischen Ländern, den Tendenzen zur bürgerlichen Emanzipation, möglichst ein Ende zu bereiten. Die »kleinen Strauße«, in der BRD überaus rührig, wie W. S. Schlamm [war lange Zeit reaktionärer Kolumnist bei der *Welt*], verstanden besser. Sie sprachen um 1960 zwar unter Beifall von der »einzigen Alternative« des Westens – entweder totale Kapitulation vor dem Kommunismus oder eine aggressive Politik, die zum Atomkrieg glaubhaft und ernstlich bereit sei*, die eigentliche Botschaft solcher Redner aber war eher die psychologische Verknüpfung von militärischer Macht und *innerer Sicherheit*. Als Schlamm 1960 vor einem Auditorium in der FU Westberlin sprach, und einige Personen ihn kritisierten, wurden sie aus der Zuhörerschaft heraus beschimpft: »Schweine«, »Kommunisten«, »Verräter«, »Geht doch 'rüber!« Die Großmacht-Attitüde der westdeutschen Führung wurde auch durch den verbreiteten Protest gegen nukleare Waffen seit 1957/58 nicht weiter beeinträchtigt. Ungerührt forderte Gerhard Schröder, CDU, 1967 eine »nukleare Komponente unserer Streitkräfte**, und die Anhänger der atomaren Rüstung: v. Hassel, v. Guttenberg, Jaeger, Höcherl waren und blieben einflußreiche Leute***.

* Vgl. *Frankfurter Hefte*, 1960, S. 77
** *Regierungsbulletin*, Bonn 27. April 1967
*** v. Hassel hatte, als Ministerpräsident, Schleswig-Holstein zum Reservat für schwerstbelastete faschistische Ärzte, Generale, SS-Offiziere werden lassen, Jaeger (CSU) ist bekannt als Anhänger der Todesstrafe (»Kopf-ab«-Jaeger).

Aber als K.-G. Kiesinger 1969 die Bundeswehr wieder eine *große Schule der Nation* nannte, war das zwar ein bedenkliches Wort, aber doch ein veraltetes, von dem nicht einmal ideologisch oder politisch-psychologisch viel drohte. Einer militarisierten »Inneren Sicherheit«, der *counter-insurgency* als Verteidigung des Westens, kommt es nicht so sehr auf das wehrpflichtige Volk als potentielle Schüler irgendeines Erziehungsideals an, wie in der Kaiserzeit oder im »3. Reich«. Daß die Bundeswehr eine von Würdenträgern und Vätern geehrte Bildungs- und Erziehungs-Einrichtung der »Söhne« sein solle, ist »alte Disziplin«. Die Bundeswehr ist vielmehr in erster Linie ein *technisches Instrument*, obgleich sich in der Armee traditionelle Moralauffassungen gewiß länger halten als in anderen Organisationen der Staatsgewalt und des Staatsschutzes.
Wichtig für die Militarisierung der »Inneren Sicherheit« und die ganze security-risk-Strategie sind andere Dinge: daß die Bundeswehr in den Notstandsgesetzen zur Abwehr einer »drohenden Gefahr für den Bestand oder die freiheitliche demokratische Grundordnung des Bundes oder eines Landes« eingesetzt werden kann, »beim Schutze von zivilen Objekten und bei der Bekämpfung organisierter und militärisch bewaffneter Aufständischer«; wichtig ist, daß es Verbindungen zwischen Bundeswehr-Dienststellen und den »Selbstschutzberatungsstellen der gewerblichen Wirtschaft« gibt (1963 eingerichtet*), daß Manager der Privatwirtschaft und einzelne Gewerkschaftsfunktionäre zu gemeinsamen »Übungen« mit der Bundeswehr eingeladen werden, und daß für die Polizei der Länder, Bundesgrenzschutz und Bundeswehr gemeinsame Einsätze für den »inneren Notstand«, insbesondere in seiner angeblich ersten Phase, des *»verdeckten Kampfes«*, geplant werden**. Was ist »verdeckter Kampf«? »Spionage, Menschenraub, Provokationen, Demonstrationen, passiver Widerstand, Rufmord, Untergrabung der Staatsautorität und Wirtschaftsmoral (!), Zersetzung (!), Landfriedensbruch.« Ich

* Vgl. Zeitschrift *Zivilschutz*, 9, 1965
** *Zivilschutz und Zivilverteidigung*, hrsg. von Ministerial-Dir. i. Bundesinnenministerium, Hans Arnold Thompsen u. a., Bad Honnef 1966, Heft K: Aufrechterhaltung der Sicherheit und Ordnung, S. 21 und S. 38

habe diese Liste ebensowenig erfunden wie die Quelle, der ich sie verdanke*, sie ist auch keine Erfindung der »RAF«.
Werden wir solche Planungen *immer* ans Licht ziehen dürfen? Wo beginnt die Untergrabung der Staatsautorität? 1964 (!) errichtete die Bereitschaftspolizei des Landes Bremen übungshalber ein Internierungslager (amtliche Bezeichnung: »Sammelbewahrstelle«) mit Stacheldrahtzaun und 10 m hohem Wachturm. Es gab für diese Sammelbewahrstelle zwei amtliche Versionen – die erste: für »Störer- und Sabotagetrupps«, die zweite: für die Bewohner eines überfluteten Dorfes, Evakuierte »mit Habe« – zum Schutz gegen Störer und Plünderer**.
Warum fühlt sich dieser Staat »diffamiert«, wenn seine Opponenten die Frage stellen, die ein Alpdruck ist: Als die Opfer welchen Schiffbruchs, welcher »Überflutung« werden Menschen eines Tages in Internierungslagern »bewahrt« werden?

Michel Foucault
Faschismus im Rechtsstaat
Die Kolonisierung ist in ihrer direkten Form nicht mehr möglich. Die Armee kann nicht mehr dieselbe Rolle spielen wie einst. Daraus folgt: die Verstärkung der Polizei, »die Überladung« des Strafsystems, das nun ganz allein all diese Funktionen erfüllen muß. Der tägliche polizeiliche Belagerungszustand, die Polizeikommissariate, die Standgerichte, die Gefängnisse, die Überwachung nach der Freilassung, die ganze Serie von Kontrollen wie Erziehungsheime, Sozialfürsorge, »Heime« müssen nun eine der Rollen übernehmen, die einst Armee und Kolonisierung gespielt haben, indem sie Leute deportierten und außer Land schickten.
Zit. nach: Neuer Faschismus/neue Demokratie, Politik 43, Wagenbach, Berlin 1973

* *Die Auferstehung der Gewalt*, res novae, EVA, Frankfurt 1968, S. 54f.
** in: *deutsches panorama*, 3, 1966

Rettet die Freiheit, haltet die Leinwand sauber!

Im Sommer 1958 tauchte in der Bundeswehr eine umfangreiche Liste auf, eine Zusammenstellung aller Verlage, die entweder eindeutig als Repräsentanten der *fünften Kolonne* galten (wie Pahl-Rugenstein) oder einschlägig verdächtig waren, »Ost«-Verlage zu sein (wie eine Großbuchhandlung, deren einzige und amtliche Funktion es war, im zwischendeutschen Handel die Buch-Importe aus der DDR zu organisieren*). Der *Auftraggeber* für die Verlagsliste war im Bundes-Verteidigungsministerium zu suchen, sein Chef: F. J. Strauß. Mutmaßlich war sie ein nur für den internen Gebrauch bestimmtes Produkt einer hauseigenen Initiative, die höhere Ziele hatte.

Das Konzept des *security risk* findet oder erzeugt für administrative, interne Maßnahmen immer einen Transmissions-Riemen nach außen, einen McCarthy oder einen rechtslastigen Verein. Insofern haben die in der Linken verbreiteten Verschwörungs-Theorien einen harten, rationalen Kern. So gingen von der hausinternen Initiative der Listen-Fabrikanten sehr bald Anregungen an »honorige Personen« aus, eine *öffentliche* Organisation zur »Abwehr der kommunistischen Infiltration« zu gründen – das Komitee *»Rettet die Freiheit!«*. Der persönliche Referent des Ministers Strauß, ein Major F. Sagner, verschaffte einen vom Ministerium abgesicherten Kredit** und fand in Rainer Barzel, CDU, seinen Organisator.

Die Namen der Teilnehmer an der Gründungsversammlung des Komitees, Februar 1959 in Köln, sind aufschlußreich: neben F.J. Strauß und mehreren Generälen der Bundeswehr der Staatssekretär Ritter von Lex (»Klassenkampf als verfassungsfeindlich«, im Prozeß gegen die KPD, vgl. S. 25), Kardinal Frings, Bankier Abs und hohe Vertreter des BDI (Interessen der Großbourgeoisie, S. 28), einige Minister, z.B. Seebohm, Deutsche Partei (Verkehr), über den später zu berichten sein wird, und Stücklen, CSU (Bundespost).

* Hier führte also das Konzept der *Kontaktschuld* die Feder, innerhalb der *security-risk*-Strategie ein Mittel, *Berührungsfurcht* herzustellen.
** *Vorwärts*, 20. Mai 1960. Vgl. auch das *Spandauer Volksblatt*, 7. März 1959

Lübke gehörte natürlich zu den Gratulanten*, und auch der Staatssekretär im Bundeskanzleramt Globke (bekannt durch seine Mitarbeit am Kommentar zu den nationalsozialistischen *Rassegesetzen*) galt als Förderer des Komitees**. Die also sollten unsere Freiheit retten. Nach einigen Monaten der Vorbereitung tagte das Komitee erstmals öffentlich in der Frankfurter *Paulskirche*. Es wählte in sein Präsidium übrigens Prof. Pascual Jordan, Physiker, der die Bonner Regierung darin unterstützte, die Warnungen vor nuklearen Waffen zu entkräften (und der zur Belohnung dafür von der CDU zum Mitglied des Bundestags gemacht wurde***).

Einige Reden auf dem Frankfurter Kongreß brachten das Komitee indessen in Verlegenheit. Nicht natürlich der Generalsekretär der NATO, Spaak, der den Zugang der Bundeswehr zu Atomwaffen forderte, und auch nicht der katholische Marxismus-Experte Prof. Wetter SJ aus Rom, der den Zuhörern erklärte, der sowjetische Grundsatz der »friedlichen Koexistenz« sei nicht glaubhaft, weil er sich nicht mit logischer Notwendigkeit aus der marxistisch-leninistischen Doktrin ableiten ließe. Aber Ungelegenheiten bereitete Paul W. Wenger vom *Rheinischen Merkur*, der nicht nur die Abwehr kommunistischer Infiltration, sondern auch die Befreiung der Ostblock-Länder in die Ziele des Komitees aufgenommen haben wollte, und der angesehene spanische Emigrant Salvadore de Madariaga:

»Unser Ziel ist die Befreiung der Ostzone Deutschlands. Und mit ihr auch die Befreiung der östlichen Zone Europas!«(*)

Andere Teilnehmer äußerten sich »richtiger«, d. h. waren auf der Linie des Bundes-Verteidigungsministeriums. Das Konzept des *security risk* besteht ja darin, alle militärpolitischen und viele außenpolitische Probleme in solche der *Inneren Sicherheit* des Staates umzusetzen. Rainer Barzel forderte daher die NATO dazu auf, ein »Hauptquartier« für alle Angelegenheiten des »Psycho-

* L. stand damals im dringenden Verdacht, an der Bauleitung für NS-Konzentrationslager beteiligt gewesen zu sein.

** Vgl. *Telegraf*, 12. Mai 1960

*** Vgl. *Geist und Tat*, 13. Jg., 1958, S. 98

(*) *Frankfurter Allgemeine Zeitung*, 26. März 1960

logischen Krieges« zu schaffen*. Das Komitee erprobte seinen modernen McCarthyismus eine Weile: Wer für Verhandlungen zwischen West und Ost eintrat oder Einwände gegen eine nukleare Aufrüstung der Bundeswehr erhob, handelte im Auftrage der bolschewistischen Propaganda. (Daß einmal Personen schlicht *ihre* Auffassung haben und äußern konnten, *well-informed and independent*, gut informiert und unabhängig, ist im Reservoir der deutschen Politik offensichtlich nicht vorgesehen, oder vielleicht ganz besonders verwerflich**).
Das Komitee richtete scharfe Angriffe gegen die »kommunistisch unterwanderten« Gewerkschaften, auch gegen die SPD. Die Sozialdemokraten gaben darauf – unter anderem – eine leider für sie sehr typische Antwort: Sie ließen ihren stellvertretenden Parteivorsitzenden, damals v. Knoeringen, seinerseits vor »kommunistischer Propaganda« in der BRD warnen.
Das Komitee produzierte zwei *Rotbücher*, von denen sich das bekanntere mit der kommunistischen Durchdringung von Presse, Funk, Kunst, Parteien, Gewerkschaften, Friedensbewegung usw. befaßte.
Heinrich Böll, und mit ihm die Linkskatholiken der *Werkhefte*, galten als gefährdet durch kommunistische Einflüsterungen. Vom »Verband deutscher Studentenschaften« hieß es – 1960! – *die Extremisten hätten ihn weitgehend erobert*, auch die *Studentenpresse* war ein Trojanisches Pferd. Als Heidelberger Professoren zu einem Fachgespräch mit DDR-Kollegen nach Leipzig reisten, erklärte das Komitee dies für einen *Angriff auf die Grundwerte der Ethik und der politischen Ordnung.*
Das Komitee »Rettet die Freiheit!« geriet im Laufe des Jahres 1960 in finanzielle Schwierigkeiten. Für den Rest des Jahres sprang die Württembergische Metallwaren-Fabrik (WMF) mit einer hohen Spende ein. Aber das Komitee ging doch ein: nicht zuletzt an der Unsolidität einiger mit der Administration betrauten Personen. Sogar einen *Agenten der DDR*, der sich rechtzeitig absetzte, soll es gegeben haben.

* *Frankfurter Allgemeine Zeitung*, 19. Februar 1960
** Auch die deutsche *Linke* ist darin noch »deutsch«.

»Hauptkriegsschauplatz« des Kalten Krieges sei die öffentliche Meinung, hieß es, ihre Unterwanderung, Perversion und Verwirrung sei das Ziel kommunistischer Agitation (S. 10). Und dann reichen die Handlangerdienste leistenden Publikationsmittel von den *Blättern für deutsche und internationale Politik* bis *konkret*, von der *Süddeutschen Zeitung* und *Frankfurter Rundschau* bis zum *Diskus*. Gegen atomare Aufrüstung sprechen und für die Erhaltung der Freiheit der Meinungsäußerung eintreten, heißt die Funktion einer Fünften Kolonne erfüllen und offener Widerspruch liegt nicht im Bereich der Wahrnehmung demokratischer Rechte, ja Pflichten, sondern auf den Feldern von Verwirrungsmanövern und Perversionsmanipulationen.
Unter dem Stichwort »Zersetzung des Wehrwillens der westdeutschen Bevölkerung« (sic!) wird jegliche Anti-Bundeswehrstimmung dem Ostberliner Agit-Prop-Konto verrechnet, es ist vom »Rummel um den Jahrgang 22« die Rede (S. 28), Meinungsverschiedenheiten über Fragen der internationalen und nationalen Politik werden als »künstlich erzeugt« abgetan (S. 93), die Ablehnung von Soldaten- und Traditionsverbänden aber (Verband deutscher Soldaten, Stahlhelm und Kyffhäuser namentlich) fällt unter den Oberbegriff »Zersetzung des Wehrgedankens« (!) (S. 94).
Wer für den Frieden kämpft »ist – wissentlich oder unwissentlich – ein Kämpfer für die Weltrevolution«, denn unter dem »Schlagwort Frieden« verbirgt sich – wie der Ahnungslose erfährt – eine »Betrugsaktion« leninistisch-gigantischer Provenienz (S. 102). Und gemäß der Unlauterheit der angeblichen Initiatoren der westdeutschen »Friedensbewegung« kommen auch die Motive jener Professoren und Studienräte, die ihr nahestehen, aus einer Mentalität unterm Strich, die »eine beruflich nicht gebotene Publizität« durch »oppositionelle Spiegelfechterei« zu kompensieren sucht (S. 3). Vor Niemand und Nichts gibt es ein Halt; Parteien, Kirchen und Universitäten versagen unter der Lupe der Freiheitsretter; auf die Mitglieder des Bundestages Helmuth Kallbitzer, Helene Wessel, Arno Behrisch und Peter Nellen, auf den Verband Deutscher Studentenschaften, den Sozialistischen Deutschen Studentenbund, die Falken, die Deutsche Angestellten-Gewerkschaft und den

Deutschen Gewerkschaftsbund, auf den »Bund der deutschen Katholischen Jugend« und die »Evangelische Jugend Deutschlands«, auf die Pädagogischen Hochschulen, die Volkshochschulen und »Heime der offenen Tür«, auf den englischen Unterhausabgeordneten Conny Cilliacus, den Oberkirchenrat Kloppenburg und den ehemaligen Beauftragten der Evangelischen Kirche bei der Regierung der DDR Probst Grüber – auf sie alle und mehr – ihre Zahl scheint Legion – findet das stereotype Vokabular »kommunistisch infiltriert, verdächtig, aufgeweicht, anfällig« und immer so weiter, Anwendung. *konkret, 10, 1960*

Arnold Gehlen:

Es ist »... mit einer dauernd zunehmenden Aggressivität aus dem linksintellektuellen Raum heraus zu rechnen, auf die ich jetzt eingehe. Hier erfolgt der Angriff sozusagen delegiert ... Das sind sozusagen jetzt die Partisanen des Klassenkampfes ... mit ihrer unersättlichen Machtgier ... natürlich zur tiefsten Befriedigung bestimmter Auslandskreise in West und Ost ...«.
Es »... fehlt ihnen durchweg die eigentlich wortlose, die tastbare Informiertheit. Gerade deswegen entsprechen sie genau dem demagogischen Verfahren, in Unkenntnis der Realität mit den Waffen der Moralität zu kämpfen. Dies ist eine spezifisch moderne Form der Unsittlichkeit.«
»... zahllose Personen sind mit allen Mitteln der Meinungsmache öffentlich bemüht, allem, was irgendwie noch steht, das Mark aus den Knochen zu blasen.«
Die unternehmerische Verantwortung in unserer Gesellschaftsordnung, Tatbestand und Forderung, Walter-Raymond-Stiftung, Bd. 4, 1964, S. 87

… Rettet die Sittlichkeit!

Sprache, ein *Wandel* in der Sprache, ist auch etwas. Ende der 50er Jahre, im »Interregnum zwischen der alten und der neuen Disziplin« (S. 45), tauchte in der Bundesrepublik eine Vokabel wieder häufiger auf, und zwar nachweisbar vor allem in »Kreisen« der CDU/CSU, die trübster Herkunft war: (etwas) *zersetzen.* Nicht erst seit Hitler, schon seit den Zeiten des kaiserlichen Imperialismus vor dem Ersten Weltkrieg und des bürgerlichen Antisemitismus war »zersetzen« die Haupttätigkeit von: Juden, Kommunisten, avantgardistischen Künstlern, Intellektuellen, Journalisten (»Journaille« sagte man im »Dritten Reich«), etwas später von Psychoanalytikern und experimentellen Pädagogen. Zersetzt wurden – in der Sprache des Komitees »Rettet die Freiheit« ausgedrückt –: die Grundwerte der Ethik, die politische (sittliche, ethische, völkische, rassische, familiale, natürliche) Ordnung.

CDU/CSU nannten »zersetzend« beispielsweise den *Spiegel*; katholische Bischöfe Heinrich Böll und Carl Amery, Bundeskanzler Erhard (etwas versteckter) *moderne Künstler* und *Intellektuelle.* Eines der führenden Organe in der Aufspürung von »Zersetzung«, und für die Rettung der Sittlichkeit, war der damals einflußreiche *Mann in der Zeit*, ein äußerst reaktionäres Blatt, katholisch, 1958 mit einer Auflage von über 600 000; ähnlich wirksam der *Volkswartbund* e.V. in Köln, beide engagiert im Kampf gegen Schmutz, Schund, Freikörper-Kultur und Atheismus.

Verschiedene Anregungen aus den genannten Quellen führten – scheinbar ganz »spontan« – 1965 zu einer *Aktion saubere Leinwand.* Universitäts-Professoren, Ärzte, Beamte, Abgeordnete (von Landtagen und aus dem Bundestag), Landräte forderten die Bevölkerung in massiven Öffentlichkeitsaktionen dazu auf, für die Unterbindung der Aufführungen von Filmen einzutreten, die *unmoralisch* und *sittengefährdend* wären, vor allem der *Sexfilme.* Allein in München unterschrieben 134 000 Einwohner den Aufruf*, mehr als 1 200 000 Unterschriften sammelte die Aktion im gan-

* *Süddeutsche Zeitung*, 20. Juli 1965

zen Bundesgebiet*. Prof. Süsterhenn, CDU-Politiker der Weimarer Generation, wurde Sprecher der Aktion; die Frau des Bundespräsidenten, Wilhelmine Lübke, übernahm eine Art von Schirmherrschaft und wendet sich in Aachen öffentlich nicht nur gegen »sittlich zersetzende Filme«, sondern forderte, sozusagen positiv, ein »klares, entschlossenes und allgemeines Bekenntnis zur Durchsetzung einer inneren Ordnung, in der destruktive Kräfte keine Chance mehr haben«**. Die Aktion wendete sich jedoch nicht nur gegen Sexfilme, die »die Moral unseres Volkes vergiften und eine gesunde Entfaltung unserer Jugend untergraben«***, sondern ebenso deutlich gegen das Theater. Die katholische Kirche erreichte es mit Hilfe der »Aktion saubere Leinwand« beispielsweise, die Aufführung des international anerkannten polnischen Films »Mutter Johanna von den Engeln« für längere Zeit zu verhindern, der kein Sexfilm war, aber Nonnen und Klöster zum Gegenstand der Kritik machte. In Aachen brachte die Kirche es fertig, die »Aktion saubere Leinwand« gegen die Aufführung des Hochhuth-Stücks »Der Stellvertreter« zu mobilisieren, kein Sexstück, sondern eine Papst-Kritik; es wurde vom Spielplan abgesetzt. Wo der Sex zersetzt, ist Ulbricht nicht fern (damals Staatsratsvorsitzender der DDR): Wer immer die Aktion kritisierte, geriet in den Verdacht, »Wühlarbeit zugunsten des Kommunismus zu leisten(*). Die CSU versuchte sogar, in Wahlbroschüren durch geschickte Fotomontagen dreierlei zusammenzubringen: Hochhuth, Sexfilme und – die SPD, als Ersatz-Kommunisten(**). Es gab indessen auch in der SPD einzelne Personen, die sich gegen »Sex« wendeten.
Heinrich Lübke, Bundespräsident, begrüßte die »Aktion saubere Leinwand« als einen *aus dem Volke kommenden Protest.*[*] Davon

* Vgl. zur ganzen Aktion *Spandauer Volksblatt*, 22. Februar 1967, *Die Welt*, 8. Januar 1967
** *Süddeutsche Zeitung*, 1. September 1965
*** Vgl. *Spandauer Volksblatt*, 30. Juni 1965
(*) *Frankfurter Allgemeine Zeitung*, 17. Juli 1965
(**) *Berliner Stimme*, 13. Juli 1965. – Noch Jahre später bewährtes Mittel: Die Titelfotografie einer niedersächsischen CDU-Mitgliedszeitung vereinigte 1972: P. von Oertzen (SPD, Kultusminister), Jürgen Seifert, Ordinarius f. Politikwissenschaften, Ulrike Meinhof u. Peter Brückner. – Ein Artikel des Blatts über Meinhof, Brückner, v. Oertzen usw. hieß: »Ulbrichts Freunde«.
[*] *BZ*, 13. Juli 1965

konnte keine Rede sein. Wer eigentlich dahinter steckte, blieb, soweit ich feststellen konnte, unklar. Doch spricht sehr vieles dafür, die Auftraggeber und Initiatoren in einer Gruppe von CDU- und CSU-Bundestagsabgeordneten zu suchen*, die *eine* Forderung der »Aktion« öffentlich unterstützten – das Grundgesetz der Bundesrepublik Deutschland zu ändern, indem Art. 5 GG, der die Freiheit von Wissenschaft und Kunst garantiert, an die *»allgemeine sittliche Ordnung«* gebunden werden sollte. Konservative Kräfte versuchten in der »Aktion saubere Leinwand« also von oben einen Rückgriff auf die *alte* Disziplin, daher schließlich ohne Erfolg.

Die vielen sog. »Demokratischen Aktionen« der jüngeren Bundestagswahlen mit ihren riesigen Zeitungs-Anzeigen, meist von der Industrie finanzierte Hilfstruppen der CDU (und CSU), auch die *Deutschland-Stiftung* e.V., die jährlich den »Konrad-Adenauer-Preis« verleiht, und weitere Nachfolger der älteren Komitees und Aktionen, haben immer noch gewisse Merkmale der »alten Disziplin«: Enge Moral, Oberlehrer-Ethik, mischen sie aber mit den Merkmalen der »neuen Disziplin«: Argumentationen und Slogans im Sog des Radikalen-Erlasses, der Extremisten-Hetze, der Denunziation der SPD (und FDP). *Heute* nimmt die Initiative »von oben« eine härtere Gestalt an: mit der Polizei, so BKA-Präsident Herold, als *»neuer gesellschaftssanitärer Einrichtung«*, mit verschärften Polizeigesetzen, Zensurparagraphen (§§ 88 a, 130 StGB), Ausbau des Verfassungsschutzes, restriktiven Veränderungen der Strafprozeß-Ordnung. Für diese Zone der »neuen Disziplin« ist selbst der Wahlslogan 1976 der CDU/CSU: »Freiheit oder/statt Sozialismus«, nur ein *Rauchschleier* – die SPD/FDP-Koalition hat ja begonnen, die *security-risk*-Strategie des Imperialismus zu organisieren, auf der administrativen Basis, die in den Jahren der CDU-Regierungen errichtet worden ist.

* *Die Welt*, 19. Juni 1965

Die Macher im Obrigkeitsstaat

Ende der 50er Jahre gleicht die Bundesrepublik in vielerlei Hinsichten einem *Obrigkeitsstaat.* Dessen Prinzip: Vorsichtsmaßnahmen zur Verhinderung eines befürchteten Chaos, verursacht durch die stets unmündigen Bürger, zu treffen, hatte sich über den Zusammenbruch des Faschismus 1945 hinaus, und mit Wurzeln bis in die wilhelminische Ära, unter dem »Schlagwort der demokratischen Verantwortung und Ordnung« (Tobias Brocher) erhalten.

Tobias Brocher:
Die Variation besteht lediglich in einer Art humanitärer Verbrämung, hinter der aber die Bereitschaft zur aggressiven Gewalt schnell erkennbar wird. Dafür gibt es zahlreiche Hinweise: (...) Verletzungen des Grundgesetzes, Manipulationen, Vertuschungen und Verleugnungen politischer oder wirtschaftlicher Skandale, zunehmende Formalisierung und Pervertierung des Rechts, rückschrittliche Tendenzen in Reformvorschlägen vieler Art, am deutlichsten wohl in den Entwürfen der Strafrechtsreform (...), Radikalisierung der Staatsbefugnisse.

›Revolution oder Innovation?‹, Der Monat, 239, 1968, S. 6

Ulrike M. Meinhof:
Angeklagte haben es seit je in Deutschland schwerer als in anderen europäischen Ländern. Untersuchungshaft gilt den Hausnachbarn schon so viel wie Knast und selbst ein Freispruch schafft den Verdacht nicht aus der Welt: Es wird schon was Wahres dran gewesen sein. – Vor Gericht endet in Deutschland die Würde des Individuums, jenseits des Kreidekreises, von der Publikumsschranke an bis in den letzten dörflichen, städtischen, sozialen und asozialen Winkel setzt mit dem ersten Verhandlungstag der Rechtsstaat aus, das Volksempfinden ein, der scheinbar gesunde Menschenverstand, der messerscharf erkennt: Wer sich verheddert bei der Erinnerung an einen vor zwei Jahren im Kölner Hauptbahnhof visitierten Fahrkartenschalter, dem glaubt man nicht; wer Freundinnen Nerzmäntel stiehlt, der steckt auch Häuser an, wer Männer hat, mordet auch welche. –

So dünn ist in Deutschland die Decke der Republik, daß dem Volk aufs Maul geschaut soviel heißt, wie: Der Obrigkeit zustimmen, noch eh sie es fordert; den Angeklagten schuldig sprechen, eh das Gericht soweit ist; jedem Laffen von der Polizei eher Recht geben, als dem unschuldigsten Verhafteten, und im Verteidiger sieht man immer schon etwas von einem Komplicen, besonders wenn es gleich drei sind wie im Fall Brühne.*

konkret, 5, 1962

Dieses »Prinzip des Obrigkeitsstaates«, unter der *alten* Disziplin noch stark patriarchalisch getönt, später, unter dem Einfluß der *neuen*, kälter, administrativer, setzte sich nicht *ohne personelle Kontinuität zum Nationalsozialismus* durch. Schon früh in der Geschichte der Bundesrepublik ersparten Antikommunismus (und Abgrenzung gegenüber der DDR) die Auseinandersetzung mit dem »3. Reich«. Wenn überhaupt, wurde sie nach 1950 im Bereich der Kulturkritik geführt, aber nicht mehr auf dem Niveau der Ministerial-Bürokratie, der Parteiführungen, der Wirtschaft und der Apparate außerökonomischer Zwangsgewalt. Das bedeutete, daß autoritärfaschistische Elemente auf allen Ebenen der staatlichen (und z. T. der gesellschaftlichen) Organisation Einfluß auf den »Apparat« gewannen.

Nachrichten:
1951 erkärte der Verkehrsminister der Adenauer-Regierung, H. Chr. Seebohm, Deutsche Partei: »Wir neigen uns in Ehrfurcht vor jedem Symbol unseres Volkes – ich sage ausdrücklich *vor jedem* –, unter dem deutsche Menschen ihr Leben für ihr Vaterland geopfert haben.«
Das bezog sich auf das *Hakenkreuz.* Die SPD verlangte die Entlassung Seebohms, aber der Minister blieb.**

* [In einem der spektakulärsten Indizienprozesse der Nachkriegszeit wurde Vera Brühne am 4. Juni 1962 in München wegen Mordes an ihrem Geliebten und an dessen Haushälterin zu lebenslanger Haft verurteilt. Die Angeklagte bestritt bis zum Schluß jede Tatbeteiligung.]

** Vgl. hierzu *Das Rechtskartell in der Bundesrepublik*, Hrsg. H. Jung/E. Spoo, Schriftenreihe der Demokratischen Aktion, 6, Hanser, München 1971, S. 34f.

Als Repräsentant der Sudetendeutschen Landsmannschaft hatte Seebohm am Pfingstsonntag »die Rückgabe der geraubten sudetendeutschen Heimatgebiete« auf historischem Boden in Nürnberg verlangt: dem ehemaligen Nazi-Parteitagsgelände. Eingerahmt von Trommlerbuben mit grauen Fahrtenhemden, schwarzen Halstüchern mit Lederknoten sowie fahnenschwingenden Jungmädchen-Gruppen verteidigte Seebohm das von Hitler erpreßte Münchner Abkommen vom September 1938.
Erhard tadelte seinen Minister, die Konsequenzen zog er nicht. Seebohm wird weiter dem Bonner Verkehrsministerium vorstehen, das er seit 1949 ununterbrochen inne hat. Er wird auch weiterhin Sonntagsreden halten, denn den ihm nahegelegten Schritt, auf sein Amt als Sprecher der Sudetendeutschen zu verzichten, tat er nicht. Geschickt ließ er vor seinem Gang zu Erhard verbreiten, wenn er diese Position räume, kämen radikalere Kräfte an die Macht oder möglicherweise Männer aus den Oppositionsparteien.
Mit dieser versteckten Drohung schreckte er den Bonner Kanzler, der für einen Wahlsieg 1965 die Stimmen der Millionen Vertriebenen in der Bundesrepublik dringend benötigt.

konkret, 6, 1964, S. 16

Hohe Funktionäre und Beamte des »3. Reichs« gelangten in der Bundesrepublik zu Amt und Würden an einflußreichen Schaltstellen der Macht: ich nenne nur die Staatssekretäre Globke*, Westrick und Vialon. Sie und andere beriefen brauchbare Geister in die Ministerialbürokratie, die früher auch Nationalsozialisten waren. Da sahen sie zusammen von oben herab auf andere, mindere Führungspositionen des öffentlichen und wirtschaftlichen Lebens, die gleichfalls von ihresgleichen besetzt sind.**

* Vgl. S. 63 (Komitee »Rettet die Freiheit«!)
** P. Brückner, *Freiheit, Gleichheit, Sicherheit*, S. Fischer, Frankfurt 1973[2], S. 141

Ulrike M. Meinhof:
Aber den Beamtenstab hat die Bundesrepublik – nolens volens – vom Faschismus übernommen, die Bundeswehr Offizieren unterstellt, die nach Alter und Reife notwendigerweise unter Hitler marschiert sind, die Lehrerschaft behalten, die schon mit deutschem Gruß den Unterricht eröffnet hatte. Sie hat auch im Interesse ihres Wohlstandes jene Industriekonzerne wieder groß werden lassen, die Schlechteres schon als Christ-Demokraten unterstützt, sprich finanziert hatten. *konkret, 5, 1962*

In der Tat hatten um 1965 mutmaßlich 60% der Bundeswehr-Offiziere schon unter Hitler gekämpft. Bei aller berechtigten Wut im Einzelfall sollte dieses Datum jedoch nicht überbewertet werden; wir denken heute nicht mehr daran, daß die »Wehrmacht« für junge, nationale, bürgerliche, aber antifaschistisch gesonnene Männer manchmal *innere Emigration* sein konnte. Bedenklicher: Wenigstens zwei Drittel der amtierenden Richter in der BRD hatten (1964) bereits im »3. Reich« Recht gesprochen – und z. T. wie! Nicht einmal Richter des berüchtigten »Volksgerichtshofs« von Freisler wurden aus ihren Ämtern entfernt. Die Justiz funktionierte auch daher gegen Nazimörder schlecht, teilweise skandalös, aber gegen Kommunisten sehr gut. 1969 war der Vorsitzende eines Landesverbands im Deutschen Richterbund ein Mann, der den Nationalsozialismus als »edelste Form der Demokratie« bezeichnet hatte*.
Der durch zweifelhafte Urteile unrühmlich bekannte NS-Richter Filbinger, württemberg-badischer Ministerpräsident, wurde in die Reihe der »kämpferischen Demokraten« gerückt, während die aktiven NS-Gegner Brandt und Wehner schon während der ersten zehn Jahre der BRD als Personen verteufelt wurden, die uns »linkstotalitären Kräften« ausliefern wollen.**
Den einst aktiven Nationalsozialisten zahlte die Bundesrepublik in der Regel ansehnliche Pensionen oder behielt sie im Dienst. Und für Verfolgungen, die sie während der Nazizeit erlitten, wurde *Kommunisten* kaum Wiedergutmachung gewährt,

* Ulrich Sonnemann fragt: *Wie frei ist unsere Justiz?*, Kindler, München 1969, S. 33
** H. Scheer, in: *Die Gegenreform*, rororo aktuell, Reinbek 1975, S. 32

dafür aber ehemaligen Soldaten der *Blauen Division*, spanischen Faschisten, die im Zweiten Weltkrieg an »unserer« Seite in Rußland gekämpft und überlebt hatten.
Das alles hat Antifaschisten, alte und junge, empört, aber öffentlich formulierte Kritik an Maßnahmen des westdeutschen Staats hat die Macher des Obrigkeitsstaates kaum jemals berührt. Die Einheit von Verfolgern damals und heute, von Verfolgten damals und heute hinterließ nur bei den Verfolgten den bitteren Geschmack des nicht-erklärten Exils. Schon Ende der 50er Jahre teilte sich der *bittere Geschmack* allerdings einer geschichtsbewußteren Minderheit mit, die auf der Auseinandersetzung mit der deutschen Vergangenheit bestand, *Studierende* (eine Minderheit auch in der Studentenschaft), ohne deren Druck auch nicht die *Universitäten* so etwas wie eine Auseinandersetzung mit der Position der Wissenschaften im »Dritten Reich«, und mit der Belastung nicht weniger Professoren, wenigstens versucht hätten. In einer wahrhaft grotesken Verdrehung und Verkennung der Anlässe zu ihrer Forderung wurden *sie* zu »Störenfrieden« erklärt*, und Objekte von zahlreichen Versuchen zur Disziplinierung.
Sommer 1958: Die Wilhelmshavener Studentenzeitung *Zoon politicon*, die den Rechtsstaat kritisiert hatte (Nazis als Oberlandesgerichts-Präsidenten) und die »freie« Marktwirtschaft ironisiert (frei für Krupp, Pferdmenges u.a.) wird von Rektor, Prof. Hofstätter, verboten**.
Ende 1959 wird das *forum academicum*, Heidelberg, mit Prozessen überzogen, der Verkauf vom Rektor behindert – gegen Klaus Figge, Autor des Artikels »Man trägt wieder Braunhemd« (gegen den Bund nationaler Studenten gerichtet), ermittelte der Disziplinarbeamte der Universität: Figge habe die »Ruhe der Universität« gestört. Im gleichen Jahre beginnt ein Prozeß gegen das Göttinger *prisma*; 1960: gegen *nobis*, Mainz; 1961: *prisma* in Aachen; 1962: *Notizen* in Tübingen; 1964: eine Marburger Zeitung. Anlässe oder/und Gründe: Kritik an der Regierung, an den USA, an der NATO, Gotteslästerung, Verstoß gegen Sexualmoral)***.

* R. Gruenter, in: *Der Monat*, 197, 1965, S. 16ff.
** Vgl. Rolf Seeliger, in: *Blätter* ..., 6, 1965, S. 532ff.
*** R. Seeliger, a.a.O.

Es waren nicht zuletzt diese Erfahrungen, die an den Universitäten eine *antifaschistische Überlieferung* entstehen ließen, die ein lebender Vorwurf für das *Establishment* war und bis heute blieb. Es hat polizeistaatlich darauf geantwortet. Deutsche Verhältnisse sind Gewaltverhältnisse.
Im Januar 1958 konstituierte sich an der Freien Universität Westberlin der erste Konvent seit der Gründung der FU, der es nicht mehr grundsätzlich ablehnte, mit Vertretern kommunistischer Organisationen zu reden, und ein ASTA, dessen politische Position erstmals grundsätzlich verschieden war von der der FU-Gründer: Der »Antifaschismus« *mußte* sich, allein aus den praktischen Erfahrungen der Studenten heraus, zu einer Kritik der jeweils *gegenwärtigen* Verhältnisse der BRD entwickeln. Seine Moralität antwortete auf die »alte Disziplin« weil zu viele ihrer Vertreter, und zu viele der Werte dieser Disziplin, *korrumpiert* waren, und radikalisierte sich am Widerstand gegen Phänomene der *neuen* Disziplin, die den Studierenden durch öffentliche Diffamierung und Polizeiknüppel eingebleut werden sollte.

Aufklärung über Gewaltverhältnisse: Kampf dem Atomtod – Opposition in der Bundesrepublik

Am 12. April 1957 geben acht deutsche Atomwissenschaftler eine Erklärung gegen atomare Rüstung ab und werden von der CDU/CSU-Regierung gescholten. Die *öffentliche* Diskussion über nukleare Waffen (und die »Strategie des atomaren Patt« zwischen den USA und der UdSSR) konnte in der Bundesrepublik keine auf atomare Rüstung beschränkte (»single-point«-)Diskussion bleiben, sie war von Anfang an vielfältig politisiert: verband sich auf der Seite der Pazifisten, Linken und Liberalen mit Erörterungen über die NATO, die Ostpolitik des Westens, über das Verhältnis zwischen Bonn und der »Zone«*. Sehr bald wurden auch die innenpolitischen Entscheidungs-Mechanismen der parlamentarischen Demokratie diskutiert, wenn auch in begrenztem Ausmaß.**

Im März 1958 lädt ein Arbeitsausschuß »Kampf dem Atomtod« zu einer Kundgebung nach Frankfurt/M. ein; unter den Rednern: Kogon, Ollenhauer, Helene Wessel. Nicht nur SPD und Gewerkschaften, auch Mitglieder der FDP sind engagiert; die »Parteilosen« überwiegen jedoch. Im April stellt sich die SPD in Westberlin nachdrücklich hinter die Initiative des Berliner »Ausschusses gegen den Atomtod«. Etwa 5000 Studenten der TU und FU beteiligen sich an einem *Schweigemarsch*. An westdeutschen Universitäten bilden sich vergleichbare »Arbeitsausschüsse«.

Wer heute solche und andere Nachrichten in der damaligen Presse, in Zeitschriften, Bulletins usw. verfolgt, gewinnt durchaus den Eindruck einer »Massen«-Bewegung, verwandt den

* Ulrike M. Meinhof sieht eine gefährliche Konsequenz: »Keine kernwaffenfreie Zone in Mitteleuropa (...) und schließlich: Atombomben (auch) für die DDR: zwei deutsche Staaten, zweimal deutsche Atomwaffen. Und dann? (*konkret*, 3, 1960)

** Vor allem in den zeitigen 60er Jahren, als es personelle und sachliche Berührungen mit dem Protest gegen die Notstandsgesetzgebung in der BRD gab.

civil-right-movements der Vereinigten Staaten. Jedenfalls dürften sich in der ersten Hälfte des Jahres 1958 *einige hunderttausend Menschen* an der Tätigkeit der »Arbeitsausschüsse gegen den Atomtod« in der einen oder anderen Weise beteiligt haben, und zwar, zur deutlichen Beunruhigung der Konservativen und der Polizei, bei breiter soziologischer Basis – Arbeiter, Angestellte, Studenten, Professoren, und *anfangs* mit Teilnahme von Parteien (SPD, auch FDP) und der Gewerkschaften. Erstmals seit dem Bestehen der Bundesrepublik sprachen Hochschullehrer auf gewerkschaftlichen Mai-Veranstaltungen: schon schien Hoffnung auf eine Annäherung zwischen Arbeiter-Organisation und Intellektuellen.
Die Frage der nuklearen Aufrüstung blieb weder Sache der »Arbeitsausschüsse« noch etwa der »Honoratioren« der Bewegung; der Mann auf der Straße, die westdeutsche Bevölkerung nahmen teil*.
Es wundert mich nicht, daß die auf den »Ausschluß der Massen« sich stützende Bonner Demokratie, und daß die Konservativen, die Reaktionäre, natürlich die Regierungspartei (CDU/CSU) auf ihre besondere Weise eingriffen. Schon im April 1958 durchsuchte die Kripo in München unter einem Vorwand die örtliche Geschäftsstelle des »Komitees gegen Atomrüstung« (und Privatwohnungen von Mitarbeitern). In Westberlin warnte die CDU die SPD vor »gefährlichen Experimenten« – die Atomwaffengegner *marschierten für Moskau und wüßten es nicht***. Im Sommer 1958 griffen Mitglieder der JUNGEN UNION (CDU) und des RCDS [Ring Christlich Demokratischer Studenten] eine von sozialistischen und liberal-demokratischen Studenten organisierte *Atomare Wache* an und versuchten, die ausgestellten Fotos von Hiroshima-Opfern zu verbrennen (Westberlin). In Nordrhein-Westfalen zogen sich SPD und FDP nach den Landtagswahlen (Juni 1958) von den Aktionen der Atomwaffen-Gegner zurück; ihr Engagement hatte den Parteien keine sichtbaren Wahlerfolge gebracht. *Daß* gerade die SPD Initiativen wie »Kampf dem Atomtod« (und früher Bewegungen gegen die Aufrüstung der BRD) anfänglich unterstützte, hat »Parlaments-Gründe«:

* Vgl. H. Pross, in: *Deutsche Rundschau*, Jg. 84, 1958, S. 618
** Vgl. BZ, 14. und 15. April 1958

außerparlamentarische Unruhe in der Bevölkerung, gar: Basis-Politisierungen, sollten aufgefangen, kontrolliert, möglichst *integriert* werden. Wo das mißlang, oder dem machtpolitischen Kalkül nicht mehr nötig erschien, oder die SPD zu belasten begann, zog sie sich aus den Initiativen nicht nur zurück, sondern disziplinierte ihre Mitglieder, drohte, schloß aus. Im Bundestag wurde die Anti-Atomtod-Bewegung als *Krise der Demokratie* apostrophiert, unter Hinweis auf die Beteiligung der (Leute von der) Straße. Als das Bundesland *Hamburg* in der ersten Jahreshälfte eine »Volksbefragung« über atomare Rüstung der Bundeswehr beschließt und, weil das Institut der Volksbefragung in der Landesverfassung nicht vorgesehen war, ein Gesetz für ihre Durchführung erläßt, setzt der 2. Senat des Bundesverfassungsgerichts das Hamburger Gesetz aus – zur Prüfung, ob es mit dem Grundgesetz der BRD vereinbar sei. Es war *nicht*, es war wirklich »Krise der Demokratie«: die repräsentative Demokratie des Grundgesetzes, so das BVG, schlösse die unmittelbare Beteiligung des Volkes aus den politischen Entscheidungen aus.* Und dies, obgleich das hohe Gericht, wie jedermann wußte, daß es sich bei der Volksbefragung um eine *Meinungsbildung* für den politischen Senat der Hansestadt handelte, und nicht um die Einleitung einer föderativen Gesetzgebung. Hamburg liegt an der Elbe, nicht am Limmat, das wußte auch der Senat. Unbehaglich war die »Beteiligung des Volkes« – an Demonstrationen und öffentlichen Diskussionen – auch der Gewerkschaftsspitze, obwohl sie in der Sache auf der Seite der Atomwaffen-Gegner blieb. Wer die Diskussion des Problems in den *Gewerkschaftlichen Monatsheften* 1958 verfolgt, gewinnt den Eindruck, als stünde da eine Warnung zwischen den Zeilen: Es wird sehr betont, mit pädagogischem Sprachgestus, an die *großen demokratischen Massen-Organisationen* appelliert, und gefordert wird *streng sachliche Aufkärung.*

Ja, alle Gewalt geht vom Volke aus, aber daß das Volk nur ja nicht einmal selbst ins Laufen kommt.

Daß sich erneut eine »außerparlamentarische Opposition« bildete, ist nun in der Tat schon 1958 unverkennbar. Im Oktober

* W. Abendroth hat das Urteil in den *Gewerkschaftlichen Monatsheften*, 1958, S. 395f., diskutiert.

1958 erklärt der SDS, er wolle zusammen mit den Jungsozialisten, den »Falken«, der Naturfreundejugend *und* den örtlichen Studentenausschüssen gegen Atomrüstung ein neues Konzept für eine wirksame, sozialistische Jugendarbeit entwickeln. In Westberlin beginnen 1958 Vorbereitungen für einen *Studentenkongreß gegen Atomrüstung*; er findet statt am 3./4. Januar 1959.

Studentenkongreß gegen Atomrüstung

Präsidium:

Günther Anders
Stefan Andres
Max Born
Gerd Burkhardt
Dietrich Goldschmidt
Helmut Gollwitzer
Hans Henny Jahn
Walter Jens
Robert Jungk
Erich Kästner
Eugen Kogon
Max von Laue
Gertrud von Le Fort
Alfred Marchionini
Walter Menzel
Eva Müthel
Hans Werner Richter
Helmut Ridder
Otto Stammer
A. Graf Schenk v. Stauffenberg
Hans Thirring
Heinrich Vogel
Wilhelm Weischedel
Ernst Wolf
Konrad Zweigert

Assistenten:

Dr. Margherita von Brentano
Dr. Carsten Colpe
Dieter v. Ehrenstein
Dr. B. Noller

Studenten:

Norbert Adrian
Werner Gessler
Reimar Lenz
Peter Meier
Ulrike Meinhof
Manfred Schmidt
Eva Maria Titze

nk-archiv: Akte ›Studentenkongreß gegen Atomrüstung 1959‹

Teilnehmer des Kongresses erklären unter lebhaftem Beifall, Formeln wie »mit Pankow wird nicht verhandelt« müßten aus der politischen Argumentation verschwinden; die DDR sei eine Realität, es müsse mit ihr gesprochen werden. Der Wehrexperte der SPD Helmut Schmidt (MdB) verläßt den Kongreß unter lautem Protest. Die *polizeiliche Kontrolle* der FU-Gebäude war stark und auffällig:

»Zahlreiche Polizisten gingen mißtrauisch um das Universitätsgebäude herum und musterten jeden Ankommenden mit Blicken, als ob er ein potentieller Kommunist und damit auch Staatsfeind sei.«*

In diesen ersten Januar-Tagen schoß sich die *Springer-Presse* auf protestierende Studenten ein: »Totengräber der Freiheit« nannte sie die *Berliner Morgenpost* (6. Januar 1959). Konzernfreie Zeitungen standen nicht zurück: »Genosse Ulbricht kann sich ins Fäustchen lachen«, *Der Kurier* (5. Januar 1959). Dies war der Auftakt für die spätere, jahrelange Hetze, die als *Volksverhetzung* (§ 130 StGB) vor Gericht zu bringen angesichts des deutschen Pressegesetzes und der *Machtverhältnisse* in der BRD nicht möglich war – das Gesetz schützte das offensichtliche Unrecht, das Recht selber wurde erkennbar als eine Institution, die *Unrecht aufbewahrt.*

Doch zurück zum Jahr 1959. Teilnehmer am Studentenkongreß oder an lokalen Aktivitäten (wie denen des Würzburger Komitees gegen Atomrüstung, 1959) standen für die Heilige Allianz der Ordnungsmächte (S. 29) jenseits der Ordnung; potentielle Ketzer, weil »Selbstdenker« für die einen, Verfassungsgegner für die anderen. Man bedenke, daß bekannte Rechtswissenschaftler die Aufrüstung der Bundeswehr mit atomaren Kampfmitteln als »geboten« *aus dem Grundgesetz* herzuleiten versuchten (Mauntz-Dürig, Kommentar zum GG, 1958, zu Art. 2, Abs. 2**), und Vertreter des höheren Klerus, wie Prof. P. G. Gundlach SJ, den Atomkrieg als mit dem Christentum vereinbar erklärten – es gäbe Güter von solchem Wert für den Christen, daß ihrer Preisgabe selbst ein eventueller atomarer Untergang vorzuziehen sei***.

* *Die Welt*, 5. Januar 1959

** Vgl. *Zeitschrift für Politik*, Bd. V, Berlin, 1958, S. 348

*** Vortrag in der Katholischen Akademie, Würzburg, am 22. Februar 1958

Das Argument – 24. Mai 1959 (Nr. 2) –
Herausgeber:
Studentengruppe gegen Atomrüstung (Freie Universität Berlin)
Verantwortlich: W. Fr. Haug

> »Eine Drohung, Selbstmord zu begehen, ist keine vernünftige Verteidigungspolitik«
> *The Times*, (London), 25. Februar 1959

(...)
»Jugendbewegte Schwärmer einer politischen Romantik«, kanzelte der Pater Professor Hirschmann die Studenten gegen Atomrüstung in einem Vortrag ab, den er am 12. Mai in der FU hielt. Professor Hirschmann ist einer jener sieben Moraltheologen, die die Atomrüstung ausdrücklich befürworten.
(Nach dieser redaktionellen Vorbemerkung eröffnete DAS ARGUMENT mit einem Artikel von Klaus Ehrler: Was wir denken, was wir wollen«, die programmatische Diskussion seiner politischen Vorstellungen und Ideen, »um so dem Nein zur Atomrüstung das Modell einer möglichen Alternative der Rüstung hinzuzufügen ...«)

(Anmerkung: Ich fand einen Hinweis, daß ein »Studentischer Arbeitskreis für ein kernwaffenfreies Deutschland« in Münster [Westf.] eine Zeitschrift mit dem gleichen Namen, »argument«, herausgab; als eine der drei Herausgeber wird Ulrike Meinhof genannt.)
Die Opposition gegen Atomwaffen und Rüstungspolitik fand ihren spezifischen Ausdruck jedoch weniger in Kongressen, lokalen Komitees und in der Zeitschrift *Das Argument* als vielmehr im *Ostermarsch*. Man sieht ab und zu noch heute, auf VW's oder auf »Enten«, das Symbol der Ostermarschierer: die Lebensrune (Y) im Kreis. Ihr Vorbild war die Campaign for Nuclear Disarmament (CND), England, die Ostern 1958 zu einem Friedensmarsch nach Aldermaston, englische Produktionsstätte für Atomwaffen, aufrief. Die deutschen Ostermarschierer – in ihrem ersten Jahr, 1960, strikt pazifistisch – galten, wen wundert's?, als »kommunistisch unterwandert«, als Söldner »Pankows«. 1961 verbot der DGB allen Funktionären die Teilnahme*. 1963 – als kleine Gruppen schon »Ho Chi Min« skan-

* *Die Welt*, 25. März 1961. – Auch Erich Ollenhauer, Gustav Heinemann und Herbert Wehner wandten sich gegen die Ostermarschierer.

diert haben sollen, und »Provos« aus Holland (angeblich) nach LSD riefen – griffen Staat und Polizei im Interesse der Ordnung ein. Innenminister Höcherl (CSU) ordnete Maßnahmen gegen ausländische Atomwaffen-Gegner an, er ließ Briten nicht in die BRD einreisen (sondern auf dem Flugplatz festhalten) und Dänen über die Grenze abschieben*. In Düsseldorf setzte die Polizei Wasserwerfer gegen Ostermarschierer ein, eine kalte Dusche für den Pazifismus.

Der gegen diese Einreisebeschränkung auf der Düsseldorfer Kö protestierende Pfarrer Günneberg wurde festgenommen, verhaftet, gewaltsam einer »erkennungsdienstlichen Behandlung« unterzogen und in eine stinkende Ausnüchterungszelle gesperrt. Diese besonders ruppige Behandlung nimmt Eingeweihte nicht wunder: Die jungen deutschen Pfarrer sind für unsere Ordnungsmacht allmählich zu einem politischen Problem geworden. Immer größer wurde in den letzten Jahren eine, teilweise der Bekennenden Kirche und den »Bruderschaften« nahestehende Gruppe von Geistlichen, die zwischen dem Satz *Friede auf Erden* und der irdischen Wirklichkeit eine gewisse Übereinstimmung herzustellen bemüht sind. Konnte man ihre Zahl vor einem Jahr noch an einer Hand abzählen, so waren es diesmal über 100 Pfarrer und Theologie-Professoren, die den Aufruf zum Ostermarsch unterzeichneten, darunter die Professoren Bartsch, Gollwitzer, Mezger, Strathmann, Vogel und Wolf. Motto des Aufrufs: Unser Nein zur Bombe ist ein Ja zur Demokratie. *konkret, 5, 1963,* S. 10

1964 war der »Ostermarsch« bereits eindeutig ein gesellschaftspolitischer Protest, wenngleich mit der konstanten Achse: gegen nukleare Waffen, für Abrüstung. Da sich die SPD nun offiziell von ihm distanzierte (und sich von der FAZ doch vorrechnen lassen mußte, daß es gleichwohl sozialdemokratische Ostermarschierer gäbe*), Franz Barsig, kalter Krieger, nachdrücklich vor den »kommunistischen Unterwanderern« warnte, sogar der Bischof von Aachen den Geistlichen seiner Diözese

* *Deutsche Volkszeitung,* 26. April 1963; *Frankfurter Allgemeine Zeitung,* 16. April 1963.
** am 25. März 1964

die Teilnahme verbot*, in Konkordanz mit CDU und CSU, mußte die Oster-Opposition »außerparlamentarisch« bleiben, d.h. sie wirkte unterhalb der Ebene der politischen Entscheidungs-Mechanismen, und damit wurde sie in der Tendenz *anti*-parlamentarisch. Es ist ganz ohne Frage eine Folge der Zustände im westdeutschen *Parlament*, daß Bürgerrechte, autonom vorgebracht, sich eines Tages gegen das Parlament artikulieren mußten.

Von »praktizierten Bürgerrechten« war, soweit ich unterrichtet bin, erstmals öffentlich im Jahre 1964 die Rede. Rund 100 000 Menschen waren in diesem Jahr allein am Ostermarsch beteiligt (Hamburg, Bremen, Dortmund, Frankfurt, Stuttgart und Nürnberg). Insofern drohte von der außerparlamentarischen Opposition in der BRD eben nicht der »Kommunismus«, als vielmehr die Politisierung von Staatsbürgern, die sich ihrer selbst bewußt wurden: *Nicht Ulbricht stand vor der Tür, sondern ein Stück bürgerlicher Revolution.* Das war es, was Staat, Polizei, Klerus und Parteien alarmierte. Wenn die Anti-Atom-Bewegung und der Ostermarsch Ansätze zu einer »Volksfront« zeigten – es nahmen teil Intellektuelle und Arbeiter, Christen und Sozialisten, Junge und Alte –, so doch eher eine Volksfront für direkte Demokratie, für Selbstbestimmung und Autonomie als für den Sozialismus.

1965 schätzen Tageszeitungen die Zahl der Ostermarschierer auf etwa 130 000. Die Kritik am Krieg der USA in *Vietnam* ist nun eines der Hauptthemen; Polizei und Verfassungsschutz verstärken die Kontrolle. Philip Pless, SPD, schreibt im April 1965 einen »offenen Brief« an den Oberbürgermeister in Frankfurt (Main), weil die Stadtverwaltung dem Verfassungsschutz im 2. Stock des Rathauses, dem *Römer*, Amtsräume zu Foto- und Filmaufnahmen zur Verfügung gestellt habe. Die FAZ gibt die Antwort des Establishments:

»Man mag allenfalls der Meinung sein, daß es vielleicht besser gewesen wäre, die Beamten des hessischen Verfassungsschutzes hätten ihre Kameras etwas diskreter gehandhabt.«

Warum *vielleicht*? Eine offene Observation nimmt zugleich die Funktion der *Einschüchterung* wahr, bringt nicht nur Hunderte

* *Werkhefte*, Jg. 1964, S. 178

von Menschen in die Dossiers und Karteien der Staatsgewalt. 1966 und 1967 wird der Ostermarsch zur »Kampagne für Demokratie und Abrüstung«, mit etwa 150 000 Teilnehmern (1967). Das sind die Jahre der sich entfaltenden studentischen *Protestbewegung* und damit der Kritik des *Vietnam*-Kriegs der USA, ja des Imperialismus überhaupt (und seiner westdeutschen Varianten)*. Auch die »Kampagne« wendet sich nun entschieden gegen den US-Imperialismus. Empört berichtet der Berliner *Tagesspiegel* am 23. März 1967, man habe das Amerikahaus mit roter Farbe beschmutzt – der Terror der außerparlamentarischen Opposition hat begonnen! 1968 wurden »Ostermarsch« und Anti-Atom-Bewegung Teil der *APO*. Ein oder zwei Jahre später hatte er sich praktisch aufgelöst. Auseinandersetzungen zwischen einem pazifistischen und einem sehr militanten Flügel hatten die Anti-Atom-Bewegung paralysiert.

Ulrike M. Meinhof:
Osterspaziergang 63

Einige Tausende gehen jedes Jahr zu Ostern auf die Straße. Mit Schildern und Gitarren, Singsang und Nietenhosen. Vegetarier, Kommunisten, Schriftsteller und Pfarrer, Halbstarke, Studenten, Hausfrauen und wes Geistes Kinder und welcher Gewerkschaft Mitglieder sie noch sind. Drei Tage lang trotzen sie Regen und Wind, Polizeikonvois und nicht endenwollenden Land- und Stadtstraßen. Räuberromantik und das Bewußtsein, für eine gute Sache einzustehen, trösten über die Unbilden eines Dreitagemarsches, genannt OSTERMARSCH, hinweg.
Sie sind die Moralisten des 20. Jahrhunderts, die unentwegte Avantgarde; komisch, aber bitterernst; jugendbewegt, aber hochpolitisch; diffamiert, aber zahlreich. Man kann über sie streiten, nicht aber über die Sache, für die sie eintreten: Frieden. Man kann über sie lachen, nicht aber über das, was sie bekämpfen: Den Krieg.
Sie fingen 1960 mit 2000 Teilnehmern an und zwei Jahre später waren es schon 50 000, die sich am Ostermontag 1962 auf Straßen und Plätzen an Isar und Ruhr, Elbe und Main einfanden, um gegen die »Bombe« zu demonstrieren, gegen die Bombe in Ost

** Vgl. hierzu Teil II

und West, zu Kriegs- und Versuchszwecken, mit den Worten der Aldermastonmarch-Engländer: »Ban the bomb!«
Neun Kundgebungen werden in diesem Jahr stattfinden. In Bremen, Dortmund, Frankfurt/Main, Hamburg, Hannover, Kaiserslautern, München, Nürnberg, Stuttgart. – Für ein atomwaffenfreies Mitteleuropa, für eine militärisch verdünnte Entspannungszone in Mitteleuropa, das Brücke ist zwischen Ost und West. In elf Marschsäulen wird wieder drei Tage lang demonstriert und marschiert.
Wer heute noch die Frage stellt: Was kann man denn tun – gegen Atomwaffen, gegen Krieg, gegen eine Regierung, die nicht verhandelt, nur rüstet? – dem sei die Ostermarschadresse mitgeteilt, wo man sich anmelden kann, zum Ostermarsch 1963.*
Um ein Land, in dem die Opposition nur durch Gewaltmärsche die Aufmerksamkeit der Presse erlangen kann, ist es schlecht bestellt. Um ein Land, in dem sich jährlich Tausende und Abertausende finden, die das Mittel des Gewaltmarsches nicht scheuen, um sich Gehör zu verschaffen, ist es noch gut bestellt.

konkret, 4, 1963

* [Adresse gestrichen]

Gewaltverhältnisse und die Ohnmacht der Kritik

Die Geschichte, die ich hier erzähle, ist die einer Restauration. Für »Restauratoren« gibt es freilich einen quasi-biologischen Skandal: es werden *neue Generationen* geboren, über deren Gang und Entwicklung trotz aller institutioneller Absicherung von Herrschaft nicht ausreichend vor-entschieden werden kann.

Die Sorge der herrschenden Klassen, der »Heiligen Allianz«, galt daher schon in der Mitte der 50er Jahre einer Jugend, die zu *denken* begonnen hatte; ja, die das Geschäft des Denkens ernst genug nahm, um möglicherweise einmal zu nicht vorhersehbaren Einsichten zu gelangen – der Soziologe Schelsky sprach von der »skeptischen« Generation, was, nur in ganz anderem, umstürzlerischen Sinne, als *er* behauptete, so falsch nicht war; einer Jugend, die für die Zukunft des Staates und der Wirtschaft *unkalkulierbar* wurde*. Unter den Studierenden waren nicht wenige bei ihrer Geburt mit einem Tropfen cartesianischen Öls getauft worden; als sie und andere Jugendliche die Angebote der »Politischen Bildung« ihrer Zeit ernst, d. h. beim Wort nahmen, begann der Konsensus bald zu zersplittern.

Nach Mitte der 60er Jahre konzentrierte sich die »Sorge« der Heiligen Allianz auf eine studentische Jugend, die in einem Politisierungs- und Selbstaufklärungs-Prozeß ohne Beispiel in Westdeutschland die *Rekonstruktion der Linken* einleitete; es schien so etwas wie eine *Generationen-Prägung* auf antikapitalistische Überzeugungen zu geschehen. In diesem »Rekonstruktionsprozeß« befinden wir uns noch heute, auch die RAF ist ein Teil davon**. Inzwischen halten Gruppen und Köpfe gerade in der aus der Studentenbewegung hervorgegangenen Linken die Bundesrepublik nicht mehr für einen autoritären Leistungsstaat, wie noch 1965, sondern für »faschistisch«.

Angehörige meiner Generation, die den Nationalsozialismus 1933–1945 entweder als Verfolger erlebt oder als Verfolgte überlebt haben, werden dieser Auffassung nicht zustimmen: Sie ist falsch; hoffentlich bleibt sie auch falsch.

** Vgl. Ulrich Sonnemann, in: *Frankfurter Hefte*, 13. Jg., 1958, S. 337

** Vgl. Teil II

Eugen Kogon hat 1962 davor gewarnt, die BRD für ein »neofaschistisches System« zu halten. Leute, mit denen er sich in den *Frankfurter Heften* auseinandersetzte, glaubten also schon damals, Ursachen für den Faschismus-Vorwurf zu haben. Ein Beispiel: »Ist sich der Kanzler [Adenauer] bewußt, daß er die Einparteienherrschaft proklamiert, wenn er (...) gelobt: ›Wir sorgen dafür, daß die SPD niemals an die Macht kommt‹? Die SPD muß ja nicht unbedingt bei der nächsten Bundestagswahl an die Regierung kommen, aber wer sie niemals zur Regierung gelangen lassen will, der ist im Ergebnis ein Faschist«, so R. Augstein (›Jens Daniel‹-Spalte, in: *Der Spiegel*, 17. Juli 1957). Er fährt fort: »(...) nur daß der [Adenauer'sche] Rheinstaat (...) Gefahr läuft, einem klerikal-faschistischen Bewußtsein zu erliegen«.
Januar 1960: Gerhard Schröder (CDU), damals Bundesinnenminister, legt dem Parlament den Regierungs-Entwurf für ein *Notstandsgesetz* vor.

Dazu Ulrike M. Meinhof:
Deutschland 1960 – jeder Dritte vergleicht es mit dem Deutschland von 1933; was vor zehn Jahren als eine Ungeheuerlichkeit hätte abgewiesen werden müssen, wird heute schon als abgegriffene Münze beifällig weitergegeben. Professoren fliegen »wie damals« aus Amt und Würden*, Militärs gelten so viel wie Politiker, Sozialdemokraten sitzen in der Klemme zwischen den Kompromissen ihres Vorstandes und eigener Oppositionshaltung, die Verfassung gilt als manipulierbar und veränderlich, der Präsident ist erneut der supraparteiliche Propagandist reaktionärer Programme, das Vertrauen in die Judikative ist zutiefst geschwächt, und noch ist kein Ende abzusehen (...).
Vom Schlimmsten (...) soll die Rede sein, von dem Entwurf zur Ergänzung des Grundgesetzes »für den Fall eines Notstandes«. Mit der ersten Lesung dieses Gesetzes im deutschen Bundestag in den letzten Tagen dieses Monats soll die junge deutsche Demokratie in eine neue Phase eintreten. Es soll enden die Zeit

* Hier spielt Ulrike M. Meinhof auf die Fälle Hagemann (Universität Münster; Entlassung aus dem Staatsdienst wegen Kontakten zur SED und zur DDR-Volkskammer), und Riemeck an (Entziehung der Prüfungserlaubnis aus politischen Gründen). März 33: U. M. M. meint das berüchtigte *Ermächtigungsgesetz* Hitlers (»... zur Behebung der Not von Volk und Staat«).

der Manipulation des Grundgesetzes, es soll beginnen die Phase der legalen christlich-demokratisch-rüstungsindustriellen Statthalterschaft auf Dauer.
Legion ist die Zahl der Minister-, Kanzler- und Präsidentenreden, in denen seit der letzten Jahreswende vor »inneren Krisen« gewarnt und in denen das, was darunter verstanden werden soll, bezeichnet wurde. Schröder spricht unverhüllt von »politischen Streiks« (*Die Welt* vom 19. Januar 1960); Lübke beschwört den »Arbeitsfrieden« als eine wesentliche Grundlage unseres Wohlergehens (*Bulletin des Presse- und Informationsamtes der Bundesregierung*, 5. Januar 1960); Wirtschaftsminister Erhard versteht sich zu der unglaublichen Erklärung »Das sind die Feinde des deutschen Volks, die der Neigung des Volkes entgegenkommen, sich im Maßlosen zu verlieren«, womit nichts anderes als Forderungen nach Arbeitszeitverkürzung und Lohnerhöhung gemeint ist (*Bulletin*, 31. August 1960); Katz, der Vizepräsident des Bundesverfassungsgerichtes, sprach sich am direktesten aus: »Ich bin mir nicht sicher, ob ein totaler Metallarbeiterstreik von vier Monaten, wie ihn die Vereinigten Staaten jetzt durchgemacht haben ... von Deutschland als einem Export- und Industrieland ohne Kriegszustand verdaut werden könnte, ob etwa ein Streik solchen Ausmaßes hier nicht schon einen Zustand der inneren Krise und des inneren Notstandes hervorrufen könnte« (*Frankfurter Allgemeine* vom 4. Dezember 1959). – Gewerkschaftler als Volksfeinde, Streiks als Aufruhr, Lohnkämpfe als Notstand – das ist die Sprache von Sozialistengesetz und März 33, das gipfelte in Festungshaft und KZ, das endete einst in Versailles und in Nürnberg.

konkret, 18, 1960, gekürzt

Gibt es heute, 1976, weniger Anlässe für einen Faschismus-Verdacht, oder mehr? Was ich als »neue Disziplin« bezeichnet habe: die Strategie der »counter-insurgency«, des »security risks«, die *inner*-staatliche Feinderklärung, wird häufig als *neuer Faschismus* angesehen: Es sind nicht mehr rechts-extremistische Massenbewegungen, die das Innenministerium besetzen, es ist das Innenministerium, das das Land erobert.* Doch kann die parla-

* »Heute stützt sich die Faschisierung im wesentlichen auf den Staat; insbesondere auf seine ›besonderen Formationen bewaffneter Menschen‹

mentarische Demokratie nicht nur am *Faschismus* zugrundegehen: Was Johannes Agnoli als »Involutionsprozeß« der bürgerlichen Demokratien bezeichnet hat, macht ihn gleichsam überflüssig, ohne in den *Zielen* viel von ihm abzuweichen.**

Ein Faschismusverdacht entsteht selten ohne Grund. Es ist nützlich, sich wenigstens an einige der Anlässe zu erinnern, die zur Zeit der »Protestbewegung« 1967–1969 die studentische Linke zu ihrem Faschismus-Vorwurf motiviert haben. Welche Erfahrungen hat damals jene »unkalkulierbar« gewordene Jugend mit der Staatsgewalt, mit dem Rechtsstaat, als *verfolgte* gemacht? Welche *Anschauungsbasis* wurde da für spätere Jahre produziert; für jene Jahre, in denen die 1968/69 im stillen schon vorbereitete Offensive des Staats gegen die Linke in fast allen ihren Lebens- und Arbeitsbereichen begann? Auf welche Anschauungen greift die Linke zurück, wenn sie sich mit den Prozessen gegen Mitglieder der RAF, mit ihren Haftbedingungen, mit der Lage der Verteidiger auseinandersetzt? Was hat *sie* über Polizei, Gesetz, Bürger gelernt, daß sie bei »Gesetz und Ordnung« realistischerweise nur noch an *law and order* denken kann?

und seine ›materiellen Anhängsel, Gefängnisse und Zwangsanstalten aller Art‹, in denen Engels die wesentliche Kraft des Staates erkannte«, A. Glucksmann, in: Foucault, Geismar, Glucksmann u. a., *Neuer Faschismus, Neue Demokratie. Über die Legalität des Faschismus im Rechtsstaat*, Wagenbach, Politik 43, Berlin 1972, S. 57, S. 17

** J. Agnoli: *Die Transformation der Demokratie* (in: Agnoli/Brückner …), EVA, Frankfurt 1968[1]

Ein Flugblatt zum 2. Juni 1967

Freie Universität Berlin
Studentenvertretung
Allgemeiner Studentenausschuß
– 2. Vorsitzender –

1 Berlin 33, den 3. Juni 1967
Garystraße 20
Telefon 76 90 2246

An alle Redaktionen

PRESSEERKLÄRUNG

Zu den Beschlüssen des Berliner Senats und zu den Stellungnahmen der Berliner Instanzen in Berlin nimmt der AStA der FU wie folgt Stellung: Ein Student der Freien Universität Berlin ist von der Polizei erschossen worden. Angesichts dieser Tatsache müssen die Erklärungen der politischen Instanz von Berlin als unmenschlich und zynisch erscheinen.

1. Wir stehen fassungslos vor der Lüge der Polizei, die den Mord als Notwehr bezeichnet, aus fliehenden Demonstranten messerbewaffnete Angreifer macht.
Zeugenaussagen werden die Lügen widerlegen.

2. Wir protestieren gegen die Vorhaben, Schnellgerichte zu schaffen, die Gesetze bis zum äußersten brutal auszunutzen, die Polizei in größter Schärfe einzusetzen, Demonstrationen generell in Berlin, auch in der Universität, zu verbieten, Hochschulgesetzgebung nicht mehr als Strukturreform und Demokratisierung der Universität zu begreifen, sondern als Mittel von der eigenen politischen Kopflosigkeit und polizeilichen Brutalität abzulenken.

3. Wir protestieren gegen die Rektoren von FU und TU, die sich nicht scheuen, durch das Versprechen, Hausrecht und Disziplinarrecht extensiv zu gebrauchen, zum Handlanger des Senats zu werden, ohne sich überhaupt mit anderen Kollegen der Universität zu besprechen.

4. Wir stellen unsere Ohnmacht, die Ohnmacht der Abhängigen, der Bürger, die Ohnmacht der Wahrheit fest, in Anbetracht der meisten Berichte der Kommunikationsberichte in Berlin. Wir hoffen, daß endlich Journalisten die Wahrheit berichten. Wir hoffen noch immer, daß wenigstens einige Zeitungen berichten, wie es demokratischer Brauch verlangt.

5. Wir sind traurig und enttäuscht über Heinrich Albertz, der aktiver Christ ist und nicht davor zurückschreckt, ohne Kenntnis des Sachverhalts das Opfer zum Schuldigen zu erklären, Beileid auszusprechen und zugleich die Teilnahme der Beerdigung als Demonstration zu verbieten.

Im Café Laumer, 1968

Der Geschäftsführer des Café Laumer, Rimbach, in der Nähe der Universität Frankfurt, verbot im Herbst 1968 *Studenten*, oder jungen Männern und Frauen, die er für Studierende hielt, sein Café – angeblich störten sich seine anderen Gäste an der saloppen Kleidung und den langen Haaren der »Jungintellektuellen und Künstler«. Studierende ziehen daraufhin vor das Café, belagern es und protestieren dagegen, daß der Wirt ihresgleichen nicht bedient oder vor die Tür setzt. Der Geschäftsführer alarmiert die Polizei. Ich entnehme die folgende Schilderung aus: Helga M. Novak/Horst Karasek, *Wohnhaft im Westend. Dokumente, Berichte, Konversation*, Luchterhand Druck 10, Neuwied 1970.

Klaus passiert Herrn Rimbach. Er betritt das Café. Nach fünf Minuten kommt Klaus die Treppe wieder herunter. Ich sage, du hast dich wohl gelangweilt da drin? Klaus sagt, er hat mich wieder rausgeschickt. Ich sage, wieso denn? Er sagt, ich habe Zeitung gelesen. Ich sage, na und? Klaus sagt, ich lese Zeitung, da tritt Rimbach an mich heran und fragt, was lesen Sie denn da? Ich sage, eine englische Zeitung. Ich lese eine englische Studentenzeitung. Rimbach sagt, eine Studentenzeitung? Bitte lesen Sie draußen weiter.
Neue Mannschaftswagen fahren vor. Die Polizisten riegeln das ganze Café ab. Sie bilden Ketten. Die Kette vor der Steintreppe wird verstärkt. Die Kette vor dem rechten Eingang, der zum Vorgarten wie zum Gartenrestaurant führt, wird verstärkt. An der Treppe die Gasse für die zugelassenen Gäste ist sehr eng geworden. Helga sagt, es fehlt nur noch die Ausweiskontrolle, dann sähe es aus wie am Checkpoint Charlie in Berlin. Wir stehen vor der Steintreppe. Plötzlich sagt Helga, ich sehe mal da drüben nach. Sie geht unbemerkt und langsam durch den Vor-

garten zum rechten Eingang hinüber. Sie steht im Rücken der Polizisten. Ich sehe Helga in Streit geraten. Ich sehe einen Polizisten sie am Mantelkragen packen. Ich laufe zu Helga, quer durch den abgesperrten Vorgarten. Ich nähere mich dem rechten Eingang, an der Straße gelegen, als ich kräftig am Ärmel zurückgezogen werde. Ich laufe. Ich höre hinter mir jemanden hinfallen.

Frankfurter Rundschau vom 16. September 1968: Ernster wurde es, als Blumen und Erde flogen. Zu diesem Zeitpunkt hatten sich handgreifliche Auseinandersetzungen entwickelt, wobei ein Demonstrant vorübergehend festgenommen, aber wieder freigelassen wurde, nachdem er seine Personalien angegeben hatte. Vom Gummiknüppel wurde nicht Gebrauch gemacht.

Noch bevor ich Helga erreiche, sind vier Polizisten um mich herum. Sie halten mich fest. Ich versuche, mich loszureißen. Sie werfen mich zu Boden. Sie treten nach mir. Sie schleifen mich über den Kies durch den Vorgarten zum Café zurück. Ich höre von außen junge Leute rufen, befreit ihn! Ich komme auf die Beine. Ich werde wiederum zu Boden gerissen. Es sind jetzt mehr als vier Polizisten um mich herum. Ich werde die Steintreppe zum Café hochgeschleift. Ich ziehe Arme und Beine fest an, krümme mich. Mein Kopf liegt auf den Stufen, zwischen Stiefeln. Ich werde im Nacken getroffen.

Frankfurter Allgemeine Zeitung vom 16. September 1968: Von Gästen aus dem Café stammen Sätze wie: »Schlagen Sie rein, bis das Blut fließt.«

Das Amtsgericht. Strafbefehl. Die Staatsanwaltschaft beschuldigt Sie, in Frankfurt am Main am 15. September 1968 durch ein und dieselbe Handlung

a) Beamten, welche zur Vollstreckung von Gesetzen berufen sind, in der rechtmäßigen Ausübung ihres Amtes durch Gewalt Widerstand geleistet zu haben,

b) vorsätzlich andere körperlich mißhandelt zu haben. Sie hielten sich am Nachmittag des 15. 9. zusammen mit einer größeren Gruppe junger Leute vor dem Café »Laumer« in Frankfurt/M., Bockenheimer Landstraße 67, auf und versuchten, mit diesen in das Lokal einzudringen, obwohl der Inhaber Helmut Rimbach Ihnen das Betreten seiner Räume untersagt hatte und

die Zugänge zu seinem Lokal auf seine Bitte von Polizeibeamten abgesperrt worden waren.
Ich werde hochgerissen und weiter die Stufen hinaufgezogen. Die Polizisten versuchen, mich ins Café zu bringen, um mich von den anderen zu isolieren. Ich falle wieder hin. Ich schütze meinen Kopf mit Armen und Händen. Ich höre einen Polizisten sagen, warte, wenn wir dich erst im Wagen haben. Ich halte mir die Hände vors Gesicht. Mehrere Polizisten versuchen, meine Hände auseinanderzureißen. Einer hält meine rechte Hand fest, ein anderer nimmt den Mittelfinger und biegt ihn hintenüber, bis ich aufschreie. Der Mittelfinger schwillt sofort stark an.
Strafbefehl Fortsetzung. Gegen 15 Uhr 50 stießen Sie den in der Absperrungskette vor der Eingangstreppe stehenden PHW Deutschmann gewaltsam zur Seite und versuchten, über die Treppe in das Café zu gelangen. Hieran wurden Sie jedoch von den Zeugen PHW Deutschmann und PM Weinelt gehindert, die Sie zum Zwecke der Personalienfeststellung vorläufig festnahmen und zu den in der Brentanostraße abgestellten Polizeifahrzeugen bringen wollten. Hiergegen leisteten Sie heftigen Widerstand. Sie traten und schlugen wild um sich, wobei Sie PHW Deutschmann am rechten Oberschenkel trafen.
Jetzt wird mir um jedes Handgelenk eine Knebelkette gelegt. Ein Polizist sagt, wir bringen ihn ins Café. Ein anderer spricht mit Rimbach. Sie sind unschlüssig. Sie bringen mich auf die Terrasse. Sie drehen an den Knebelketten. Der links von mir steht, dreht immer fester. Ich sage, hören Sie doch auf, so an der Kette zu drehen, Sie Sadist. Daraufhin dreht er noch mehr an der Kette und sagt, da kommen wir mit ihm nicht durch.
Strafbefehl Fortsetzung. Als einige der Umstehenden versuchten, Sie aus dem Gewahrsam der Polizeibeamten zu befreien, verstärkten Sie Ihre Widerstandsleistungen noch. Während Sie PHW Deutschmann mehrere Faustschläge auf die rechte Körperseite in Höhe der Brust und der Rippen versetzten, trafen Sie die ihren Kollegen zu Hilfe gekommenen Zeugen PHW Meissner und POM Wolf mehrmals mit Fußtritten an den Beinen. Erst unter Entfaltung erheblicher körperlicher Kraft gelang es den Polizeibeamten schließlich, Sie zu überwältigen und Ihnen Knebelketten anzulegen.

Sie bringen mich wieder in den Vorgarten. Einer der Demonstranten bringt mir einen Becher Milchkaffee und ein Stück Torte. Er flößt mir den Kaffee ein. Er sagt, hat es dich erwischt? Ich sage, danke, der Mittelfinger ist gebrochen. Die Knebelketten werden gelöst. Helga kommt auf mich zugelaufen. Sie ruft, ist dir was passiert? Ein Polizist ergreift sie und wirft sie drei Meter auf die Straße zurück. Sie fällt lang hin. Ich werfe dem Polizisten das Stück Torte vor die Füße. Die Sahne bildet ein weißes Häufchen auf seinem schwarzen Stiefel. Er sagt, nur ruhig, Freundchen.

Strafbefehl Fortsetzung. Vergehen nach den Paragrafen 113 Absatz 1, 223, 232, 27b, 73 StGB. Der Verletzte PHW Deutschmann und der Polizeipräsident der Stadt Frankfurt/M. haben fristgerecht Strafantrag wegen Körperverletzung gestellt. Als Beweismittel haben sie bezeichnet: Zeugen:

1. PHW Reinhard Deutschmann, Ffm., 1. Polizeibereitschaft. 2. POM Hans Wolf, Ffm., 1. Polizeibereitschaft. 3. PM Karl Weinelt, Ffm., 1. Polizeibereitschaft. 4. PHW Friedhelm Meißner, Ffm., 1. Polizeibereitschaft.

Der Einsatzleiter hat eine Brille auf. Er sagt, haben Sie Ihren Ausweis bei sich? Ich gebe ihm meinen Ausweis. Er reicht den Ausweis weiter. Jetzt fliegen Mohrenköpfe. Die Polizisten rechts und links von mir werden getroffen. Ich werde getroffen. Die Polizisten wischen sich ihre Uniformen ab. Der Einsatzleiter sagt, passen Sie auf, wer da wirft. Die greifen wir uns später heraus. Ich erhalte meinen Ausweis zurück. Der Einsatzleiter sagt, Sie können gehen. Sie hören noch von uns.

Strafbefehl Fortsetzung. Auf Antrag der Staatsanwaltschaft wird deshalb gegen Sie eine Geldstrafe von 300,– DM in Worten dreihundert Deutsche Mark anstelle einer an sich verwirkten Gefängnisstrafe von einem Monat festgesetzt. Zugleich werden Ihnen die Kosten des Verfahrens auferlegt.

Im Flugzeug Westberlin–Hannover, 1969

Nach längerem Rechtsstreit wurden einige Deserteure der Bundeswehr, darunter Manfred Grashof (und ein Untersuchungsgefangener, Heinz Riemann, kein Deserteur), aus Westberlin in die Bundesrepublik ausgeflogen. Ihre Anwälte, Ulrich K. Preuss und Horst Mahler, vertraten die Auffassung, daß der nachdrücklich demilitarisierte Status Westberlins (Potsdamer Abkommen: Entmilitarisierungsgesetze des Alliierten Kontrollrats für Berlin) es nicht zulassen, Deserteure dem Heer wieder zuzuführen. Diese Rechtsposition wurde jedoch vom politischen Senat Westberlin unter Zustimmung der Alliierten mit Erfolg bestritten. Die Machtinteressen hinter diesem »Erfolg« waren erkennbar. – Ich zitiere im folgenden aus: Horst Mahler/Ulrich K. Preuss, ›Deserteur-Kollektiv BIG LIFT oder Freiheit für die Deserteure‹, *Voltaire Flugschrift*, 25, Berlin, o. J.:

Riemann sagt aus:
Am Sonntag, den 27. 7. 1969 war ich gerade gegen 12.00 Uhr beim Mittagessen, als 3 Anstaltsbeamten in meine Zelle kamen und mir erklärten, daß ich sofort zu einer Vernehmung zur Gothaer Straße (Kripo) müsse und mich sofort fertig machen solle. Ich war über diese Mitteilung ausgerechnet an einem Sonntag mehr als erstaunt und erklärte gleich, daß bei mir nichts mehr zu vernehmen sei, meine Angelegenheiten liefen bei dem Landgericht Münster. ... Ich wurde dann mit anderen Bundeswehrdeserteuren zur Gothaer Straße gebracht, wo schon in einer großen Zelle eine ganze Zahl anderer Deserteure warteten.
Die flüchtigen Bundeswehrsoldaten hatten sich in der Zelle auf den Fußboden gesetzt und sich gegenseitig eingehakt, um, wie ich aus ihren Äußerungen entnehmen konnte, sich gegen ein Ausfliegen aus Berlin zu verwahren. Sie erklärten mir, daß dies ungesetzlich sei. Ein Herr Rechtsanwalt Mahler habe ihnen das gesagt und sie auch gebeten, über ihre Erlebnisse nicht zu schweigen, sondern ihm alles zu berichten, was sie bei einem etwaigen Abflug aus Berlin erleben würden.
Ich habe mir die Anschrift dieses Rechtsanwalts vorsichtshalber notiert. Plötzlich kamen mindestens 12 Polizeibeamte in Uniform herein mit Schlagstöcken und Handschellen in der Hand. Ich habe dem wortführenden Polizeibeamten, einem großen, kräftigen Mann in Uniform gleich gesagt, daß ich freiwillig gehen würde und kein Bundeswehrdeserteur sei. Auf mich wurde aber gar nicht gehört. Einem Teil der auf dem Boden sitzenden wurden Handschellen angelegt. Sie wurden teilweise an den

Haaren hochgezogen. Dabei – auch nach Anlegung der Handschellen – wurde von vielen Polizeibeamten auf uns alle eingeschlagen. Ich habe noch nie ein derartiges rohes und rücksichtsloses sowie grundloses Schlagen gesehen. Ich habe nur Bewunderung für die angeblichen Deserteure, daß sie bei den furchtbaren Schlägen kaum einen Laut von sich gegeben haben und nicht einmal den Versuch machten, sich zur Wehr zu setzen. Dann erhielt auch ich, obschon ich mich an dem sit-in überhaupt nicht beteiligte, 2 Schläge mit einem Schlagstock auf den Hinterkopf und einen Schlag ins Gesicht, wobei 2 vordere Backenzähne oben ausbrachen, die ich noch in Verwahrung habe. Ich wurde bewußtlos. Als ich wieder etwas zu mir kam, wurde ich herausgeschleift, weil ich allein ohne Unterstützung weder gehen noch stehen konnte. Mir wurde ganz schlecht. Ich habe auch zunächst nur leichtes Erbrechen gehabt.
Alle für den Transport bestimmten Personen wurden dann in Handschellen in kleinen Gruppen in Minitransportwagen kreuz und quer durch die Stadt abgefahren. Unterwegs schwand mir mehrere Male die Besinnung.
Der Transport ging zum Flugplatz. Dort standen wir alle ca. 3 Stunden in der heißen Sonne auf dem von 100ten von Polizeibeamten abgesperrten Flugplatz. Einige der Zusammengeschlagenen waren in hilfloser Lage. Sie wurden von der Polizei noch beschimpft und bedroht.
Auch im Flugzeug blieben wir gefesselt. Es war eine englische Transportmaschine mit uniformierten englischen Soldaten als Piloten und einer Stewardeß, ebenfalls in Uniform mit Rangabzeichen. Ich muß annehmen, daß dies Angehörige der englischen Truppe waren.
Im Flugzeug waren auch 2 oder 3 Kriminalbeamte in Zivil. Bei der Ankunft in Hannover gehörte ich zu denjenigen, die zuerst nach der Platzordnung aussteigen sollten bzw. dazu aufgefordert wurden. Ich war mit einem anderen Häftling zusammengefesselt und fühlte mich so schwach und schlecht, daß ich mich nur mit Mühe erheben konnte und kaum aufrecht erhalten konnte. Um meinen Zustand und den Zustand der anderen Häftlinge, solange ich das beobachten konnte, hat sich niemand gekümmert. Als ich mit dem Aussteigen Schwierigkeiten hatte, kam ein älterer Beamter in Uniform, schrie mich an, und

versetzte mir schwere Boxschläge in die Seite, um mich in Richtung der Ausgangstür zu befördern. Im Flugzeug waren 2 der Deserteure infolge der Schläge aus Berlin auf der ganzen Fahrt bis Hannover bewußtlos. Die englische Stewardeß war die einzige, die sich der Schwerverletzten annahm und ihnen auch Erfrischungsgetränke brachte. Ich habe selbst gesehen, daß ihr dabei die Tränen in den Augen standen.

Ulrike M. Meinhof:
Noch ist es den Studenten in Berlin, Hamburg, Frankfurt, München und anderswo nicht gelungen, die Prügelaktionen der Polizei als Notstandsterror zu entlarven, wohl aber nutzte die Polizei die Gelegenheit, sich in Brutalität zu üben, einzuschüchtern, Übermacht knüppeldick zu demonstrieren. Die nahezu ungeschoren gebliebenen Gewalttätigkeiten der Polizei (...), die Verrohung, die da zu registrieren ist (...) darf sicherlich als Fingerübung für den Fall eines Notstands angesehen werden (...)
(...) daß weder das Fernsehen noch die Boulevardpresse das, was man für Studentenkrawalle hält, als Polizeikrawalle entlarvt hat (...) *konkret, 4, 1967*

Die Verfolgten als *Verfolger*:
Studierende der FU Westberlin drücken eine *Tür* ein und schreiben Parolen auf Saalwände; der Rektor der FU, Harndt, erklärt zu diesem Vorfall am 1. Februar 1968:
»Erstmals in der Geschichte der Freien Universität sind Studenten gestern zu brutalem Terror übergegangen.«

Ulrike M. Meinhof:
Du mußt vielleicht mal ticken (...), daß in dem Milieu, in dem wir kämpfen (...), daß gegen die Repression, mit der wir es hier zu tun haben, Empörung keine Waffe ist. Sie ist stumpf und so hohl. Wer wirklich empört, also betroffen *und* mobilisiert ist, schreit nicht, sondern überlegt sich, was man machen kann.
letzte texte, S. 7

Ulrike M. Meinhof formuliert in diesem Brief an Hanna Krabbe Erfahrungen der *Protestbewegung*. In der Tat: Wir haben uns über Gewaltverhältnisse empört, und gefunden, daß Empörung über Ungerechtigkeit und Brutalität keine wirksame Waffe gegen Ungerechtigkeit und Brutalität ist. Die Waffe der Kritik erwies sich als »stumpf und hohl« gegenüber der bewaffneten Kritik der Staatsgewalt an uns. Doch sind die Erfahrungen Vieler damit erst unvollständig beschrieben: Wenn Empörung eine auf Dauer gestellte Form fand, in der sich *Leben und Widerstand* verschränken, gab es Möglichkeiten für eine offensive Verteidigung. Das wird von den deutschen Verhältnissen schwer gemacht, und dennoch gibt es – in Ansätzen – heute, Jahre nach der Protestbewegung, ein »revolutionäres Gegenmilieu«.*

Wir haben damals überlegt, was man machen, was man vorschlagen kann – die Linke, die studentische zumal, fand sehr bald heraus, daß auch eine argumentativ vorgetragene Kritik der Verhältnisse *in* den »Verhältnissen« nicht recht griff; oder – wie es der Opposition schon in den Anfängen der BRD erging – sie griff fest zu, aber hielt am Ende wenig in der Hand. Wenig, aber nicht *nichts*. Ein beliebiges, zufällig gewähltes Beispiel für das Wenige, das nicht »nichts« ist: 1975/76 sind etwa ein Dutzend *alternative Zeitungen* entstanden, die eine lokale oder regionale Öffentlichkeit erreichen können**. Und eine vollständigere Beschreibung der Erfahrung Vieler schlösse wohl auch die Erkenntnis ein, daß »linke« Tätigkeit in der Bundesrepublik ihre *Lebensperspektive* hat: Nicht nur ich werde über unseren Versuchen alt, eine Gesellschaft nach den Maximen revolutionärer Vernunft (und Unvernunft) zu verändern. Schließlich: diejenigen, die heute sagen, daß wir nicht viel im Griff haben, sind *viele* – wo waren sie vor nur fünfzehn Jahren?

Als einzelne Genossen angesichts der präventiven Konterrevolution in der BRD *zur Waffe* griffen, hielten sie einmal einen führenden CDU-Politiker in der Hand. Sie antworteten erfolgreich im Medium der *neuen* Restauration, der (offenen) Gewalt.

* Der RK in Frankfurt (»Revolutionärer Kampf«) in der Phase seiner Öffnung zur sog. Spontiszene; autonome Jugendzentren; Gruppierungen um den Trikont-Verlag (München), Gruppen im »Sozialistischen Büro« und anderswo; entschlossene Einzelne nicht zu vergessen. (Und: wo waren, vor nur zehn Jahren, die linken Buchladen-Kollektive?)

* Vgl. *ID* (Informationsdienst zur Verbreitung unterbliebener Nachrichten), 138/139, 21. August 1976, S. 1

Die Restauration nimmt in der »neuen Disziplin« ihren zweiten Anlauf, »kälter« als es die Traditionalismen der Heiligen Allianz in den 50er Jahren waren – Strafvollzug, Verteidiger-Ausschlußgesetz, Militarisierung der Polizei, Expansion der Organe des »Staatsschutzes« als die organisatorische Seite der *security-risk*-Strategie der USA.

Erklärung des Zentralkomitees der Deutschen Katholiken zur Bundestagswahl 1976:
Es geht nicht nur um die Erhaltung der Freiheit für die Menschen in der Bundesrepublik Deutschland. Wir sind der ganzen Nation gegenüber verpflichtet, die Macht der Freiheit zu stärken. Darum rufen wir alle Mitbürger auf, sich bewußt zu sein, daß sie auch für die Menschen in unsrem gespaltenen Lande verantwortlich sind, denen die Mitwirkung am staatlichen Leben versagt ist. In dieser Verantwortung darf die deutsche Politik nicht in dem Bemühen nachlassen, den Freiheitsraum für alle Deutschen zu erweitern. *Frankfurter Rundschau, 11. August 1976*

Anmerkung des Lesers P. B.: Das ist die Position Bonns von 1950. Das Zentralkomitee meint hier nicht die *Klassen*spaltung, die beispielsweise die »Leute« aus der Mitwirkung am staatlichen, politischen Leben ausschließt; der »Freiheitsspielraum« soll nicht etwa für die BRD-Bürger »erweitert« werden, die ihn nicht haben: so beispielsweise die fast 6 Millionen Armen, deren Einkommen unter dem Fürsorge-Satz liegt; nicht die Grenze zwischen den Klassen, zwischen »reich« und »arm« ist hier gemeint, sondern die Staatsgrenze zur DDR. Befreit werden sollen die Deutschen im *anderen* Staat. Von wem? Vom Zentralkomitee der Deutschen Katholiken?

Ulrike M. Meinhof zur »neuen Restauration«:
Es zielt vertikal und horizontal (Westeuropa), also innerstaatlich und zwischenstaatlich auf die Schaffung eines nachrichtendienstlich organisierten Militärapparats, der die Gesellschaften *durchdringt,* die Staaten integriert, ohne selbst auch einen politischen Ausdruck zu haben, was heißt: öffentlicher Kontrolle total entzogen ist – unter dem Kommando des Pentagon, eine Militärmaschine, die zugleich ihr eigener Propagandaapparat (...) durch psychologische Kriegsführung ist. *letzte texte, S. 45*

In dem zitierten »Konzept zu einem anderen Prozeß« formuliert sie – zusammen mit Andreas Baader – in der Tat wiederum unser aller Erfahrungen mit der staatlichen Prävention, aber wieder unvollständig. Was heißt denn *Durchdringung*? Die der öffentlichen Kontrolle entzogenen Organe der counter-insurgency haben Sphären des politischen Konflikts »durchdrungen«, aber sie haben das soziale Leben in der Bundesrepublik, auch nicht das politische der Linken, keineswegs unter *ihre* Kontrolle gebracht. *Wir finden in der BRD keine genuinen Einrichtungen faschistischer Gewaltherrschaft,* die Bundesrepublik ist nicht Chile (auch wenn einige strategische Cliquen der CDU/CSU das anscheinend einer Fortdauer der SPD/FDP-Koalition vorzögen, vgl. später S. 120). *Aber wir finden eine Linke, die den Prozeß ihrer Konstituierung fortsetzt.* Wenden wir uns einen Augenblick von unserer eigenen bedrohten Situation ab und blicken auf *die Leute* und ihren Alltag: Gewiß leidet die Bevölkerung unter der Despotie des Kapitals, auch wenn sie die Gründe dafür oft an falschen Stellen aufzufinden glaubt; gewiß gibt es keine demokratischen Rechte in der Fabrik, aber ihre Streiks (die »wilden«, oder die unerwartet aktiven wie die von Erwitte), ihre Bürger-Initiativen (wie Wyhl), ihre Jugendrevolten, ihre kulturrevolutionären Aufbrüche (wie in der Frauenbewegung) bringen sie nicht ins KZ. Wir leben in einer Gesellschaft, die den Faschismus hervorbringen *kann* (und ihn in Deutschland schon einmal hervorgebracht hat), aber deswegen *ist* sie nicht »faschistisch«.

Gewalt ist nicht Faschismus, Gewalt ist das Fundament der bürgerlichen Gesellschaft: im durchschnittlichen Elend ihres Strafvollzugs, in den Gettos unterhalb des bürgerlichen Alltags, in der Militarisierung der »Inneren Sicherheit«, in ihrem Ausbeutungsverhältnis (als dem Paradigma von »struktureller« Gewalt). So ist es nur realistisch, wenn es in den arbeitenden und abhängigen Klassen – neben Wut, Widerstand, Schläue – auch *Angst* und Anpassung gibt – Angst vor den undurchschaubaren Verhältnissen, vor sozialer Deprivation, vor einer Wiederkehr der Katastrophe von 1929–1932, der Wirtschaftskrise mit ihrer Massenarbeitslosigkeit, die in der Klassen-Erinnerung stimmungshaft aufbewahrt wird. *Angst* ist daher auch realistisch in der Linken. Kein Zweifel: der revolutionäre Pro-

zeß, die *historische Alternative* in der BRD hätten es bei einer angstfreien Bevölkerung leichter. Mindert die Gewaltförmigkeit der »neuen Disziplin«, in die einige unserer Genossen verstrickt sind, diese Ängste in der BRD?
Herrschaft präsentiert *den Leuten* – auch dies ist eine gemeinsame Erfahrung Vieler – bei eher steigendem Angstdruck und Verklemmung einen neuen Juden, der, als der Fremde, an allem Unglück schuld sein soll: den Terroristen, den Sozialisten, den »Anarchismus«. Eifrig soll der »einfache Mann«, der Staatsbürger, sich als Hilfssheriff der Staatsanwaltschaften empfinden*. Wird die BRD auf *dieser* Ebene »faschistisch«, d.h. entwickeln sich »unten«, im Volk, Ansätze zu einer faschistischen Massenbewegung?
Wehret den Anfängen. Doch wie? Mit dem *Dogma* des »bewaffneten Kampfs«, das sich aus der schmutzigen Logik des Systems der »counter-insurgency«, des »security risks« zu ergeben scheint?** Wir haben auch nicht gerade die besten Erfahrungen mit einer Radikalität gemacht, die Ansätze zu einem »Mehr« an Selbstbewußtsein in der Bevölkerung, die es da und dort gibt, und die die Ansätze zur Bildung eines »revolutionären Gegenmilieus« in der westdeutschen Linken in einer Suada von Reformismus- und Bürgerlichkeits-Vorwürfen ertränkt; nicht mit der »Radikalität« von *Parteien,* Partei-Ansätzen, die sich im Nebel der deutschen Situation ein Hilfs-Ich, eine Identitäts-Prothese aus Bestandsstücken stalinistischer Traditionen gezimmert haben.
Aber ein *Konstrukt* ist auch der Guerilla. »Die augenblickliche, allgemein als defensiv und zersplittert empfundene Lage der Linken, die während und nach der Phase der Aktionen der RAF, aber auch durch sie entstanden ist, scheint die Frage von Widerstand in Form revolutionärer Gewalt nicht unmittelbar aufzudrängen«, schrieb der *Lange Marsch* im Juni 1976 (Nr. 22, S. 8). Das schließt eine Respektierung bestimmter Entschlüsse nicht aus – der *Lange Marsch* fährt fort: »Wir müssen jedoch begreifen, wie leicht diese Frage sich mit einem als subjektiv empfundenen Zwang zur Lösung stellen kann ...«

* Vgl. S. 186
** Vgl. *Das bewaffnete Dogma,* S. 162ff.

»Wir machen uns nicht zu Extremisten – wir werden dazu gemacht«, 1976

Am Montag, dem 10. Mai 1976, fand in Frankfurt eine Demonstration zum Tode von Ulrike Meinhof statt. Im Laufe der schweren Auseinandersetzungen zwischen Polizei und Demonstranten wird ein Polizist durch einen Molotow-Cocktail lebensgefährlich verletzt – eine brennende Fackel, schreiend. Einer der Teilnehmer an der Demonstration schrieb Freunden den folgenden (verkürzt wiedergegebenen) Brief:*

Liebe Freunde! – Zwar bin ich ziemlich kaputt, fertig, physisch vor allem, psychisch weiß ich nicht. Habe auch keine Zeit zum Nachdenken und Fühlen überhaupt. Trotzdem, ich muß schreiben, euch schreiben und bitten, macht was, tut was, ehe es zu spät ist. Egal, nur versuchen, in diesen Hetzkampagnen Widerstand zu leisten. Aus der Ferne sieht das alles etwas interessant, aber eben doch nur diskutierenswert aus. Molly schmeißen, ja oder nein? Politik von Baader-Meinhof, richtig oder falsch? usw. ... Ich meine, darum geht es im Augenblick nicht. Es geht um was viel wichtigeres. »Protest ist, wenn ich sage, das und das paßt mir nicht. Widerstand ist, wenn ich dafür sorge, daß das, was mir nicht paßt, nicht länger geschieht. Protest ist, wenn ich sage, ich mache nicht mehr mit. Widerstand ist, wenn ich dafür sorge, daß alle anderen auch nicht mehr mitmachen.« (Ulrike Meinhof)

Ehe ich euch aber noch einmal auffordere, etwas zu tun, möchte ich noch einige subjektive Eindrücke von dem schreiben, was ich in den letzten acht Tagen hier so erlebt habe, damit ihr vielleicht besser begreift, was es bedeutet, wenn ich euch hier so angehe.

An der Demo habe ich selbst teilgenommen. Sobald wir den Campus verlassen hatten, sind wir, ehe überhaupt der erste Molly flog, gleich zusammengeschlagen worden von der Polizei. Könnt ihr euch vorstellen, was man so fühlt: Wut, Verzweif-

* Zitiert nach: *INFO* Berliner undogmatischer Gruppen, 116, vom 2. August 1976

lung, Angst, Auflehnung, usw. Ehe überhaupt ein Molly flog, war schon die Polizei brutal – brutal wie ich es eigentlich bei Demos noch nicht erlebt habe. Dann flog der erste Molly; ich war wohl noch etwas verstört und habe es nur so nebenbei mitbekommen. Das war so: in eine Gruppe Demonstranten fuhren ein, zwei Wasserwerfer mitten rein, ohne irgendwie auf die Leute zu achten. Da plötzlich ging er in Flammen auf. Molly aus Angst geschmissen??? Aus Angst, überfahren zu werden??? Revolutionäre Tat war das bestimmt nicht, ich glaube aber, wenn ich etwas gehabt hätte, ebenso gehandelt zu haben.
Später auf der Zeil: ich glaube, so etwas steht in keiner bürgerlichen Zeitung geschrieben. Könnt ihr euch vorstellen, was für Gefühle man bekommt, wenn man ohnmächtig zuschauen muß, wie eine Frau von drei bewaffneten Polizisten prügelnd verfolgt wird? Oder wie zwei Demonstranten, als sie sich vor der Gewalt der Polizei ins Kaufhaus Neckermann flüchteten, von den Neckermann-Wachmännern gepackt und wieder herausgeschmissen werden? Könnt ihr euch vorstellen, wie jemand mit blutigem Kopf um sein Leben rennt, hinter ihm her ein Zivilbulle mit gezückter Pistole? Oder könnt ihr euch vorstellen, was man für Gefühle bekommt, wenn man (ich) von drei Zivilen mit gezückten Pistolen verfolgt wird? Wenn ihr einen Molly in dem Augenblick hättet, würdet ihr ihn nicht aus Angst schmeißen??? Ich erzähle hier keine Schauermärchen, das alles habe ich persönlich erlebt und gesehen. Das ist die Kehrseite, die nur nicht in Zeitungen steht.
Ich möchte mich eigentlich nicht aus der Gesellschaft drängen lassen, wir werden aber dazu gedrängt. Wir machen uns nicht selbst zu Extremisten, sondern werden dazu gemacht. Wir stehen nicht in einer bestimmten Ecke, sondern werden dahin gebracht. Das ist kein neurotischer Verfolgungswahn, sondern Tatsachen und Erfahrungen, die ich in diesen Tagen machen muß. Über Gewalt, wir haben oft sehr abstrakt darüber diskutiert, das war Scheiße. Denn in dem Augenblick, wo du hier Gewalt selbst erlebst, bekommst du auch ein ganz anderes Verhältnis dazu. Gewalt erfahre ich, wenn ich zum soundsovielten Male den Polizeilautsprecher hören muß, ohnmächtig, voll Wut, aber ohne etwas dagegen machen zu können: »Hier spricht die Polizei: Wieder einmal versucht eine kleine extreme

Minderheit die Ruhe und Ordnung auf der Straße zu stören. Hören sie auf die Aufforderung *Ihrer* Polizei. Entfernen sie sich und lassen sie die Extremisten und Radikalen unter sich, usw....« Könnt ihr euch vorstellen, wie da Wut, Aggression, aber auch Angst, sehr viel Angst, nicht so sehr vor dem Schlagstock, sondern vielmehr vor dem Verlust meiner Identität sich breitmachen. Bist du wirklich so radikal geworden, so extrem? Stehst du da, wo du eigentlich nie stehen wolltest? Hast du dich wirklich von der Gesellschaft so weit entfernt?
Ich erschrak unheimlich, hatte wirklich unheimliche Angst. Sie ist auch jetzt da. Aber ich kann eigentlich nirgendwo entdekken, wo ich mich so weit entferne. Nach wie vor lehne ich die Politik der RAF ab, ebenso das Molly-Schmeißen, Rachegeschrei auf die Polizei, usw. Ich weiß zwar nicht, ob ihr das alles nachvollziehen könnt, ich schreibe es, damit ihr vielleicht begreift, wenn ich euch bitte und angehe, aktiv zu werden, was zu tun, Gegenöffentlichkeit herzustellen, auch wenns zwecklos erscheint.
Tut etwas, ehe es zu spät ist. Und sagt nicht, Ihr hättet von nichts gewußt. Gestern abend kam ein Genosse und sagte, er würde jedem in die Fresse hauen, der später ankäme, er hätte nichts gewußt, so leid es ihm täte. Wie viele waren es 1945? Versucht, Gegenöffentlichkeit herzustellen!!!!

Machts gut

Euer XXX

Deutsche Verhältnisse II: Der Imperialismus und die Bundesrepublik

Algerien und anderswo

> »An wen den Zorn adressieren?
> Die schlucken alles ...«
> Heinrich Böll über die BRD
> in *Gewerkschaftliche Monatshefte*, 12, 1961, S. 134

In den ersten Jahren unseres Jahrhunderts, von Ellen Key in Schweden als »Jahrhundert des Kindes« herzlich eingeläutet, warnte ein Kongreß französischer Siedler in Nordafrika »wegen der damit verbundenen Gefahren« vor jedem Schulunterricht für *algerische* Kinder. Nach dem Zweiten Weltkrieg – gegen eine innereuropäische Variante des Kolonialismus, den Nationalsozialismus, geführt – war die Kolonie Algerien, die »überseeische Besitzung« der Siegermacht Frankreich, in der Tat analphabetisiert: 95% der muselmanischen Bevölkerung konnten weder lesen noch schreiben. In den Städten des Landes war das Volk von steigender Kindersterblichkeit bedroht.* Und es war wirtschaftlich ausgebeutet: Neun Zehntel des Sozialprodukts flossen in die Hände der Kolonial-Herren, die gerade ein Zehntel der Gesamtbevölkerung ausmachten**. Als Anhänger der nationalen Befreiung bei einem algerischen Feiertag auf der *Unabhängigkeit* Algeriens bestanden, antwortete die Besatzungsmacht mit dem Blutbad von Sétif (1945). Nach einigen mehr lokalen Aufständen begann 1954 ein mehrjähriger Krieg. Nach 5 Jahren waren 1,8 Millionen Algerier, Nicht-Kombattanten, »umgesiedelt«, d.h. in sogenannte Umgruppierungslager (bei Hungerrationen und z.T. unsäglichen hygienischen Verhältnis-

* Sie lag um mehr als das Dreifache über der durchschnittlichen Rate bei französischen Siedler-Familien.

** Vgl. hierzu (und zum Folgenden) – neben anderen, jeweils zitierten Quellen – den Bericht von Reimar Lenz in: *Das Argument*, 15, 1960, S. 137ff. (Repro 1975)

sen) verbracht, die (Groß-)Familien auseinandergerissen und entwurzelt; war, auch dies im Vorgriff auf Vietnam, die »Methode der entvölkerten Gebiete« und der Einsatz von Napalm erprobt, die Gewalt der Fallschirmjäger, der Fremdenlegion entfesselt: Hunger, Verschleppung, Grausamkeit gegen die Zivilbevölkerung, verbrannte Erde und zerstörte Dörfer gegen die seit langem geschwächte ökonomische Struktur; Folter an Gefangenen, ob nun Rebellen oder nicht. 1959 veröffentlichte »Editions de Minuit« ein in Frankreich bald verbotenes Buch, *La Gangrène,* über die Folterung algerischer Studenten. Im gleichen Jahr verglich M. Farrugia, ehemals Häftling im NS-Konzentrationslager Dachau, seine Lager-Erfahrungen mit denen im französischen Gefängnis von Berrouaghia – da war wenig Differenz*. 1960 veröffentliche *Françoise Sagan* ihren erschütternden Bericht von der Folterung eines jungen algerischen Mädchens**. Doch auch im Mutterland, in Paris, gefielen sich die Einheiten der Polizei in massivem, rassistischen Terror gegen algerische Arbeiter.***

In den Transportwagen der CRS (Compagnies Républicaines de Sécurité) hingen von den Decken Handschellen, an die je ein Arm der Transportierten gefesselt werden konnte, so daß diesem gegen das »Verhör« schon auf dem Transport: nämlich Schlägen ins Gesicht, nicht einmal mehr der psychologische Schutz des Händevorhaltens blieb(*).

Diese Einrichtung wurde, nach Erklärungen der CRS, eigens für Algerier geschaffen; 1968 und später lernten französische Arbeiter und Studenten, daß sie gegen *jedermann* anwendbar sind.

Der Widerstand gegen den kolonialen Imperialismus Frankreichs wuchs im eigenen Land. Unter den unabhängigen Linken und Intellektuellen Frankreichs, die sich auf eine Tradition der *résistance* während des Zweiten Weltkriegs beziehen konnten, gab es nicht nur einen »Aufstand des Gewissens«; es gab mehr:

* *L'Express,* 8. Oktober 1959

** Vgl. *Das Argument,* 17, 1960, S. 219

*** *konkret* griff diese Meldungen aus Paris kritisch auf, aber keine der großen Tageszeitungen in der BRD (jedenfalls nicht im Jahr 1961).

(*) Vgl. S. H. Schirmbeck, Die Gorilla-Garde der Fünften Republik, in: *Monat,* 265, 1970, S. 68ff.

Im September standen vor dem Pariser Militärgericht junge Franzosen, Frauen und Männer, Lehrer, Journalisten, Schauspieler. Mit ihnen waren einige Algerier. Sie alle gehörten einer geheimen Organisation an, dem »Unterstützungsnetz«, das der Philosoph und einstige Redakteur der Sartre Zeitschrift »Les Temps modernes«, Francis Jeanson, aufgebaut hatte. Dieser Prozeß war von großer Bedeutung, zeigte er doch der Öffentlichkeit, welchen Weg verschiedene Franzosen eingeschlagen hatten: Jeansons Gruppe arbeitete in engem Kontakt mit der algerischen Befreiungsfront. Sie gab eine Zeitung heraus, sammelte Geld, agitierte gegen den Algerienkrieg und für Kriegsdienstverweigerung. Damit nicht genug, waren ihre Mitglieder als aktive Verbindungsleute der FLN tätig, sie brachten Algerier in ihren Wohnungen unter, verbargen sie vor der Polizei und unternahmen an deren Stelle – da sie weniger verdächtig waren – gefahrvolle Missionen. Nun war es klar, daß diese Aktivität eine politische Entscheidung beinhaltete, die sich gegen den Großteil der französischen Linken auswirkte.
Zur Entstehung der Jeanson-Gruppe führte das Mißtrauen gegenüber der Politik der Linken. Man zieh sie der Untätigkeit, der Feigheit, der vielen Worte und der allzu geringen Aktion. Währte der Krieg nicht schon Jahre? Und was tat die Linke? Sie gab Worte von sich, klebte Plakate »Für den Frieden« und richtete von Zeit zu Zeit einen Appell an de Gaulle. Währenddessen ging der Krieg weiter, de Gaulle war in zweideutige Zickzack-Taktik verstrickt, und die Demoralisierung der Volksmassen wurde stärker. Bei dem Hochverratsprozeß vor dem Pariser Militärgericht kam dieser politische Hintergrund offen zutage. Der Angeklagte Gérard Meier erklärte: »Man muß den zahlreichen Unterlassungssünden der Linksparteien, dem Verrat gewisser ihrer Führer den Prozeß machen.« Und Hélène Cuénat sagte: »Zu Beginn des algerischen Kriegs habe ich an gesetzlichen Aktionen teilgenommen, habe Petitionen unterzeichnet, Versammlungen beigewohnt. Es wurde offenkundig, daß diese Aktion zu nichts führte.« Sie fügte hinzu, und auch das ist von großer politischer Bedeutung: »Die Algerier vertrauen nur noch solchen Leuten wie uns, die ihnen wirklich geholfen haben.«
Eine Sensation des Prozesses, der mit Gefängnisstrafen bis zu zehn Jahren endete, war die Zeugenaussage Jean-Paul Sartres.

Der Existenzphilosoph befand sich in Brasilien, seine Aussage wurde verlesen. Sie ließ nichts im unklaren, Sartre entwickelte seine gesamte politische Haltung gegenüber dem Kolonialkrieg. Er solidarisierte sich vollkommen mit Francis Jeanson und seiner Organisation: »Ich empfing ihn in voller Kenntnis der Lage. Seitdem habe ich ihn zwei- oder dreimal wiedergesehen. Er verbarg mir nicht, was er tat, und ich stimmte ihm ohne Einschränkung zu.« Sartre entwarf ein Bild der politischen Entwicklung Frankreichs, die er als zum Faschismus tendierend kennzeichnete und tadelte die Furcht einer »gewissen Linken«, die auf der Stelle trete. Er folgerte: »Sie wird ohnmächtig bleiben, solange sie sich nicht dazu entschließt, ihre Bemühungen mit der einzigen Kraft zu vereinen, die heute wirklich gegen den gemeinsamen Feind der algerischen und französischen Freiheit kämpft. Und diese Kraft ist die FLN.« In den Angeklagten sah er die Vorboten einer Jugend, die »wie in Korea, in der Türkei und in Japan die große Mystifikation« zu durchschauen beginne. »Sie bedeuten die Zukunft Frankreichs«, schloß er schneidendscharf, »und die vergängliche Macht, die sie zu verurteilen sich anschickt, bedeutet schon nichts mehr.« Diese Erklärung wurde inmitten angespannter Stille verlesen: Der größte Schriftsteller Frankreichs bekundete feierlich seine Auflehnung gegen die Regierung, deren Gesetze, deren Krieg. Statt dessen verbündete er sich mit den Algeriern, in deren Kampf er den Kampf der französischen Freiheit selbst sieht.

Sartre erklärte aber nicht nur der Regierung den Krieg, er benutzte das Forum des Gerichts, um seine Fehde mit der Linken auszutragen. Sie kam nicht überraschend. In den »Temps modernes« wird schon seit langem die Zaghaftigkeit der offiziellen Parteien der Linken angefochten. In einem scharfen Artikel wurde, in Anspielung eines Sartreschen Stücks, von der »achtbaren Linken« gesprochen, die nicht vergessen könne, daß sie in Regierungen saß und die keinen sehnlicheren Wunsch habe, als wieder Regierungsverantwortung zu übernehmen. Ihre gesamte Haltung werde von solchem Regierungswunsch bestimmt: sie sei »achtbar« und vermeide jede Aktion, die sie mit amtlichem Fluch bedecken könnte. Weiter heißt es: »In einer Periode, wo das politische Engangement sich in Worten auflöst, sind Worte unfähig, die Nicht-Aktion zu bekämpfen.

Das Wiederholen von Theorien ist kein Schritt zu ihrer praktischen Anwendung: nur Aktion kann Aktion hervorbringen, indem sie da und dort Beweis für ihre eigene Möglichkeit abgibt.« Francis Jeanson zeigt Ursache und Ziel seines Strebens auf; er will Vorhut sein, um die untätigen Parteien anzustacheln und mitzureißen.
Weil sie nichts taten, geht er den Weg zur FLN. Tatsächlich haben die Parteien bis zur jüngsten Vergangenheit sich geweigert, klar und deutlich die Unabhängigkeit Algeriens zu fordern. Sie blieben im Unbestimmten von »Verhandlungen«, wobei »herkömmliche Rechte Frankreichs« gesichert werden sollten. Desgleichen weigerten sie sich, mit der FLN eine Verbindung einzugehen: sie sahen in ihr weniger einen Verbündeten als einen Fremdkörper. Darin drückten sich zweifellos Restbestände kolonialistischen Denkens aus, das in einem so alten Kolonialland, wie Frankreich es ist, mächtig wuchert und dem die Linke, seit der Großen Revolution, ihren Tribut zollt. Das erklärt nicht nur den offenen Kolonialismus der Mollet-Sozialisten, sondern auch das Schwanken der KP und der Autonomen Sozialisten. Die Bedeutung Sartres und seines Kreises ist es, mit dieser vertrauten und lähmenden Tradition laut und schneidend zu brechen. Widerhall fand er vor allem bei Intellektuellen und besonders Studenten, wo die Kriegsdienstverweigerung täglich Fortschritte macht. *konkret, 19, 1961, S. 7, gekürzt*

»Aufstände des Gewissens« sah auch die BRD, im wesentlichen beschränkt auf die damalige studentische (oder universitäre) Linke, die liberale Presse und einige humanistische Zeitschriften. Wo sich Protest *öffentlich* artikulierte, ein *J'accuse* mit der Teilnahme für die Algerier verband, erging es ihm wie es dem Protest gegen das Unrecht des Kapitalismus (und westlichen Nationalismus) in der BRD eben ergeht: Er wurde als »Störung des öffentlichen Friedens« denunziert. Im November 1959, um nur an einige Vorfälle zu erinnern, brach die Polizei in Köln eine Gedenkveranstaltung der »Falken« für die Opfer des Algerienkrieges ab; der Rektor einer deutschen Hochschule untersagte Sammlungen für algerische Flüchtlinge (mit der beschämenden Begründung, dies schade dem deutsch-französischen Verhältnis); in Bonn wurden pro-algerische Demonstrationen der Studenten schlicht von der Polizei untersagt, und 1961, in Marburg, gab es Polizei-Einsätze gegen pro-algerische Aktionen des SDS. Als die Zeitschrift *konkret* scharfen Protest gegen das Massaker an der Zivilbevölkerung in der Stadt Biserta (Tunis) erhob*, fand sich sogar ein ASTA-Vorsitzender an der FU Berlin, der Strafanzeige wegen »Diffamierung einer Besatzungsmacht« erstattete. Die *offizielle* Reaktion der BRD, die ihrer herrschenden Klasse und ihrer Regierung wundert uns heute wenig. Ein paar Beispiele: Während es die Regierung dem französischen Rassisten und Extremisten General Juin erlaubte, in Stuttgart öffentlich zu reden, ließ sie den Chef der damaligen Exilregierung des »Befreiten Algeriens« auf dem Flugplatz in Frankfurt (M.) daran hindern, die Maschine zu verlassen, obwohl ihn nicht-politische, gesundheitliche Gründe nach Westdeutschland geführt hatten. In der Zeitschrift *Wehrkunde*, verläßliches Sprachrohr aller regierungseigenen Tendenzen, erklärte Oberstleutnant Schwerdtfeger: es handele sich bei der algerischen Befreiungsarmee nicht um einen »Volksaufstand gegen einen Unterdrücker«, sondern um *einen von außen gesteuerten subversiven Krieg*** – eines der frühesten Signale für die bald wachsende Bedeutung der sogenannten »Counter-Insurgency-Strategy« für die *Innere Sicherheit* der BRD***, und damit für ihre schleichende *Militarisierung*. Wie üblich, zeigten sich deutsche Großfirmen an Investitionen im »befriedeten Algerien« interessiert (Mannesmann AG, Hoechst AG, Fa. Salamander)(*). Im Rahmen der EWG leistete die BRD hohe Zahlungen in einen Fond für »überseeische Gebiete der Mitglieder-Staaten«, ein indirekter Obolus auch für die Finanzierung des Kolonialkriegs des Partners Frankreich. Bundeskanzler Adenauer billigte das französische Vorgehen in Algerien nachdrücklich, am 29. Februar 1959, und zwar mit der unendlich bornierten, daher in vergleichbaren Fällen heute noch offiziösen Erklärung, es gälte, *den Kommunismus von Nordafrika fernzuhalten*.

* H. 15, 1961, S. 8
** *Das Argument*, 15, 1960, S. 156
*** Vgl. S. 46ff.
(*) *Deutsche Zeitung*, 2. Dezember 1959

... und anderswo

Persien
»Schon 100 Stunden sind wir iranischen Studenten im Hungerstreik. Unser Protest richtet sich gegen die Verletzung der Menschenrechte durch das Regime des Schahs im Iran.«
So lautete das Flugblatt eines Streikkomitees iranischer Studenten in der Bundesrepublik. Am 24. Oktober 1963, 10.00 Uhr mitteleuropäischer Zeit begannen die Perser in mehreren Städten der Bundesrepublik mit ihrer ungewöhnlichen Demonstration.
Spät reagierte die Presse. Doch nicht primär auf den Hungerstreik bezogen sich die Meldungen, geschweige denn auf seine Gründe. Allein die amtlichen Reaktionen schienen eine Meldung wert. Sie waren es.
Der Hungerstreik, den dreißig persische Studenten in der Nähe des Schloßplatzes von Erlangen begonnen hatten, wurde am dritten Tage vom Bayerischen Innenministerium verboten. Durch Ministerialerlaß wies Innenminister Junker alle Ausländerbehörden in Bayern an, die politische Aktivität persischer Studenten zu überprüfen. Zu ermitteln sei, ob die Perser Sicherheit und Ordnung in Bayern störten. Die guten Beziehungen zwischen der Bundesrepublik und dem Iran ständen auf dem Spiel.
Es waren die Tage des Staatsbesuchs von Bundespräsident Lübke in Teheran. »Von Kaiserin Farah entzückt«, jubelte die FAZ in einer Überschrift. Ein Redaktionsmitglied war hingerissen »vom orientalischen Glanz des von Diamanten und Perlen strahlenden Diadems«. Die Zeitung für Deutschland über die Kaiserin: »Ein Hauch von Wärme und Beseeltheit geht von ihren Augen und ihren Bewegungen aus« ... »jahrtausendealte Kultur«.
Als am fünften Tage des Hungerstreiks in Bonn ein persischer Student zusammenbrach – er hatte auch Flüssigkeit aufzunehmen verweigert –, wählten die Umstehenden die Nummer 112 des Polizeipräsidiums, den Notruf. »Wer einen Hungerstreik macht, kann auch krepieren«, lautete die Antwort.

konkret, 1, 1964, S. 16 f., gekürzt

Spanien

In Berlin schritt die Polizei, wie Augenzeugen und Betroffene berichteten, mit großer Brutalität gegen eine Anti-Franco-Demonstration von etwa 150 Studenten ein. Sie trugen neben Transparenten eine Fahne der Spanischen Republik mit Trauerflor. Als einige – empörte und erschrockene – Professoren vermitteln wollten, handelten sie sich polizeiliche Schelte ein: »Zieh' ne Fliege!« nach: *konkret*, 16, 1961, S. 2

Zwischenbemerkung: Südafrika, Angola, Rhodesien

Am 22. März 1960 eröffnete die Polizei das Feuer auf Demonstranten des »Panafrikanischen Kongresses« in Sharpeville (Südafrikanische Republik) – 56 Tote, 143 Verletzte. Das »Massaker von Sharpeville« führte 1960 zu weltweitem Protest gegen die Apartheid-Politik der SAR. (Ja, 1960! ein damals geborener Schwarzafrikaner lebt heute, 1976, schon 16 Jahre im Getto.) John Luthuli – Schwarzafrikaner, damals schon unter der Kolonialherrschaft alt geworden –, der die weiße Regierung seines Landes des Völkermords beschuldigte, ein Anhänger des *gewaltlosen Widerstands,* mehrfach verhaftet und verbannt, erhielt im gleichen Jahr den Friedens-Nobelpreis. (Zum Zeitpunkt der Verleihung »befand er sich im Strafvollzug«, wie einige Tageszeitungen meldeten.) Ebenfalls 1960 erhob die Internationale Juristenkommission in Genf Einspruch gegen Rassen-Diskriminierung der SAR. In den folgenden Jahren wurde es in der Welt-Öffentlichkeit niemals ganz still. Wer immer kann und will, empört sich. Das gilt für die Bundesrepublik Deutschland auch: Gewerkschaftspresse, Studentenpresse, *Frankfurter Hefte, Werkhefte,* u.a., doch bleibt das ohne sichtbaren Einfluß auf Bonn. 1966 vermutet H. M. Enzensberger in *konkret* (4, 1966), daß die Bundesregierung mit der Südafrikanischen Republik ungerührt im Gespräch sei – *in Atomfragen**. Ende der 60er Jahre liegt die SAR in der Rangliste der Exportländer der BRD in Afrika an erster Stelle, und jeder 5. Lastwagen auf den Straßen der SAR stammt schon aus der Bundesrepublik**.
Und heute? Die »Apartheid« ist auch in unserem Land Gegenstand von Kritik. Bonn will dennoch *Atomtechnologie* ans Kap der Guten Hoffnung liefern, entwickelte seine Handelsbeziehungen, der General der Bundeswehr *Rall* macht seinen halben Staatsbesuch, und Herr Vorster [bis 1966 Ministerpräsident von Südafrika; dann (1978) Staatspräsident] trifft sich mit Kissinger

* Vgl. auch *konkret,* 2, 1966, S. 31ff.
** Diese und andere Informationen über Handels- und Wirtschaftsbeziehungen stammen, wo nicht anders angegeben, aus: B. Schilling, K. Unger, Die BRD und das südliche Afrika, in: *Kursbuch, 21,* 1970, S. 129ff.

auf deutschem Boden. Führende Vertreter der CSU und CDU halten die Rassisten der SAR für feine Leute.
Angola wurde 1953 durch den faschistischen Diktator Portugals, Salazar, per Ukas entkolonialisiert: nämlich zur »Übersee-Provinz« ernannt (wie Guinea-Bissao und Mozambique). Die Provinzen wurden sogar in den Haushaltsplänen Portugals mit ansehnlichen Summen bedacht, von denen allerdings über die Hälfte »in den Militärhaushalt gepumpt«, d.h. für die *Unterdrückung der Befreiungsbewegungen* verbraucht wurde*. Nach einem Aufstand in den nördlichen Provinzen Angolas, 1960/61, sah das Land einen barbarischen Rachefeldzug des Mutterlandes: Das Fazit waren etwa 150 000 Vertriebene und wahrscheinlich anähernd 50 000 Tote. (Die am Aufstand beteiligte MLPA [Marxistisch Leninistische Partei Angolas] wurde übrigens schon damals, vor 15 Jahren, von *Kuba* unterstützt).
In Portugal wuchs der Widerstand gegen den eigenen Kolonialismus, obwohl Kritiker notorisch zu »Kommunisten« erklärt und entsprechend von der Staatspolizei (PIDE) behandelt wurden. Dr. Salazars ehrenamtliche »Grünhemden« leisteten die erforderlichen Spitzeldienste. Der angolesische Dichter da Graca wurde wegen »Subversion« für 14 Jahre auf die kapverdische Zuchthausinsel Tarafal verbannt. Als sein Roman *Luanda* eine Auszeichnung des portugiesischen Schriftstellerverbandes SEP erhielt, wurde dieser zur Auflösung gezwungen**.
Der koloniale Krieg war teuer und, z.B. in der UNO oder in Genf, aber auch in parlamentarisch-demokratischen Staaten unpopulär; wie das ganze Régime Salazars und die Armut des portugiesischen Volks. Der Diktator, der in den christlichen Parteien der Bundesrepublik seine Freunde hatte, beklagte es 1963, daß namentlich die europäischen Staaten Portugal nicht genügend unterstützten. »Diese begreifen offenbar nicht, daß (...) es um Europa, um uns alle (geht): Wer Portugal in den Rükken fällt, verrät Europa.« Eine Ausnahme machten nach Salazar nur die Länder *Deutschland,* Spanien und Frankreich. »Bei ihnen finden wir volles Verständnis und Unterstützung.«*** Die Haltung Bonns, jenseits der »linken« (und liberalen) Proteste

* Vgl. *konkret,* 12, 1967, S. 32f.
** Ebenda
*** B. Schilling/K. Unger, a.a.O.

gegen Diktatur, Folter und koloniale Unterdrückung, war nicht einmal zweideutig. Im März 1963 gaben die Außenminister Schröder und Nogueira in Lissabon ein Kommuniqué heraus: »Der portugiesische Minister legte einige fundamentale Prinzipien der portugiesischen Politik in Afrika dar und hob den Wert hervor, den diese Politik für die generellen Interessen des Westens und seiner Verteidigung annimmt.«
Manchmal wäre man lieber Kubaner.

Für die »generellen Interessen des Westens und seiner Verteidigung« leistete Bonn dem portugiesischen Diktator eine nur nachlässig verschleierte Waffenhilfe: Kampfflugzeuge (Fiat G-91, F-86 K Sabre), Transport-Flugzeuge (Noratlas), Hubschrauber, Unimogs, G-3 Gewehre. Mit wenigen Ausnahmen gibt es gesicherte Angaben darüber, daß diese militärische Ausrüstung *in Afrika* eingesetzt wurde*, und daß Bonn davon gewußt hat. Eindrucksvoll werden Waffen- und Geldhilfen (für Portugal) mit deutschen *Wirtschafts-Interessen im ganzen Südafrika* verknüpft. In den Ländern SAR, Angola, Mozambique, Rhodesien begegnen wir großen Namen: Krupp, Klöckner, Gute Hoffnungshütte, Demag, Siemens, AEG, Bochumer Eisenhütte, Farbwerke Hoechst, Bayer AG, Dresdner Bank und andere**. Die Zeitschrift *Wehrkunde* (9, 1969, S. 470f.) begründete das massive Engagement der BRD in Südafrika mit dessen produktions-und rüstungswichtigen Rohstoffen: Mangan, Uran, Kupfer, Chrom, Molybdän, Wolfram, Kobalt. Die britische Regierung protestierte allem Anschein nach sogar in Bonn, weil die Bundesrepublik die Boykott-Beschlüsse der UNO gegen *Rhodesien* nicht nur nicht einhielt, sondern den Umstand wirtschaftlich ausnüzte, daß andere Staaten die UNO-Beschlüsse erfüllten. Bonn stimmte wohl zu; aber die Handelsbeziehungen stiegen weiter an.*** F. J. Strauß, weitblickend in Sachen des Imperialismus und der »generellen Interessen« des westlichen Kapitals, wünschte sich schon 1966 ein »Wirtschaftskooperativ«, bestehend aus der SAR, Rhodesien, den portugiesischen Übersee-

* B. Schilling/K. Unger, a.a.O., und viele andere Quellen (Zeitungen) der letzten Jahre.
** B. Schilling/K. Unger, a.a.O.
*** *konkret* berichtete 1966 über Rhodesien

Provinzen (samt einigen anderen afrikanischen Staaten), und schlug eine entsprechende *Außenpolitik* für die Bundesrepublik vor.* Aus solchen und anderen Ideen wurde kein Geheimnis gemacht. Es ist anzunehmen, daß die Öffentlichkeitspolitik der Bonner Regierung die Bevölkerung (oder Bundestag und Presse?) daran gewöhnen wollte, Beziehungen zu faschistischen Diktaturen als *üblich* anzusehen und hinzunehmen. Es gab auch militär-technische Probleme, die eine »Entspannungspolitik« nahelegten: Die Bundesrepublik wollte z. B. in Portugal wie in Spanien *Militärbasen für die Bundeswehr* errichten.

Die BRD ist allerdings nicht nur in der Vergangenheit ein Paladin gewisser kolonialistischer Regimes gewesen, und entwickelte die wirtschaftlichen Beziehungen mit ihnen. Es gibt heutzutage in ihr auch Leute, die von kolonialistischen Regimes lernen möchten. Es wäre fahrlässig, zu überhören, wie oft die Vorstellung: nur ein *autoritäres Regime* könne die »Freiheiten retten«, in den Köpfen hoher CDU- und CSU-Funktionäre umgeht, die in Sonntagsreden und Wahldebatten als Apologeten beispielsweise der chilenischen und uruguayischen Militärdiktaturen erscheinen (von ihrer erwähnten Vorliebe für das Vorster-Regime in Südafrika ganz abgesehen). Sie haben auch ihre Presse, die bereit ist, die Leser zu »Lernprozessen« deutlich aufzufordern:

Rheinischer Merkur, 26. März 1976: »Die Methoden der Armee Uruguays sind vom einfachen Volk gebilligt worden, das endlich einmal Ruhe, Ordnung und Sicherheit haben wollte (...). Ist uns vielleicht Lateinamerika in der politischen Entwicklung ›voraus‹? Ohne Zweifel. Nicht nur im Terror und der Terrorbekämpfung, nicht nur in den Techniken (...).«

Ich empfehle dem Leser, im Auge zu behalten, was die deutschen Abgeordneten für den Wahlkreis Santiago (in Chile), Todenhöfer CDU und Pieroth CDU, in der Bundesrepublik als politische Position vertreten.

Pieroth, CDU: »Der Mut breiter Schichten des chilenischen Volks und des Militärs, auch in einer verunsicherten und manchmal schon feige gewordenen Welt eine drohende kommunistische Diktatur zu verhindern, verdient Respekt.«

* *Die Welt,* 11. Mai 1966

Zur Erinnerung: Die »Verteidigung des Westens« als Alibi

Der Bundestag erörterte 1950 die Frage neuer gesetzlicher Bestimmungen für Staatsgefährdung, Hochverrat und Landesverrat. Die SPD legte einen Entwurf vor, der aus geschichtlichen Erfahrungen und Gegenwart angemessene Schlüsse zog: der historischen *Würde* des Grundgesetzes, von der Ulrike M. Meinhof in ihrer Kolumne auf S. 11 ff. handelte, entsprach allein die Abwehr von Gefahren für die Entfaltung der *Demokratie,* und die drohten *von rechts.* Sie drohten u. a. vom Nationalsozialismus, von seinen »ideologischen Restbeständen«*.
Doch die Beratungen nahmen einen anderen, verhängnisvollen Verlauf. In der ersten Beratung des *Regierungs*-Entwurfs »zum Schutze des Staates« (! nicht: zum Schutze der Demokratie), Herbst 1950, stand der »Feind« wieder eher *links* (obgleich, wie üblich, die Rechte noch erwähnt wurde). Die Rechtfertigung dafür übernahm Dr. Thomas Dehler (FDP) am 12. September 1950:
»Ich bin der Meinung, daß wir auf jeden Fall den Versuch machen müssen, dieses Handeln (...) strafrechtlich zu erfassen. Wenn der Bundesrat meint, man müsse dieses Problem erst in der Wissenschaft weiterhin klären (...) – so war vielleicht am Tage der Beschlußfassung des Bundesrats [23. 6. 1950] noch darüber zu reden. Aber zwei Tage später (...) war Korea! Wir müssen ein Freiheitsopfer bringen, um die Freiheit zu wahren!«
Damit begann ein lange Reihe von »Freiheitsopfern«, d. h. der Zerstörung politischer, moralischer, staatsrechtlicher Pfeiler, auf denen das Grundgesetz stehen, eine Demokratie *erstehen* sollte; angeblich im Interesse der »Inneren Sicherheit« des Volks gebracht, *wirklich* erbracht für den Staat, den Staatsapparat und für die Interessen, die er primär schützt. Wie man rechtsstaatliche und demokratische Garantien, wie man »Freiheiten« schützt, indem man Garantie wie Freiheit stückweise einschränkt, einzäunt, abträgt und zerstört, das begann die BRD zeitig zu lernen. Der Rekurs auf den *großen Aggressor,* die UDSSR (oder den Sozia-

* So Dr. Greve, Mitglied des Bundestags, SPD.

lismus), wie in den Worten Dehlers – Korea! – leitet immer auch grandiose Ablenkungsmanöver ein. Solche Rekurse stehen – indirekt auch in dem hier berichteten Fall eines Strafrechtsänderungs-Gesetzes – meist für eine Auseinandersetzung, die nicht geführt werden sollte: mit dem Nationalsozialismus. Sie sind Leitsymptome eines kollektiven Verdrängungsprozesses, eine ganz schlechte Bedingung für die Bildung einer nationalen Identität nach 1948, und hatten Konsequenzen für das politische System. Wenige Jahre nach der Debatte vom Herbst 1950, die »Staatsgefährdung«, »Hochverrat« definieren und dem Strafgesetzbuch unterstellen sollte, waren Gefährdung und Verrat Träger des Systems geworden: etwa 25 Prozent aller Personen in einflußreichen Positionen der Bundesrepublik – Politik, Wirtschaft, Kirche, Presse, Verwaltung, Bildungssystem – waren wieder ehemalige Stützen des Nationalsozialismus*.

»Verteidigung des Westens« als Alibi

Zwischen der Barbarei von gestern und der von morgen sitzen wir ruhig mit unseren neuen Autos, Kühlschränken, Mopeds, Kofferradios und Fernsehtruhen, fürchten wenig und tun nichts. Denn es ist ja immer »Pankow«, dessen Geschäft wir betreiben, wenn wir gegen den Stachel löcken, wenn wir Nazis herausschmeißen, höhere Löhne fordern oder gegen Atomwaffen auf der Kö spazieren.

Frage: was hat die Differenz mit Pankow zu tun, daß bei uns Nazis drin sind und raus müssen? Hat es was damit zu tun, dann ist es schlimm, dann ist es ganz schlimm. Wenn nicht, dann verstehe ich nicht, was das Gerede soll. Das heißt doch, den Aktenschrank dafür verantwortlich machen, daß in ihm belastende Akten sind. Oder das Fieberthermometer dafür, daß der Patient schwer krank ist.

Ist es wirklich so schlimm? Nein. Es wird.

*konkret, 5, 1963, S.10, ›Umschau Deutschland‹***

* Lewis J. Edinger, ›Post Totalitarian Leadership. Elites in the German Federal Republic.‹ *The Amer. Political Sc. Rev.*, LIV, März 1960, S. 58ff.

** Zuständige Redakteurin: Ulrike M. Meinhof

Vietnam und die Bundesrepublik

> »Ich habe vom Mont Blanc aus den Sonnenaufgang gesehen, aber das Schönste, was meine Augen je wahrgenommen haben, war die amerikanische Flagge in einem fremden Land.« Lyndon B. Johnson, US-Präsident

Auf dem Weg zum Völkermord

Schon der französische Kolonialkrieg in Indochina war zu hohen Anteilen von den USA finanziert worden; nach einigen Schätzungen zu mehr als 75%. Ihr eigenes militärisches Engagement seit den frühen 60er Jahren, auf einen nichtexistenten »Tonking-Zwischenfall«* gestützt wie Hitlers Einmarsch in Polen auf einen angeblichen Überfall auf den Sender Gleiwitz, war – neben anderen, ebenso völkerrechtlich verwerflichen Gründen – Teil des blutigen Versuchs, Mittel und Wege zu finden, die *Befreiungsbewegungen,* die Dekolonisation, zu brechen; in Asien, Afrika und Lateinamerika. Daß der vietnamesische Krieg ein Versuchsgelände für den imperialistischen Krieg gegen *jede* Emanzipation kolonial unterdrückter Völker war, der Rücken der Bauern in Vietnam vom Takt der »generellen Verteidigung des Westens« blutig geklopft worden ist, ließe sich analytisch *erschließen,* aber das ist nicht erforderlich: Der US-General Maxwell D. Taylor hat die Vorgehensweise der USA in Indochina in eben dieser Weise klar ausgesprochen. Mit einem wichtigen Zusatz: die USA müsse *in Vietnam* den »Mythos der Unbesiegbarkeit« der Befreiungskämpfe *exemplarisch zerstören.* Die USA reden nicht nur, sie handeln auch. Bis Mitte 1969 warfen die USA bereits mehr als drei Millionen Tonnen Sprengstoff über Vietnam ab (und der Krieg endete erst 1975). Zum Vergleich: Während des Zweiten Weltkriegs wurden in Europa 2,77 Millionen Tonnen Sprengstoff abgeworfen, davon etwa zwei Drittel über dem Gebiet des ehemaligen Deutschen Reiches, und ich weiß noch, wie Deutschland 1945 aussah. Die Logik der

* [Die USA nehmen den angeblichen Angriff von nordvietnamesischen Torpedobooten auf den US-Zerstörer Maddox im Golf von Tonking am 30. Juni 1964 zum Anlaß für die Bombardierung Nord-Vietnams.]

US-Luftangriffe in Vietnam war eindeutig: Jedes Objekt, das aus der Luft zerstört werden *konnte*, wurde als »militärisches Ziel« der Luftwaffe auch definiert: nicht nur Dorfbewohner auf den Feldern oder die Flüchtlinge auf den Flüssen des Landes; nicht allein die Fabriken und Schulen Nordvietnams auch die Deiche, auch die empfindlichen, für das agrarisch strukturierte Land ökonomisch unentbehrlichen Wasserregulierungs-Systeme. Dschungel und Wälder wurden, durch abgeworfene Chemikalien, entlaubt, und gut 700 000 ha Saatfelder durch Giftstoffe zerstört. »Ziel«, »militärisches Objekt« waren mithin die ökologischen Lebensbedingungen Vietnams.
»Wenn die Reisernte durch chemische Produkte zerstört wird (...), so ist es die Zivilbevölkerung, vor allem Frauen, Kranke, Kinder und alte Leute, die infolge der Vergiftungen oder Hunger umkommt.«*
Experimentierfeld war Vietnam für die Erprobung »verbesserter Methoden« der kolonialen Ausrottung, wie z. B. die Methode der *freien Tötungszonen* (in denen ohne weitere Ankündigung und Prüfung alles Leben vernichtet werden durfte), und für die Erprobung neuer *Waffen*: Nerven-, Brech- und Tränengase, Splitter- und Kugelbomben mit verheerender Wirkung.

Im Dorf besichtigten und fotografierten wir die Hülse einer CBU-Bombe (cluster bomb unit; canister bomb unit), Antipersonal-Bombe. Diese Hülse war etwa 1,50 bis 1,80 m lang, bei einem Durchmesser von etwa 37–40 cm. Eine solche Hülse enthält 280–300 Eisenkugeln in der Größe von Apfelsinen oder mittelgroßen Äpfeln. Jede dieser Eisenkugeln enthält 280–300 Stück Stahlschrot mit einem Durchmesser von 5,56 mm, etwas größer als normaler Flintenschrot.
4,5 bis 6 Sekunden nach dem Abwurf öffnet sich ein Ende der Hülse und gibt die Kugeln frei. Diese Kugeln drehen sich wie Kreisel. Durch diese Bewegung werden sie gezündet. Beim Aufprall explodieren sie und streuen ihre Schrotladung in einen Umkreis von 10 bis 15 Metern, je nach der Höhe des Flugzeuges beim Abwurf.

* Linus Pauling, zit. nach: *Nouvel Observateur*, 110, Paris 1966

Die Schlagkraft einer Kugel ist groß genug, die Palmendächer der Hütten zu durchbrechen, die Dachart, die von den meisten Menschen in Nordvietnam gebaut wird. Sie kann weder Backstein noch Stahl, nicht einmal eine Rabitzwand durchschlagen. Das einzige Ziel dieser Bomben: Menschen.
Die Geschwindigkeit dieser Schrotkugeln ist sehr hoch, sie kann in den Eingeweiden und im Gehirn erhebliche Schäden verursachen. Eine Kugel kann durch die Schädelwand stoßen, durch das Gehirn laufen und durch die zweite Schädelwand stoßen oder von der zweiten Schädelwand abprallen und im Gehirn kreisen. Sie kann durch das Gesäß eindringen und aus der Brust oder der Schulter wieder herausstoßen, wobei sie die Leber oder die Därme erheblich verletzt.
Die zum erstenmal am 18. April 1966 über der Stadt Moc Chan in Nordvietnam abgeworfenen Bomben sind weit gefährlicher, und die sphärische Explosion macht den Gebrauch von Gräben und unbedeckten Unterständen unwirksam. Im allgemeinen werden die Bombardierungen in einem Dreier-Rhythmus ausgeführt: Aufklärung, Bombardierung mit konventionellen Bomben, dann Abwurf von Kugelbomben.
Die Eintrittsöffnungen sind sehr klein.
Die Wundkanäle sind lang, häufig sehr unregelmäßig, und verursachen gelegentlich zahlreiche schwere Verletzungen der inneren Organe.
Zwei Konsequenzen für die Chirurgen:
– Schwierigkeit der Diagnose, da die Eintrittstellen übersehen werden können. Man muß manchmal den ganzen Körper röntgen, um bestimmte Kugeln wiederzufinden; dann die Rekonstruktion des möglichen Einschußkanals von der Wundöffnung an (angenommen, es handelt sich um mehrere Kugeln), also der möglichen Verletzungen, deren Anzeichen häufig wenig deutlich sind, da es sich um kleine Verletzungen handelt. Die Schwere dieser Verletzungen, die anfangs noch winzig sind, nimmt zu, wenn die betroffenen Organe nicht sehr schnell operiert werden. – Schwierigkeit der Behandlung: die Notwendigkeit ausgedehnter Eingriffe, um alle Organe, die betroffen sein könnten, zu untersuchen, Schwierigkeiten bei der Entfernung der tiefsitzenden und zahlreichen Projektile – bis zu zehn oder 15 zerstreute Kugeln.

Außerdem zersetzen sich diese Kugeln aus weichem Stahl und können zur Ursache späterer Komplikationen werden. Wenn sie im Organismus verbleiben, können sie ihre Lage verändern.
nach: E. A. Rauter, Folterlexikon, konkret extra, Hamburg 1969, S. 120 f., gekürzt

Die Verwendung von Napalm gegen die Bevölkerung des Landes, von französischen Truppen in Algier erprobt, war nur *ein* Moment umfassender Grausamkeit, des *Verbrechens.** Die sog. Strafexpedition gegen das arme Dorf My Lai ist unvergessen**. Wir sahen in unseren Zeitungen Bilder von Erschießungen auf offener Straße. Wir lasen von US-Soldaten, die einen Gefangenen in 300 m Höhe aus dem Hubschrauber stießen. Verbrechen, *Völkermord.*
Die Bundesregierung und viele Führungsspitzen des politischen Systems ließen sich in ihrer Zustimmung zur Politik der USA nicht beirren. Im Februar 1965 begannen die USA mit ihren Luftangriffen auf Nordvietnam (Demokratische Republik Vietnam, DRV), eine der für das Volk bittersten Eskalations-Stufen des Kolonialkriegs. Im gleichen Jahre, 1965 forderte Bundes-Außenminister Schröder (CDU) – vergleiche die Notiz zu Portugal, S. 116 – vor dem Ministerrat der Westeuropäischen Union (WEU) in Luxemburg mit Nachdruck »Härte in Berlin und Vietnam«. Die SPD, inzwischen, nach ihrer Orientierung an Washington und dem Pentagon zu Zeiten der Kennedy-Administration, in die *Prävention* voll einbezogen, gab ihrer neuen Zuverlässigkeit lebhaften Ausdruck: Der stellvertretende Vorsitzende der SPD-Fraktion im Bundestag, Fritz Erler, warnte die USA vor einem »weichen Kurs« in Indochina, und Willy Brandt, Frontstadt-Erster, beglückwünschte den Präsidenten der Vereinigten

* In einer Provinz im Delta lebt eine Frau, deren Arme durch Napalm weggebrannt sind und deren Augenlider so schlimm verbrannten, daß sie sie nicht schließen kann. Zwei Kinder der Frau wurden bei einem Luftangriff verstümmelt und getötet, und sie sah fünf andere Kinder sterben. Zu einem Amerikaner sagte sie: »Es werden mehr Kinder getötet, weil die Kinder nicht so viel Erfahrung haben und nicht wissen, wie man sich hinter die Reisfeld-Deiche legt.«

** Vgl. *Ich war gern in Vietnam. Leutnant Calley berichtet,* Fischer Taschenbuch Verlag, Frankfurt/M. März 1972 (Informationen zur Zeit)

Staaten zu den »vietnamesischen Erfolgen«. Bundeskanzler Erhard erklärte während eines Besuchs in Washington, Dezember 1965, daß die BRD den Amerikanern »jede moralische Unterstützung« gebe – die Abwehr des Kommunismus sei unteilbar, es sei in deutschem Interesse, wenn ein »weiteres Vordringen des Kommunismus in Südostasien« verhindert werde. Die Auguren der präventiven Konterrevolution verstanden sich. Präsident L. B. Johnson fand im Abschluß-Kommuniqué markige Worte des Danks »für die Unterstützung der Bundesrepublik Deutschland im Kampf um die Abschreckung der kommunistischen Aggression gegen Vietnam«.

Man fragt sich, ob sich hinter der Akklamation, die in Bonn später ab und an als bloße diplomatische Gepflogenheit entschärft werden sollte, nicht schon eine auch *innere* Subsumption des Staatsapparates der BRD unter die US-Strategie des »security risk«, der »counter-insurgency«, verbarg*. Eines Tages werden sich die Archive öffnen.

Ich halte an dieser Stelle eine andere, eine Zwischen-Überlegung für nützlich. Wir wissen, daß die Behauptung von der »kommunistischen Aggression« eine Schutzbehauptung, schlicht: eine Lüge war, und daß weder die Diktatur in Saigon noch die berüchtigten *green berets* oder die Piloten der USA »unsere Freiheit« schützten: *unsere,* d. h. die des Volks, der Leute, die wir sind. Aber setzen wir einmal voraus, der Krieg in Vietnam hätte wirklich eine drohende Ausbreitung des »kommunistischen Machtbereichs«, gar in Europa, verhindern wollen: es gab ja nicht nur eine Regierung, die das angeblich glaubte, es gab auch Volk, Leute: Hausfrauen, Techniker, Lehrer, Offizierstöchter, die glaubten das *wirklich.* Haben sie nie gezögert, die Sicherung ihrer Freiheiten der Vernichtung, Zerstörung, Verbrennung von Dörfern, Städten, Ernten, Wäldern, Bauern, Frauen, Kindern in Vietnam zu verdanken? Gibt es eine Freiheit *um jeden Preis*? Unter den Halb- und Ganzfaschisten Deutschlands lief früher einmal ein Spruch um, »Lieber tot als rot«. Gut, wenn sie denn sterben wollen; aber hier ging es doch um den Tod anderer, um den drohenden Tod eines *Volks.* Hoffen wir, *daß* einige, mehrere, viele gezögert haben. Aber warum

* Vgl. Teil I, S. 46

haben sie geschwiegen, Ja gesagt, die *Kritiker* des imperialen Kriegs der USA beschimpft?
Haben es Regierung, Institution, Presse und Bildungswesen erreicht, aus den arbeitenden und abhängigen Klassen eine »Manövrier-Masse« für Politik zu machen, aus der die Bevölkerung als *bewußte Teilnehmer* auszuschalten schon in den Anfängen der BRD als »Sicherung der Freiheit«, der Demokratie galt?*
Wie wäre *Würde* unter einem Präsidenten denkbar, der, wie Heinrich Lübke, der Regierung der Vereinigten Staaten von Amerika noch im Juli 1967 ein Telegramm mit der haarsträubenden Formel sandte: »Möge auch der gegenwärtige Kampf, den Ihr Land als Vorkämpfer der Freiheit gegen die Mächte der Unterdrückung in Ostasien führt, von Erfolg gekrönt (...) sein«?**
Wahrscheinlich hat Lübke nicht einmal gewußt, wenn wir den »amerikanischen Kampf« einige Jahre zurückverfolgen, wo beispielsweise die Dominikanische Republik liegt, jene Insel, deren wahre Vorkämpfer der Freiheit – der Freiheit von grausamer Unterdrückung und Diktatur – 1965 von einer US-Interventionsarmee geschlagen, mit ihrer Hilfe vernichtet worden sind.***
Indessen: Auch die westdeutschen Regierungen redeten nicht nur, sie handelten; es blieb nicht bei der »moralischen Unterstützung« Erhards. Ein mit »Vietnamhilfe« befaßter Unterausschuß des Bundestags, unter dem Vorsitz von Erik Blumenfeld (CDU), gab der Marionettenregierung in Saigon Hilfszusagen. Die BRD leistete in Südvietnam wirtschaftliche, infrastrukturelle, technische und (nach einigen Meldungen sogar möglicherweise paramilitärische) Hilfe; sie stützte durch den »Devisenausgleich« den US-Dollar, und ließ es zu, daß »das IG-Farben-Haus in Frankfurt/Main für mehrere US-Nachrichtendienste während der gesamten Dauer der (...) Aggression in Indochina als Hauptquartier fungierte, daß diese US-Dienststellen im IG-

* So ähnlich hat Ulrike M. Meinhof die Lage der Bevölkerung interpretiert.

** Zitiert nach: Martin Walser, in: *Tintenfisch 1*, Wagenbach, Berlin 1968, S. 86

*** Es gab dort eine *soziale Revolution*, von der Mehrheit der Bevölkerung getragen, dies muß sogar die *Neue Züricher Zeitung (NZZ)* vom 20. Mai 1965 einräumen. Die Argumentation der USA, wer erriete sie nicht?: die Revolution sei unter kommunistische Kontrolle geraten.

Farbenhaus in Frankfurt militärstrategische Planungs-, Leitungs-, Koordinations- und Kontrollfunktionen sowohl im operativen wie im logistischen Bereich (...) hatten«*.

Und Heidelberg:

Otto Schily
Rechtsanwalt

Beweisantrag
»In der Strafsache
Baader u. a.
– 2 StE 1/74

wird beantragt,

den Befehlshaber des Heeres der USA in Europa (USAREUR) General Michael S. DAVISON als Zeugen zu vernehmen.

Der Zeuge wird bekunden, daß die militärischen Operationen der US-Militäreinheiten in Indochina, insbesondere die Bombardisierungseinsätze der Luftwaffe, im Mai 1972 über die im Heidelberger Hauptquartier installierten Nachrichtenstationen (Computer) koordiniert worden sind.
Der Zeuge wird bekunden, daß insbesondere der Nachschub und die Auswechslung der Truppenverbände in Indochina über die vorbezeichneten Anlagen gesteuert worden sind und daß die durch den Bombenanschlag auf das US-Hauptquartier (USAREUR) im Mai 1972 verursachte Vernichtung der genannten Anlagen zu einer empfindlichen Störung der militärischen Operationen der US-Militäreinheiten in Indochina geführt hat.

Zur Erinnerung:
Im *Januar 1964* richtete der 2. Kongreß der Nationalen Befreiungsfront in Vietnam ein Friedensangebot an die Regierung der Vereinigten Staaten von Amerika, das es den USA ermöglichen sollte, eine Lösung zu finden, »die weiteres Leid und weitere Verluste vermeidet und gleichzeitig die Ehre der Vereinigten Staaten von Amerika wahrt«. Die Regierung der USA beachtete weder dieses Angebot der Nationalen Befreiungsfront noch die Anregung Ho Chi Mins für einen Waffenstillstand.

* *Aus den Beweisanträgen der Verteidiger im Stammheim-Prozeß*, 1976

(zit. nach: *Dokumentation FU Berlin.* Freie Universität Berlin 1948–1973, Teil III (1957–1964), Nr. 14/73, S. 60; eine der wichtigsten neueren Quellen nicht nur für die Geschichte der Studentenbewegung.)

Obgleich *Bertrand Russells* Dokumentation *Krieg und Grausamkeit in Vietnam* in deutscher Übersetzung und ungekürzt schon 1964 vorlag*, an Informationen überhaupt kein wirklicher Mangel bestand, gab es in den folgenden Jahren in der Presse, bei Sprechern der christlichen Parteien und in den Ämtern des politischen Systems bedrückende und beschämende (manchmal in ihren Konsequenzen indirekt verbrecherische) pro-imperialistische Aktivitäten:

Berliner Freiheitsglocke für Familien von Vietnam-Gefallenen
Berlin (dpa)
Die Berliner Tageszeitungen haben alle Bürger der Westsektoren aufgerufen, mit einer Geldspende zu einer Sammlung für amerikanische Familien beizutragen, die durch den Krieg in Vietnam besonders betroffen sind. In dem Aufruf heißt es: »Weil wir Berliner wissen, daß die Amerikaner bereit sind, mit dem Leben ihrer Soldaten unsere Freiheit zu verteidigen, fühlen wir uns all jenen Amerikanern besonders verbunden, die um einen in Vietnam gefallenen Mann oder Vater, Sohn oder Bruder trauern müssen.« Diesen geprüften amerikanischen Familien soll zum Weihnachtsfest ein Zeichen des Gedenkens in Form einer Nachbildung der Freiheitsglocke mit einer besonderen Widmung übersandt werden, um damit die Verbundenheit Berlins mit der amerikanischen Nation zum Ausdruck zu bringen. Ferner sollen der Bevölkerung Vietnams dringend benötigte Medikamente geschickt werden.
Unter der Überschrift »Totenglocken aus Westberlin« verurteilte das SED-Zentralorgan *Neues Deutschland* den Aufruf der Westberliner Tageszeitungen. Der Appell sei »in seiner Unmenschlichkeit kaum noch zu überbieten«, und das Geschenk »zynisch, barbarisch, unmenschlich und roh in einem«.

Süddeutsche Zeitung, 3. Dezember 1965

* *darmstädter blätter*, 12, 1964

Die Meldung ist in *einem* Punkte unvollständig. In den beteiligten (acht) Berliner Tageszeitungen war die Rede von amerikanischen Soldaten, die »fern der Heimat in Vietnam (ihr) Leben zum Schutze der freien Welt vor gewaltmäßiger Ausdehnung des kommunistischen Machtbereichs opfern mußte(n)« (vgl. Dokumentation FU Berlin, Teil IV, (1964–1967), S. 54).
Die *Freiheitsglocke*, um deren Nachbildung es ging, in England gegossen, für Westberlin bestimmt, läutete einen »Kreuzzug für die Freiheit« ein, angeführt von zwei Generälen: Eisenhower und Clay; sein Ziel: die Errichtung des Senders *Freies Europa*, 1950 (mit Ausstrahlungen in die Länder des Ostblocks; zweifellos eine Einrichtung unter beherrschendem Einfluß des CIA)

*Versuche zur Aufklärung**

> »Politisierung heißt Aufklärung über Machtverhältnisse, über Besitzverhältnisse, über Gewaltverhältnisse.«
> Ulrike M. Meinhof

Am 2. Februar 1965 findet eine Vietnam-Informationsveranstaltung des SDS im Theatersaal des Henry-Ford-Baus der Freien Universität Berlin statt. Als die USA am 7. Februar das Bombardement der Demokratischen Republik Vietnam (»Nordvietnam«) beginnen, verteilt der SDS zwei Tage später Informations-Flugblätter auf dem Campus. Im Sommer unterschreiben Studentenfunktionäre eine Vietnam-Erklärung. Daraufhin veröffentlicht die Westberliner Springer-Zeitung BZ einen Artikel mit dem Titel: »(...) ASTA auf SED-Kurs«. »Der Studentensprecher unserer Freien Universität schlug sich gestern offen auf die Seite der Kommunisten. Er unterstützt deren Vietnampolitik (...) Herr Lefèvre hat was dagegen, daß die Amerikaner in Vietnam sich nach Kräften gegen den Terror der Kommunisten zu wehren beginnen und schiebt ihnen eine Gefährdung des Weltfriedens in die Schuhe. (...) es ist untragbar, daß die Studentenschaft noch länger von Leuten repräsentiert wird, die zu kommunistischen Mitläufern geworden sind!«

* Ähnlich wie in Westberlin, lagen solche Versuche auch in den Städten Westdeutschlands wesentlich in den Händen politischer Studenten- und Jugendgruppen (u.a. der »Falken«, der »Naturfreundejugend«).

Im Herbst bemühen sich neben dem SDS andere Studentengruppen um Aufklärung und Information. Im November verbietet der Rektor der Universität »aus baupolizeilichen Gründen« eine geplante Ausstellung von Bildern und Dokumenten aus Vietnam (Galerie des Henry-Ford-Baus); im Dezember beschließt die ESG [Evangelische Studenten Gemeinde], der Aus stellung *ihre* Räume zur Verfügung zu stellen.* Dies und viele andere Bemühungen informierten nicht nur, sie *politisierten* auch:

Als der SDS im November 1965 *Filme* über Vietnam zeigen und diskutieren lassen will, macht der Rektor der Universität u.a. die bezeichnende Auflage, es müsse sichergestellt sein, daß die Filme nur den Studenten, nicht etwa einer *breiteren Öffentlichkeit* zugänglich gemacht würden.

Im Dezember stößt eine Podiumsdiskussion des AStA der FU über den Krieg in Vietnam auf Kritik; ebenso wie die Sammlung des SDS für das Rote Kreuz der VR Vietnam und der Befreiungsbewegung in Südvietnam. Am *5. Februar 1966* erlebt Westberlin eine Vietnam-Demonstration mit 2500 Studenten: fünf oder sechs Farbeier, ans Amerikahaus geworfen, gelten als (prokommunistischer) *Terror.*

*Der Versuch, die Kritik in der BRD zu unterdrücken – Produktion von »Jeansons«?***

Reimar Lenz:

Es stand in der *Welt:* »Unter Gewaltanwendung drängten mehrere hundert Menschen einige Jugendliche, die sich mit Zwischenrufen hervorgetan hatten, zum S-Bahnhof Zoologischer Garten. Sie wurden gezwungen, dort S-Bahn-Fahrkarten zu lösen und auf den Bahnsteig zu gehen.« (9. 2.1966)

Es stand in der *Welt,* und es geschah am 8. Februar 1966 in jenem Teil Berlins, dessen Freiheitlichkeit wir schätzen. Es geschah nach einer CDU-Kundgebung, auf der sich der Sonder-

* Ulrike M. Meinhof schrieb 1965 im Maiheft *konkret,* es sähe so aus, als würde die Ära Kennedy endgültig zu Grabe getragen. Sie teilte die verbreitete Überschätzung der Kennedyschen Politik. Aber seine Begegnungen mit Chruschtschow schienen ihr mit der Lockerung des *Kalten Kriegs* indirekt auch Bedingungen für eine vernünftige DDR-Politik der Bundesregierung zu stiften.

** Vgl. S. 111f.

beauftragte des Bundeskanzlers in Berlin, Ernst Lemmer, gegen eine studentische Vietnam-Demonstration der Vortage gewandt hatte.
Die Schlacht wurde von der Demokratie nicht von ungefähr verloren. *Bild* zum Beispiel hatte jeden bedroht, der auf die Versammlungsfreiheit pochen wollte, um seine abweichende Meinung zum Vietnam-Krieg zu sagen. *Bild* schrieb am 7.2.1966: »Am Sonnabend hielten es 1500 politische Wirrköpfe – meist Studenten – für angebracht, in Berlin gegen die amerikanische Südvietnampolitik zu demonstrieren. Zwei Millionen Berliner lassen sich nicht von 1500 Wirrköpfen auf der Nase herumtanzen. Sie werden dafür sorgen, daß in Zukunft ähnlichen Demonstrationen die gebührende Antwort zuteil wird.«
Die BZ (Springer) unterstellte am 7.2.1966, die Studenten seien »mit kommunistischen Parolen« auf die Straße gegangen (und unterschlug den Wortlaut der Parolen wohlweislich). BZ über Neuss: »politischer Amokläufer«, über die Demonstranten: »studentische Narren«. (Anmerkung: in Vietnam wird von den USA unter anderem das Kampfgas *»BZ«* verwandt, das Gedächtnisstörungen und Schlaf verursacht. Vgl. Zeitschrift *Atomzeitalter,* Mai 1965.)
Die *Welt am Sonntag* (Springer) kündet für den Fall, daß Amerika Südvietnam verliert, folgendes an: »Nicht nur ganz Vietnam, sondern auch Laos, Kambodscha, Thailand würden im nächsten Augenblick kommunistisch werden. Malaysia und Singapore wären dann so wenig für die freie Welt zu halten wie Burma, Indonesien und Indien. Deutsche, die die Amerikaner aus Vietnam wünschen, rufen die Sowjets nach Berlin, wenn nicht an den Rhein.« (5.12.1965)
Wer dabei in den letzten Jahren auch nur halbwegs aufmerksam seriöse Zeitungen gelesen hatte, ahnte bereits etwas von den Ursachen des Vietnam-Konflikts. Niemand anderes als die Asien-Spezialistin und Mitarbeiterin der FAZ, Lily Abegg, schrieb zum Beispiel am 14.9.1963 in dieser Zeitung über Südvietnam: »Ohne Geheimpolizei wäre das Regime erledigt. Die geheimen und sonstigen Abwehrorganisationen des Staates in Südvietnam sind nur mit denen in den kommunistischen Ländern zu vergleichen.« Inzwischen stand der Hitler-Junge Ky an Stelle des katholischen Diktators Diem.

Niemand anders als Adelberg Weinstein, der gewiß ein unverdächtiger Zeuge ist, schrieb am 5.2.1966 in der FAZ: »Die amerikanischen Gegenschläge haben zur Folge, daß auf einen getöteten Partisanen neun tote oder verwundete Bauern kommen.« Die Deutschen werden diesmal nicht sagen können, sie hätten nichts gewußt. *konkret, 3, 1966, S. 18*

Ulrike M. Meinhof:
Es waren »die Studenten, denen es in den letzten Monaten zunehmend gelang, mit ihren Protestaktionen gegen den Vietnamkrieg den Boykott der bundesrepublikanischen Presse zu durchbrechen, ihre Demonstrationen zu Ereignissen zu machen, mit denen sich die Öffentlichkeit beschäftigen mußte. Es sind gegenwärtig hauptsächlich Studenten, die jene neuen Modelle politisch-oppositionellen Verhaltens entwickeln, die nicht mehr als Beweis einer Pseudo-Liberalität verrechnet werden können, auch nicht verschwiegen werden können. Es sind hauptsächlich die Studenten, die die Befürworter der amerikanischen Kriegsführung in Vietnam, die bekanntlich identisch sind mit den Befürwortern einer Notstandsgesetzgebung, zwingen, Farbe zu bekennen. Mit Polizeiknüppeln fing es an, inzwischen wird bereits das Verbot des Sozialistischen Studentenbundes gefordert, der Ausschluß einiger Studenten aus der Universität, die Grenze zwischen politischem Radikalismus und Kriminalität sei überschritten. Nicht Napalmbomben auf Frauen, Kinder und Greise abzuwerfen, ist demnach kriminell, sondern dagegen zu protestieren. Nicht die Zerstörung lebenswichtiger Ernten, was für Millionen Hunger und Hungertod bedeutet, ist kriminell, sondern der Protest dagegen. Nicht die Zerstörung von Kraftwerken, Leprastationen, Schulen und Deichanlagen ist kriminell, sondern der Protest dagegen. Nicht Terror und Folter durch Special Forces sind kriminell, sondern der Protest dagegen, nicht die Unterdrückung einer freien Willensbildung in Südvietnam, das Verbot von Zeitungen, die Verfolgung von Buddhisten ist undemokratisch, sondern der Protest dagegen in einem »freien« Land. Es gilt als unfein, mit Pudding und Quark auf Politiker zu zielen, nicht aber, Politiker zu empfangen, die Dörfer ausradieren lassen und Städte bombardieren. Es gilt als unfein, auf Bahnhöfen und an belebten

Straßenecken über die Unterdrückung des südvietnamesischen Volkes zu diskutieren, nicht aber im Zeichen des Antikommunismus ein Volk zu kolonialisieren.
Polizeiknüppel, voreilige Verhaftungen und administrative Maßnahmen aber geben einen Vorgeschmack dessen, was durch Notstandsgesetze legalisiert werden soll. Mit ihren Vietnam-Demonstrationen ist es den Studenten gelungen, der bundesdeutschen Demokratie ein wenig auf den Zahn zu fühlen. Der ist faul. Das der Öffentlichkeit zur Kenntnis gegeben zu haben, ist ein Verdienst. *konkret, 5, 1967, gekürzt*

Ulrike M. Meinhof:
Vietnam und die Deutschen

Das wird nun systematisch unter die Leute gebracht: In Vietnam verteidigt Amerika die westliche Freiheit; in Vietnam stellt Amerika seine Bündnistreue unter harten, rührenden, dankenswerten Beweis: Vietnam – das könnte morgen schon Deutschland sein. Nichts von all dem ist wahr. Nachweisbar ist nur, daß die Bevölkerung, die derlei glauben macht, bis hin zu den Politikern, die das bekräftigen, in diesem Krieg eine Funktion haben. Eine Funktion, die durchaus übersichtlich und benennbar ist, die aber mit deutschen Sicherheitsfragen nur sehr indirekt zusammenhängt. Die 100 Millionen Mark, die Bonn nach Vietnam geschickt hat und die Friedensglocken, die die Berliner Presse organisiert hat, haben nichts mit Vietnam, dafür sehr viel mit Bonner Politik zu tun.
Johnson ist auf das Einverständnis der westlichen Welt mit seinem Vietnam-Krieg angewiesen. Die Proteste in seinem eigenen Land gegen diesen Krieg sind längst weltöffentlich geworden. Sie reichen bis in Kongreß und Senat, sie spielen eine Rolle an den Universitäten, große Teile der amerikanischen Bürgerrechtsbewegung sind übergegangen zum Widerstand gegen den Krieg in Vietnam (vgl. Herbert von Borch in der *Welt* vom 27.11.). Johnson braucht, das hat Dean Rusk die Nato-Ministerratstagung in Paris sehr deutlich wissen lassen, die Unterstützung der Nato-Länder für seinen Krieg als Argument gegen die Opposition im eigenen Land.
Die Frage ist, ob der Protest gegen diesen Krieg sich noch als demokratisches Alibi vereinnahmen lassen darf. Das Sterben

von Frauen und Kindern, die Zerstörung von Krankenhäusern und Schulen, die Vernichtung von Ernten und lebenswichtigen Industrien (...) macht es notwendig, nach der Effizienz oppositioneller Aktionen zu fragen, nach der Effizienz polizeilich erlaubter Demonstrationen (...)* Wer begriffen hat, was in Vietnam los ist, fängt allmählich an, mit zusammengebissenen Zähnen und einem schlechten Gewissen herumzulaufen; fängt an zu begreifen, daß die eigene Ohnmacht, diesen Krieg zu stoppen, zur Komplizenschaft wird mit denen, die ihn führen; fängt an zu begreifen, daß die Bevölkerung, die diesen Krieg nicht versteht, weil sie nicht informiert wird, deren Emotionen gegen die Demonstranten gehetzt werden – mißbraucht wird, entwürdigt, erniedrigt.
In Berlin sind am 21. Oktober Flugblätter auf das Gelände der amerikanischen Soldaten geschossen worden, in denen die Soldaten aufgefordert werden (...) zu desertieren. Diese Methode der Agitation ist waghalsig, ihr haftet der Geruch der Illegalität an. Es sind Frauen und Kinder, Ernten und Industrien, es sind Menschen, deren Leben dadurch gerettet werden soll. Die den Mut haben, zu solchen Methoden oppositioneller Arbeit zu greifen, haben offenbar den Willen zur Effizienz. Darüber muß nachgedacht werden.

konkret, 11, 1967, S. 2f.

* US-Generäle erklärten, den Krieg fortsetzen zu wollen, »bis sie (die vietnamesischen Gegner) nach Gnade winseln«, oder: »bis das Geschäft erledigt ist«.

Karlhans Frank:

Hier sitz ich
und ich Strick ich
kleiner Wortesteller
will den Wolf bange machen
»gilt nicht« sagt er
(...)

Der Wolf wo man ihn trifft
frag die sibirischen Bauern
den Wolf überredet man nicht
man schlägt ihn tot
(...)

Wortesteller als Wortesteller
können kommende Kriege verhindern
bestehende aber nicht ändern also:
Keine Gedichte gegen den Krieg in Vietnam!
Aktionen!

aus: gegen den krieg in vietnam,
Zeitschrift am BEATion, Nr. 7/8, 1968

Karl-Heinz Janßen:
Vergifteter Regen. Die Entlaubung in Vietnam
... Die ersten Versuche mit der sogenannten Entlaubung hatte im Dezember 1961 Präsident Kennedy angeordnet, übrigens mit Zustimmung der südvietnamesischen Regierung. Drei zweimotorige Transportflugzeuge vom Typ C 123 wurden mit Sprühkanistern ausgerüstet und mußten an windstillen und nicht zu heißen Tagen langsam Wälder überfliegen. Jede Maschine konnte bis zu 3600 Liter Herbizide auf etwa 130 Hektar herabrieseln lassen. Die chemischen Kampfmittel – mit den harmlos klingenden Bezeichnungen »Orange«, »Weiß« und »Blau« – sollten vor allem dazu dienen, den Dschungel zu lichten, um die Verstecke und Nachschubwege der Vietcong zu entblößen. Der erste Großeinsatz im Herbst 1962 über der Halbinsel Ca Mau war, so der Kommandeur des US Army Chemical Corps, ein »hervorragender Erfolg«.

Wie erfolgreich, belegt Professor Westing mit Zahlen und Tabellen: Besprüht wurden insgesamt 1,7 Millionen Hektar, also rund zehn Prozent der Gesamtfläche Südvietnams. Vierzehn Prozent des gesamten Waldbestandes waren betroffen – wem das geringfügig erscheint, der muß wissen, daß ein Teil dieser Wälder mehr als einmal »entlaubt« wurde, weil die Vietcongs immer wieder in dieselben Gebiete vordrangen. Bei einmaliger Besprühung starb in den Hartholzwäldern etwa jeder zehnte Baum, beim zweitenmal schon jeder vierte. Total vernichtet wurden im Binnenland 51 000 Hektar Wald, an den Küsten jedoch 124 000 Hektar Mangroven. Die Mangrove geht schon nach dem ersten Giftregen ein. Wo einst die Küstenwälder Winden und Wellen trotzten und Fisch und Vogel Unterschlupf boten, breiten sich heute öde Sümpfe aus, in denen vermutlich auf hundert Jahre nichts mehr wachsen wird.
Landeinwärts hat zwar die tropische Vegetation schon nach wenigen Monaten die verwüsteten Zonen mit frischem Grün zugedeckt, doch sind die ökologischen Spätfolgen kaum abzuschätzen. Das natürliche biologische Gleichgewicht der Natur wurde empfindlich gestört. Wälder gingen ein, weil Insekten und Vögel durch das Pflanzengift getötet oder vertrieben wurden; der Boden verlor den Humus und litt an chronischem Stickstoffmangel.
Über die unmittelbare Wirkung der chemischen Angriffe berichtete seinerzeit der Bauer Pham Duc Nam aus einem Dorf bei Da Nang: »Nur fünf Minuten dauerte es, bis Tapioka, süße Kartoffeln und Bananenpflanzen abstarben. Das Vieh erlitt schwere Schäden. Die meisten Flußfische trieben tot an der Oberfläche der Gebirgsflüsse und Bäche.« Was Vietnamesen passierte, die das Dioxin eingeatmet hatten oder deren Haut davon benetzt worden war, schilderte der Arzt Cao Van Nguyen: »Zuerst war ihnen übel, und einige bekamen Durchfall; dann fiel ihnen das Atmen schwer, und ihr Blutdruck sank. Einige wurden sogar blind. Schwangere Frauen brachten ihre Kinder tot oder vorzeitig zur Welt.«
Als die Zahl von Mißgeburten in den Landgebieten Südvietnams so sehr zunahm, daß die Regierung in Saigon die Zahlen geheimhalten mußte, und als mehr und mehr amerikanische Wissenschaftler vor den Folgen der Entlaubung warnten, befahl

Präsident Nixon schließlich, die Pflanzenvernichtungsmittel nur noch über unbesiedelten Gebieten abzulassen. (...)

Die Zeit, 30. Juli 1976, gekürzt

Am *17./18. Februar 1968* findet in Westberlin der *Internationale Vietnam-Kongreß* statt; er formuliert in Plenums-Diskussionen und Arbeitssitzungen eine »Strategie des antiimperialistischen Kampfs«.*

Ho Chi Mins Aufforderung: »Errichtet die Revolution im eigenen Land!«, ursprünglich an italienische Kommunisten gerichtet, die der Sache Vietnams gegen die USA dienen wollten, beschrieb bündig den *einen* Aspekt der transkontinentalen Verknüpfung der Revolution. (Ähnlich Amilcar Cabral**: »Wir verlangen von euch einzig und allein, euch an eurem Platz zu bewähren. (...) wenn ihr dem Kapitalismus seine eigentliche Grundlage entzieht, helft ihr uns am meisten«.) Der antiimperialistische Kampf umschließt also den inneren antikapitalistischen Konflikt in der Theorie wie in der Strategie. Gerade die Länder der Dritten Welt hofften auf die Schwächung, die der *Klassenkampf im eigenen Land* für den imperialistischen Aggressor bedeuten müsse. Die Stützung der Befreiungsbewegungen in Vietnam, Cuba, im Nahen Osten usw. durch den innerkapitalistischen Konflikt (Klassenkampf) wäre freilich eine indirekte; sie sollte, der *zweite* Aspekt der transkontinentalen Verknüpfung, durch *direkte* Interventionen im Lande der Imperialisten ergänzt werden: vom Druck auf die »Öffentliche Meinung« bis hin zum Kommando-Unternehmen etwa gegen Versorgungseinrichtungen oder Nachschubwege der US-Armee. Im Frühjahr 1967 schrieb Herbert Marcuse im KURSBUCH 9 Sätze von einer für die Diskussion in der studentischen Linken programmatischen Bedeutung (und damit für die Rezeption der Strategie des antiimperialistischen Kampfs): Der Imperialis-

* Ich beziehe mich im folgenden auf: B. Sichtermann/P. Brückner, *Gewalt und Solidarität*, Wagenbach, Berlin 1974, Exkurs über den Antiimperialistischen Kampf, S. 31ff.

** [Der afrikanische Politiker Amilcar Cabral gehört zu den Mitbegründern der »Afrikanischen Unabhängigkeitspartei für Guinea und die Kapverdischen Inseln«. 1963 begann die PAIGC unter seiner Führung mit Aufständen gegen die portugiesische Herrschaft in Portugiesisch-Guinea.]

mus, die Konterrevolution könne nur gebrochen werden, wenn der Widerstand der Opfer des Neokolonialismus eine Stütze finde in der »Gesellschaft im Überfluß« selbst, in der Metropole des Spätkapitalismus (= USA, Ref.) und in den von der Metropole in ihrer Selbständigkeit bedrohten schwächeren kapitalistischen Ländern. Er fügte hinzu, daß in den kapitalistischen Staaten des europäischen Kontinents die »politische Reaktivierung der Arbeiterbewegung« Voraussetzung für die Stützung der Befreiungskämpfe in der Dritten Welt bleibe*.
Diese Strategie, die aus der »strukturellen Verschränkung« *aller* sozialrevolutionären Bewegungen sich herleitet und noch die Mobilisierung der Gettos im Kapitalismus umfassen will, umschloß auch das Interesse der *Linken in den Metropolen*: Einmal werde, wie schon erwähnt, die hegemoniale Macht auf die Dauer von den Aufwendungen geschwächt, die imperialistische Kriege und Interventionen verlangen. Dies könne, zumindest längerfristig, die Chance der Linken, gerade der europäischen, für Umwälzungen im eigenen Land erhöhen. Zum anderen aber werde angesichts der »universalen Kampfbewegungen« – in Lateinamerika, Asien, Afrika – die soziale Umwälzung, die aus dem Klassenkampf in den Industriegesellschaften hervorgehen soll, endlich die *nationale Hülle der Revolution* sprengen können; jene nationale Hülle, in der die Oktoberrevolution in Rußland nach 1919/20 ihren Thermidor erlebt hat.
Die »direkte Unterstützung« der Befreiungsbewegungen in der Dritten Welt muß sich, soviel ist deutlich, im Sinne der strukturellen Verschränkung von universaler Kampfbewegung und nationaler Revolution mit den Eskalationsstufen des »Klassenkampfes« (d.h. den antikapitalistischen, antietatistischen Bewegungen an der Basis) verknüpfen: Es ist – in der Strategie des antiimperialistischen Kampfs – immer auch eine Eskalation im Zusammenhang der *Basis*-Prozesse, auf die der Griff zur Waffe, die subversive Aktion antwortet.
Die »zweite Front«, die das imperialistische System schwächen soll, die die Befreiungsbewegungen, deren Verbreiterung man erhofft (»Zwei, drei, viele Vietnams«), im Inneren der kapitalistischen Staaten reproduziert, wurde von Hans-Jürgen Krahl

* *Ist die Idee der Revolution eine Mystifikation?*, S. 2ff.

auf dem Vietnam-Kongreß als *»organisierte Selbsttätigkeit* des politischen Widerstands« definiert – eine Sprache, in der eine sehr spezifische Gestalt der Hoffnung auf sozialrevolutionäre Massenbewegungen mitschwingt. Die »direkte Unterstützung« der Befreiungsbewegungen in der Dritten Welt muß zugleich die Massen, d.h. die Bevölkerung des eigenen Landes für die »organisierte Selbsttätigkeit« gewinnen, und zwar nicht nur im Interesse der Sicherheit der illegal Operierenden und der Effektivität einer zweiten Front, sondern substantieller: im Interesse der (innerkapitalistischen) Revolution, d.h. der Befreiung, exakter: der *Selbstbefreiung* der Lohnabhängigen in den Metropolen.

Rudi Dutschke warnt auf dem Kongreß vor einer »abstrakten Negation der verschiedenen Widerspruchsebenen« (im Globalsystem des Imperialismus), und damit auch vor einem Import der Guerilla-Strategie. Sobald es um Aktionen geht, die sich nicht mehr gegen die NATO richten, sondern gegen die Verhältnisse in der BRD, verweist er auf den *Beispielcharakter* studentischer Aktionen für die Bevölkerung (die für »organisierte Selbsttätigkeit« ja gewonnen werden muß) und auf die »noch unerkannten und noch nicht politisierten Widersprüche« in Betrieb, Verwaltung, Kirche und Wohnblock (Kongreß-Bericht, S. 116, 117).

*Stimmen, Stellungnahmen**

Rudi Dutschke:

Zwar machen die Kräfte der Befreiungsfront in Vietnam in diesen Tagen eine politische und militärische Offensive, aber Tag für Tag gehen die besten Teile des vietnamesischen Volkes kaputt und Hunderte und Tausende gehen kaputt. Das zu kaschieren, indem wir sagen: Der revolutionäre Volkskrieg wird siegen, scheint mir nicht richtig zu sein (...) – *taktisch* ist diese Situation *miserabel* und taktisch ist diese Situation als eine ungeheuer schwierige zu begreifen.

* Ich zitiere nach dem Kongreß-Bericht *Der Kampf des Vietnamesischen Volkes und die Globalstrategie des Imperialismus*, hrsg. vom SDS Westberlin und dem Internat. Nachrichten- und Forschungs-Institut (INFI). Redaktion: Sybille Plogstedt, Berlin 1968

Wir wagen es schon, den amerikanischen Imperialismus taktisch anzugreifen, aber wir haben noch nicht den Willen, mit unserem eigenen Herrschaftsapparat zu brechen, militante Aktionen gegen die Manipulationszentren, z.B. gegen die unmenschliche Maschinerie des Springer-Konzerns, durchzuführen, unmenschliche Kriegsmaschinerie zu vernichten.
Genossen! Wir haben nicht mehr viel Zeit.
In Vietnam werden auch wir täglich zerschlagen, und das ist keine Phrase.

Peter Weiss:
Unsere Ansichten müssen praktisch werden, unser Handeln wirksam. Dieses Handeln muß zur Sabotage führen, wo immer dies möglich ist. Dies fordert persönliche Entscheidungen. Diese verändern unser privates, individuelles Leben.

Aus der Schlußerklärung:
Eine zweite revolutionäre Front gegen den Imperialismus in dessen Metropolen kann nur dann aufgebaut werden, wenn die antiimperialistische Oppositionsbewegung lernt, die spätkapitalistischen Widersprüche politisch zu aktualisieren, und den Kampf um revolutionäre Lösungen in Betrieben, Büros, Universitäten und Schulen aufzunehmen.

Bahman Nirumand:
Sehen wir nur genau zu: Der Westmoreland [Befehlshaber der in Vietnam eingesetzten US-Streitkräfte] der Bundesrepublik ist der Bewußtseins-Generalmajor Axel Springer (...) Was er demokratische Wahl nennt, die jeden Morgen am Zeitungskiosk stattfindet, das nennt Westmoreland mit mehr Ehrlichkeit Flächenbombardement, denn das ist genau die Tätigkeit, die Springers Söldner jeden Morgen (...) auf das Bewußtsein der Massen ausführen. Westmoreland läßt die vietnamesischen Freiheitskämpfer in ihren Verstecken durch Gas vergiften – und wo immer in der Bundesrepublik Freiheit und Demokratie Unterschlupf finden mochten, Springer räuchert sie aus mit dem giftigen Schleim, den er stündlich aus Millionen Düsen verspritzt.
Darum ist überall Vietnam ...

Auf Nirumand bezog sich wenig später Erich Wulff:

... und ich finde, unseren vietnamesischen Freunden gegenüber ist auch ein gewisses Maß an Schamhaftigkeit am Platze. Wir wissen alle, daß die Verhältnisse hier in der Bundesrepublik in sehr vielen Hinsichten (...) nicht nur für viele unerträglich sind, sondern daß wir alle tiefgreifende gesellschaftliche Umwandlungen wünschen. Aber daraus den Schluß zu ziehen, Berlin sei Saigon, finde ich (...) eine Taktlosigkeit unseren vietnamesischen Freunden gegenüber, die nämlich jede Stunde ihr Leben aufs Spiel setzen.*

In der Tat waren es Stimmen wie die von Bahman Nirumand, in denen sich ein – subjektiv verstehbarer – Prozeß der Verwischung vormals klarer analytischer Konturen ankündigte, eine *Ent-Dialektisierung,* die folgenreich war. Betroffen war der dialektische Zusammenhang von »Einheit« und »Unterschiedlichkeit«, von Identität und Differenz. Die Studentenbewegung erkannte die *Einheit* in den Gewaltformen des Imperialismus/Kapitalismus – von der Armee Westmorelands bis zur postfaschistischen Massen-Organisation der Springerpresse; von der Ausbeutung der Lohnarbeit bis zu den Studien- und Prüfungsbedingungen an Schule oder Universität; die Identität der *inneren Kolonisation* in den Industriestaaten, den »Metropolen« mit der Kolonisation in Asien, Afrika, Lateinamerika; aber darüber schwand die Einsicht in die Unterschiede, d.h. die genaue Bestimmung der *Differenz.* Es gab verzweifelte Äußerungen in einigen Gruppen der Linken – wie z.B. im späteren Sozialistischen Patientenkollektiv Heidelberg (SPK) –, in denen über der »Einheit« der Gewalt, die vom Prüfungsritual oder von der bürgerlichen Kleinfamilie einerseits, von den Soldaten und Polizisten des Kapitalismus andererseits ausgeht, sogar die bedeutendste *Differenz*: die zwischen Leben und Tod, verwischt worden ist. Die Legitimität jeder *Gegengewalt* ist von einer kla-

* Für den jüngeren Leser eine kurze Notiz zu den Personen: Nirumand hatte 1967 eine schneidende Kritik der Politik des Schah in Persien veröffentlicht (*Persien. Modell eines Entwicklungslandes,* Rowohlt, Reinbek). Wulff schrieb die *Vietnamesischen Lehrjahre* nach mehrjährigem Aufenthalt als Arzt in Südvietnam (Suhrkamp, Frankfurt 1968), die Geschichte auch einer Politisierung.

ren Erkenntnis der »Einheit *und* Verschiedenheit«, Identität *und* Differenz, abhängig: Der Schuß auf den Kopf eines Gegners hat einen ganz anderen Begründungs- und Legitimitäts-Zusammenhang als etwa der Schuß auf das *Bewußtsein* des Gegners. Mit der Verwischung dieser Differenzen begann, was Erich Wulff offensichtlich peinlich empfand, ein Stück Realitätsverlust: Es gibt keine Identität zwischen den *Opfern* – hier Springer-Leser, dort vietnamesische Bauern; von den Opfern des Generals Westmoreland her betrachtet, hat die Identifizierung des BILD-Zeitungslesers am Westberliner Frühstückstisch mit dem ausgeräucherten, vergifteten, erschlagenen Vietnamesen etwas Skandalöses. Und die Protestbewegung war sich auf einmal mit SPRINGER, dem politischen Senat in Westberlin, mit Bonn einig: *Berlin ist Vietnam* (mit dem »einzigen« Unterschied, daß in Westberlin nicht geschossen, mit vollem Waffeneinsatz gekämpft wird) nur daß die einen mit ihrem ebenso trügerischen wie inhumanen Sprachgestus von *Verteidigung der Freiheit* (der Bevölkerung, der Demokratie) sprachen, die anderen mit mehr Recht und Wahrheit von der imperialistischen Unterdrückung des Volks.

Gewiß gibt es zwischen der *inneren* und der *äußeren* Kolonisation der je abhängigen und arbeitenden Klassen (Völker) analytisch wichtige Zusammenhänge. Insofern enthielt die Gleichung »Berlin = Vietnam« auf der Seite der Linken ein Moment der *Aufklärung* über Gewalt-, Macht- und Eigentumsverhältnisse. Aber nur durch eine selbst gewaltsame, imperialistische Reduktion läßt sich eine *strukturelle Identität* zwischen den beiden strittigen Sachverhalten behaupten: der eine – die Westberliner Bevölkerung, die geschichtlichen (ökonomischen, politischen, kulturellen) Bestimmungen ihrer Lebenslage; das komplexe Verhältnis der Anwesenheit alliierter Truppen in Westberlin und der USA in Westdeutschland *zu* dieser Lebenslage, schließlich: die Existenz einer *Neuen Linken*; der andere – der Krieg der US-Generale in Vietnam und die subjektive wie objektive Lage des vietnamesischen Volks, schließlich: die Existenz der südvietnamesischen Befreiungsfront und Nordvietnams (DRV).

Mit der Verwischung der geschichts- und kulturspezifischen Details, die für den selber reduktionistischen Kapitalismus

weniger problematisch ist als für eine auf die Wahrnehmung des *Konkreten* angewiesene Linke, begann in der Linken auch das Eindringen *rassistischer* Momente in den Klassenkampf.
Noch eine Anmerkung zu Erich Wulff. Eine Passage seiner Erklärung lautet:
»Wir wissen alle, daß die Verhältnisse hier in der Bundesrepublik in sehr vielen Hinsichten nicht nur für uns unangenehm, nicht nur für viele unerträglich sind, sondern daß wir alle tiefgreifende gesellschaftliche Umwandlungen wünschen.«
Aber daraus dürfe man nicht den Schluß ziehen, Westberlin sei Saigon. Es ist doch bemerkenswert, daß Erich Wulff seine Erklärung gedanklich-sprachlich so konstruiert, daß die *sozialistische Revolution* (»tiefgreifende ... Umwandlungen«) durch ein *sondern,* nicht durch »weil«, »deshalb«, »darum« mit der Kritik der herrschenden Zustände verbunden wird. Wir müssen diesen Passus auf dem Hintergrund der damaligen Diskussionen betrachten: Für wen waren denn die Verhältnisse *auch subjektiv* unerträglich, *eine* der Bedingungen für Radikalität? In der BRD beispielsweise für Randgruppen, für: ungelernte Arbeiterinnen, Obdachlose, Fürsorge-»Zöglinge«, Sonderschüler, für viele Insassen der Gefängnisse, manchmal für Kinder (und Mütter) im »Märkischen Viertel« (und anderen Produkten der Stadt- und Wohnraumplanung, in *Gettos.* Ulrike M. Meinhof, Andreas Baader, Gudrun Ensslin waren mit solchen Gettos aus eigener Arbeit und Untersuchung vertraut.) Subjektiv unerträglich – wenn auch ohne die »objektive« Seite der Randgruppen-Situation – war die Lage für die studentische Linke, weil sie die Verhältnisse nicht nur analytisch durchdrang, sondern mitfühlte, und weil sie im Zuge ihres Selbstaufklärungs-Prozesses ja nicht nur auf die versteinerten Zustände in der BRD gestoßen war (Zustände, in denen selbst Reformen, wenn überhaupt, nur mit Anstrengungen zu erreichen waren, die zu anderen Zeiten für eine *Revolution* hätten ausreichen mögen), sondern auf die manchmal konterrevolutionäre Politik großer Organisationen der Arbeiterbewegung. Subjektiv unerträglich auch für Personen wie Peter Weiss, die Nordvietnam gesehen hatten. Aber für die Mehrheit der Bevölkerung waren die herrschenden Verhältnisse durchaus nicht »unerträglich« (auch für Schichten nicht, deren Situation uns zu Recht »objektiv« unerträglich erschien),

und doch war die Reaktivierung der Arbeiterbewegung (H. Marcuse, 1966), waren *Basis-Politisierungen,* kampfbereite *Mehrheiten* die conditio sine qua non einer strukturellen Umwälzung, der Revolution. Der Wulff'sche Wunsch nach tiefgreifender gesellschaftlicher Veränderung war in der Linken allgemein, aber in die Isolierung und Abgehobenheit gezwungen: der antreffbaren objektiven Unerträglichkeit nicht zu vermitteln. Also »Propaganda der Tat«, der Schüsse? Gaston Salvatore hatte auf dem Vietnamkongreß erklärt, daß sie nicht einmal in Lateinamerika wirksam geworden war*. »Randgruppen-Strategie«? Die schien zu scheitern, wenn es auch ab und zu gelang, Rocker zu politisieren. Einige suchten eine *kultur*psychologische Antwort:

»Wir wissen (...), daß wir Deutschen mehr Schwierigkeiten als andere mit unseren unterdrückten Aggressionen haben, weil wir die, die wir hassen müßten, die unsere Aggression unterdrückt haben – Vorgesetzte, Eltern, die da oben – nicht hassen durften.«**

Gewalt war in den Deutschen also »verinnerlicht«, Unterdrükkung setzte sich fort und stabilisierte sich als *Selbstunterdrükkung,* die anerzogenen Reflexe (»Gewissen«) standen nicht nur dem alternativen Handeln, sondern schon der Einsicht in die eigene Lage entgegen. Es erschien einigen, vielen Genossen des Jahres 1968 möglich (oder gar allein denkbar), daß solche Verinnerlichungen *im Kampf* sich lösen, die Bereitschaft zum Kampf aber durch einen Strukturwandel der Herrschaft, durch *offene* Repression, erzeugt werden würde:

»Erst wenn die manipulative Gewalt der Herrschenden sich in offene Gewalt zurückverwandelt hat« (– die Zustände also für die Massen unerträglich werden), »kann die verinnerlichte Gewalt der Lohnabhängigen sich zur proletarischen Gewalt befreien.«***

* Kongreß-Bericht, S. 50ff., vor allem S. 52

** Ulrike Meinhof, *konkret,* 17, 1968, S. 10

*** Autorenkollektiv, in: *konkret,* 6, 1968, S. 35

Es wurden damals auch andere Fragen gestellt. Wenn in der »offenen Gewalt« der herrschenden Klasse der »Rechtsstaat« zusammenbräche – *wen* würde er unter seinen Trümmern begraben?

Westberlin war in den Tagen des Vietnam-Kongresses in der Stimmung des Pogroms. Klaus Schütz:
»Ihr müßt diese Typen sehen. Ihr müßt ihnen genau ins Gesicht sehen. Dann wißt Ihr, denen geht es nur darum, unsere freiheitliche Grundordnung zu zerstören« (17. 2. 1968).
Auf einer vom Senat geförderten »Gegendemonstration« erklärte er bündig, Berlin würde es nicht zulassen, daß man den USA »gerade hier« unwidersprochen auf die Stiefel spucke. Die SPD also sozusagen Arm in Arm mit Franz Amrehn (CDU): »Alle Welt soll wissen, daß sie (d.h. die Amerikaner, Ref.) sich auch künftig auf uns Berliner verlassen können« (21. 2. 1968)*.
Das *Attentat auf Rudi Dutschke,* Gründonnerstag 1968, war ein Produkt der Pogromstimmung gegen das »J'accuse« der studentischen Opposition; symbolischer Ausdruck für die Tendenz, den Ruf der Klage auszulöschen. Der Tod Benno Ohnesorgs, war nicht vergessen, nicht die Hetze der Springer-Presse, die schon 1959 begonnen hatte.** Aus Protest wurde Angriff, wurde *Widerstand.*

Ulrike M. Meinhof:
Protest ist, wenn ich sage, das und das paßt mir nicht. Widerstand ist, wenn ich dafür sorge, daß das, war mir nicht paßt, nicht länger geschieht(...) Die Grenze zwischen verbalem Protest und phasischem Widerstand ist bei den Protesten gegen den Anschlag auf Rudi Dutschke in den Osterfeiertagen erstmals massenhaft (...) überschritten worden.
Stellen wir fest: Diejenigen, die von politischen Machtpositionen aus Steinwürfe und Brandstiftungen hier verurteilen, nicht aber die (...) Bomben auf Vietnam, nicht den Terror in Persien, nicht Folter in Südafrika (...), deren Argument ist heuchlerisch.

* Vgl. *Februar 1968. Tage, die Berlin erschütterten,* res novae, Europäische Verlagsanstalt, Frankfurt 1968
** Anläßlich des Anti-Atom-Kongresses in Westberlin, vgl. S. 83

Aber sie warnt *auch:*
Nun (...) muß neu und von vorn über Gewalt und Gegengewalt diskutiert werden. Gegengewalt läuft Gefahr, zur Gewalt zu werden, wo die Brutalität der Polizei das Gesetz des Handelns bestimmt, wo der paramilitärische Einsatz der Polizei mit paramilitärischen Mitteln beantwortet wird (...)

konkret, 5, 1968, S. 5, gekürzt

Kehren wir zur amerikanischen Aggression in *Vietnam* zurück. Niemand von uns glaubte, das »J'accuse« der außerparlamentarischen Opposition werde den Krieg faktisch verkürzen. Fruchtlos für Vietnam blieb sogar die Empörung »im Weltmaßstab«. Im Herbst 1968 nahmen Vertreter der USA zwar an einer Vietnamkonferenz in Paris teil, doch ihren Krieg setzten sie mit ungemilderter Härte fort. Wir erinnerten uns an die ältere Klage des Schweizers Friedrich Heer:
»Kein J'accuse, kein Ruf der Klage (...) vermöchten in das öffentliche Bewußtsein einzudringen.«*
Aber wenn nicht Anklage und Klage, wenn nicht *Protest,* was sonst?

Peter Weiss berichtet aus den südlichen Provinzen Nordvietnams: Diese Provinzen werden pulverisiert, Quadratkilometer für Quadratkilometer wird alles verbrannt, zerschrotet, zerstückelt, vergiftet und ertränkt, was die Erde bewohnbar macht: Menschen, Häuser, Staudämme, das Vieh, die Ernte. Während die Weltöffentlichkeit den Friedenswillen Johnsons preist und die Sowjetunion ein Abkommen nach dem anderen mit Amerika abschließt, konzentriert sich die amerikanische Luftflotte auf die größte Tötungsaktion seit Auschwitz.
Aus dem hier wiedergegebenen Material ist ersichtlich, daß sich die Intensität der US-Angriffe gegen die Demokratische Republik Vietnam *seit März 1968 verdoppelt hat.* Die Angriffe tragen Vernichtungscharakter. Sie sind, ihrem Ausmaß und ihren Absichten nach, als genocide Aktionen zu bezeichnen.**

konkret, 8, 1968, S. 26ff.

* *Gewerkschaftliche Monatshefte,* 12, 1961, S. 5
** Vgl. Peter Weiss/Gunilla Palmstierna-Weiss, ›Bericht über die Angriffe der US-Luftwaffe und -Marine gegen die Demokratische Republik Vietnam (usw.)‹, *Voltaire Flugschrift,* 23, Berlin, 1968 und: *Vietnam Diskurs,* Frankfurt 1968

1969, 1970 – Krieg, Vernichtung. 1971, 1972 – sogar in der Bundesrepublik ändert sich der Tenor der Berichterstattung über Vietnam. Studentische Protest-Aktionen dauern an (wie auch die Versuche der Staatsgewalt, den studentischen Protest zu kriminalisieren). Die USA setzen ihre Kriegshandlungen fort:

Innerhalb eines Zeitraumes von 9 Monaten *(von April 1972 bis zum 15. Januar 1973)* flogen US-Bombenflugzeuge mehr als 54 000 Angriffe allein gegen die Demokratische Republik Vietnam (Nordvietnam), wobei über 400 000 Tonnen Bomben über diese Zone Vietnams niedergingen. Das entspricht der Sprengwirkung von 20 Atombomben des Hiroshima-Typs. Jeder US-Kampfbomber warf dabei pro Einsatz 5 und jeder Langstrekkenbomber vom Typ B 52 30 t Bomben ab.

Die Bombenangriffe teilten sich wie folgt auf:

April bis Ende August 1972	32.461 Angriffe
September 1972	8.120 Angriffe
Oktober 1972	8.000 Angriffe
November 1972	5.440 Angriffe taktischer Kampfflugzeuge
	850 Angriffe der B 52 Bomber

Am schwerwiegendsten waren die massiven Bombenangriffe vom 18. bis 29. Dezember 1972 gegen Hanoi, Thai Ngayen, Vinh, Van Tri, 17 Provinzen und das Gebiet um Vinh-Linh, 11 Provinzhauptstädte, 14 Distriktzentren und 300 Kommunen eingeschlossen. Während dieser Zeitspanne wurden mehr als 100 000 t Bomben abgeworfen. Die folgenden Städte wurden vollständig zerstört: Vinh, Nam Dinh, Haiphong, Viet Tri, Dong Hoi, Bac Giang sowie solche städtischen Zentren wie Ba Don, Kep, Phu Ly, Phat Diem, welche bereits unter Johnson zerstört und später teilweise wieder aufgebaut worden waren. Die beiden Städte Hanoi und Thai Nguyen wurden massiv bombardiert. Am 21. Dezember wurde das An Duong-Viertel in Hanoi durch ein Flächenbombardement von B 52-Bombern zerstört: mehr als 2000 Wohnhäuser, Kindergärten, Grundschulen, Krankenhäuser, Reisläden und dergleichen gingen in Flammen auf.

Aus den Beweisanträgen der Verteidiger im Stammheimer Prozeß, 1976

Zu den grauenhaftesten und vom Umfang her massivsten Formen des Mordens, des Quälens und der Vergewaltigung der Nachkriegsgeschichte zählt der Vietnam-Krieg. Für ihn trifft ein Paragraph (des Strafgesetzbuches, Ref.) zu, der ursprünglich unter dem Eindruck faschistischer Verbrechen formuliert worden war:

§220a (Völkermord)
»Wer in der Absicht, eine nationale, rassische, religiöse oder durch ihr Volkstum bestimmte Gruppe als solche ganz oder teilweise zu zerstören,
1. Mitglieder der Gruppe tötet,
2. Mitgliedern der Gruppe schwere körperliche oder seelische Schäden (...) zufügt,
3. die Gruppe unter Lebensbedingungen stellt, die geeignet sind, deren körperliche Zerstörung ganz oder teilweise herbeizuführen,
4. Maßregeln verhängt, die Geburten innerhalb der Gruppe verhindern sollen,
5. Kinder der Gruppe in eine andere Gruppe gewaltsam überführt,
wird mit lebenslanger Freiheitsstrafe bestraft.«
Nach §78 StGB ist dies das einzige Verbrechen aus dem Katalog der Straftatsbestände, das nicht verjährt.
Wie in fast allen bisher beschriebenen Situationen wurde auch dieses Verbrechen (= in Vietnam, Ref.) in Tateinheit mit einer anderen Handlung betrieben, die, wenn wir einige rechtfertigende Begriffe weglassen, das deutsche Strafrecht erfaßt hat:
§127 (Bildung bewaffneter Haufen)
»Wer (...) einen bewaffneten Haufen bildet oder befehligt oder eine Mannschaft (...) mit Waffen oder Kriegsbedürfnissen versieht, wird mit Freiheitsstrafe bis zu zwei Jahren oder mit Geldstrafe bestraft.«
Daß in der Kriminalstatistik des Bundeskriminalamtes kein Fall von Völkermord ausgewiesen ist, mag ein rechtsunkundiger Leser sich damit erklären, daß schließlich deutsches Strafrecht nicht für Auslandstaten gilt – aber gefehlt. Zur Verteidigung

internationaler Rechtsgüter muß auch der im Ausland begangene Völkermord (einschlägig §6 StGB) von deutschen Behörden verfolgt werden. Nicht einmal über den Schuldausschließungsgrund des Verbotsirrtums läßt sich erklären, daß der Völkermord in Vietnam bisher von deutschen Behörden nicht sanktioniert wurde, obwohl Täter genug in Kasernen auf deutschem Boden stationiert sind. Der Grund liegt darin, daß dieses Morden, bei dem Millionen Zivilisten in entsetzlicher Art und Weise ihr Leben verloren haben, durchaus nicht vom Motiv des Völkermords her erklärt wird. Die richtige- und hier einschlägige – Antwort findet sich bereits 1954 in der *Parole*, dem offiziösen Organ des Bundesinnenministeriums für den Bundesgrenzschutz. In einer Stellungnahme zum damals von der französischen Armee geführten und bereits von den USA mitfinanzierten Indochina-Krieg wurde den jungen BGS-Beamten erklärt, daß dieser Krieg geführt würde, um zu verhindern, daß mit Indochina ganz Ostasien mit seinen unentbehrlichen Rohstoffen in die Hände der Kommunisten fällt. Der Vollständigkeit halber soll nicht unerwähnt bleiben, daß 1968 in der BRD ein Prozeß geführt wurde, bei dem es um den Völkermord in Vietnam ging, obwohl er in der Strafverfolgungsstatistik des Jahres 1968 unter Beleidigungsdelikte gezählt wurde. Ein Journalist wurde in jenem Jahr in Frankfurt/Main wegen Beleidigung des Bundeskanzlers Kiesinger zu einer Geldstrafe verurteilt, weil er in einem »als Steckbrief aufgemachten politischen Plakat den amerikanischen Präsidenten Johnson des Völkermordes bezichtigt hatte«.

aus: Falco Werkentin, Jenseits der Kriminalistik, Kursbuch, 44, 1976, S. 182 ff.

Junger SPIEGEL-Leser, nach einem Bericht des Nachrichtenmagazins über Vietnam:

Ich laufe im Zimmer auf und ab und überlege, was ich tun kann, was ich tun sollte. Ich muß etwas tun, sagen Sie mir, was! Soll ich an Nixon schreiben, soll ich nach Genf schreiben, an den Außenminister (...)? Gibt es jemand, der einflußreich genug wäre, hier einzuschreiten, dem ich irgendwie helfen kann? Soll ich an meiner Universität Unterschriften sammeln? Oder Ihren Artikel aushängen? Gibt es eine seriöse Organisation, die Einfluß hat und vielleicht Geld braucht? Sagen Sie, was ich tun soll. Wenn es nur ein wenig Aussicht auf Erfolg hat, werde ich es tun.

Der Spiegel, 52, Leserbrief

Für den Sieg des vietnamesischen Volkes
Am Donnerstag, den 11. Mai 1972 – dem Tag an dem die Bombenblockade der US-Imperialisten gegen Nordvietnam begann – hat das Kommando »Petra Schelm« im Frankfurter Hauptquartier des V. Armee-Corps der amerikanischen Streitkräfte in Westdeutschland und West-Berlin drei Bomben mit einer Sprengkraft von 80 kg TNT zur Explosion gebracht. Für die Ausrottungsstrategen von Vietnam sollen Westdeutschland und West-Berlin kein sicheres Hinterland mehr sein.
Sie müssen wissen, daß ihre Verbrechen am vietnamesischen Volk ihnen neue, erbitterte Feinde geschaffen haben, daß es für sie keinen Platz mehr geben wird in der Welt, an dem sie vor den Angriffen revolutionärer Guerilla-Einheiten sicher sein können.
Wir fordern den sofortigen Abbruch der Bombenblockaden gegen Nordvietnam.
Wir fordern die sofortige Einstellung der Bombenangriffe auf Nordvietnam.
Wir fordern den Abzug aller amerikanischen Truppen aus Indochina. (...)

in: ›Einen Revolutionär können sie töten – aber nicht die Revolution‹, Beweisanträge der Verteidiger im Stammheimer Prozeß, 1976

Tigerkäfige in Westdeutschland

»Wir als ehemalige oder noch auf der Isolierstation oder in den ›Tigerkäfigen‹ Isolierten (...) haben am eigenen Leibe gespürt, was es bedeutet, *isoliert* zu sein (...)«
Gefangene der JVA Berlin Tegel Haus III in einem Offenen Brief vom 3. Dezember 1974*

Die »Mai-Offensive« der RAF, Antwort auf die Wiederaufnahme der Luftangriffe der USA in Vietnam, endete mit der Verhaftung des sog. *harten Kerns* (in Frankfurt, Hamburg und Hannover). Am 16. Juni 1972 wurde Ulrike M. Meinhof in einem Toten Trakt des Gefängnisses Köln-Ossendorf für 237 Tage isoliert**. Das Bedürfnis der Staatsgewalt, *alle* Lebensäußerungen eines Gefangenen total zu kontrollieren: in der körperlichen Bewegung, der sinnlichen Wahrnehmung, der Kommunikation, der Befriedigung körperlicher Bedürfnisse (wie dem *Schlaf*), konstruierte für Ulrike M. Meinhof (und für andere U-Häftlinge der RAF) eine eigens für diese totale Kontrolle erfundene *Umwelt*:
»Die völlige Isolierung des Trakts in Verbindung mit seiner Leere bewirkten eine spezifische Form akustischer Isolation (...). Zu der räumlichen und akustischen Isolation (des Trakts, Ref.) trat hinzu, daß die Zellen meiner Mandantinnen sowie die gesamte Zimmereinrichtung – mit Ausnahme der Zellentür – vollständig in weißer Farbe geölt waren;*** daß sich das Zellenfenster zunächst gar nicht, später nur einen winzigen Spalt öffnen ließ und mit einem feinmaschigen Fliegendraht verhängt war; daß die in der Zelle befindliche weiße Neon-Beleuchtung nachts bei Frau Meinhof nicht ausgeschaltet wurde; schließlich daß die Zelle von Frau Meinhof in den Wintermonaten permanent unterkühlt war. In dieser akustischen und visuellen Isolie-

* Zit. nach: *Holger, der Kampf geht weiter! Dokumente und Beiträge zum Konzept Stadtguerilla.* Gegendrucke, 1, Politladen, Verlagsges., Gaiganz, 1975, S. 316. – Als »Tigerkäfige« wurden jeder Rechtsstaatlichkeit und Humanität spottende Einrichtungen in Südvietnam bezeichnet, in denen Saigon die politischen Gegner und Feinde des Regimes unter KZ-Bedingungen hielt.

** erneut im Dezember 1973 und im Februar 1974

*** Mandantinnen – auch Astrid Proll war zeitweise in Ossendorf isoliert.

rung hatten meine Mandantinnen lediglich für die Essensversorgung unabdingbaren minimalen akustischen und sozialen Kontakt mit den Vollzugsbeamtinnen. Sie lebten praktisch 24 Stunden lang ohne eine unterscheidbare Umwelt. So war es beispielsweise meinen Mandantinnen sogar verboten, Plakate, Bilder, Tabellen o.ä. an die fahl-weißen Wände zu hängen.« (Rechtsanwalt Ulrich K. Preuss am 10. August 1973 an den Präsidenten des Justizvollzugsamts Nordrhein-Westfalen)*

Ulrich K. Preuss erhob hier Einspruch *gegen gewaltsame Angriffe auf die persönliche Identität* seiner Mandantinnen. Eine Praxis des Strafvollzugs, wie ihn die »neue Disziplin« auf der Basis des durchschnittlichen Elends der Gefängnisse erzwingt – die Strategie des *security risks* US-amerikanischer Herkunft, die »counter-insurgency« will, so Preuss, das moralische und politische Bewußtsein des Gefangenen *brechen,* sie will, oder nimmt zumindest in Kauf (»dolus eventualis«), daß die Persönlichkeit des Individuums *ausgelöscht* wird.

Aus dem Beschluß des Anstaltsleiters der Haftanstalt Wittlich, 26. März 1973, betreffend Holger Meins:

7. Der Untersuchungsgefangene Meins wird auf Abt. 2, Zelle 51 in strenger Einzelhaft gehalten.

8. Die unmittelbar rechts und links und die unter und über der Zelle des U-Gefangenen Meins liegenden Zellen dürfen nicht mit Gefangenen belegt werden.

17. Ausschluß von allen Gemeinschaftsveranstaltungen einschließlich Kirchgang.

Haftbedingungen für den politischen Gefangenen Ronald Augustin:

»(a) Im Fenster der Zelle (...) ist neben dem normalen Glas, das zwischen Betongitter eingelassen ist, extra eine schalldämpfende Plexiglasscheibe eingebaut, die durch ein zusätzliches Gitter abgeschirmt ist. Die Zellentür wurde durch Gummi abgedichtet. Weil Ronald Augustin diese Abdichtung teilweise entfernen konnte, wurde sie durch eine Eisenleiste ersetzt.

* Zit. nach: *Der Kampf gegen die Vernichtungshaft,* Hrsg. Komitees gegen Folter an politischen Gefangenen in der BRD, Eigenverlag, o.J. (1975), S. 168

Damit ist die Zelle (...) so geräuschisoliert, daß der politische Gefangene von den Gefängnisbeamten erst dann etwas hört, wenn diese den Schlüssel im Schloß der Zellentür herumdrehen. (...) Der Trakt ist das oberste Stockwerk des einstöckigen Gebäudes. Über ihm ist nichts (...) Unter ihm, im Erdgeschoß sind nichtbelegte Räume, deren Fenster durch Beton mit undurchsichtigen Glasbausteinen vermauert sind. Auch von dort hört Ronald Augustin nichts. Die Fenster (...) weisen auf einen kleinen Hof, der nur für den Einzelhofgang bestimmt ist. (...) Als während der Fußballweltmeisterschaft, die am 12. Juni begann, aus dem Fernsehraum, der auf den kleinen Hof weist, Geräusche durch Schreie bei Fußballtoren zu Ronald Augustin durchdrangen (...) wurden seit dem 16. Juni Doppelfenster in den Fernsehraum eingebaut, wie sie (...) in der Nähe von Flughäfen verwendet werden.

Der Kampf gegen die Vernichtungshaft, S. 75 und S. 233

Ulrike M. Meinhof:
Brief einer Gefangenen aus dem Toten Trakt
Aus der Zeit 16. Juni 1972 bis 9. Februar 1973:
Das Gefühl, es explodiert einem der Kopf (das Gefühl, die Schädeldecke müßte eigentlich zerreißen, abplatzen) –
das Gefühl, es würde einem das Rückenmark ins Gehirn gepreßt –
das Gefühl, das Gehirn schrumpelte einem allmählich zusammen wie Backobst z.B. –
das Gefühl, man stünde ununterbrochen, unmerklich, unter Strom, man würde ferngesteuert –
das Gefühl, die Assoziationen würden einem weggehackt –
das Gefühl, man pißte sich die Seele aus dem Leib, als wenn man das Wasser nicht halten kann –
das Gefühl, die Zelle fährt. Man wacht auf, macht die Augen auf: die Zelle fährt; nachmitags, wenn die Sonne reinscheint, bleibt sie plötzlich stehen. Man kann das Gefühl des Fahrens nicht absetzen.
Man kann nicht klären, ob man vor Fieber oder vor Kälte zittert – man kann nicht klären, warum man zittert – man friert.
Um in normaler Lautstärke zu sprechen, Anstrengungen, wie für lautes Sprechen, fast Brüllen –

das Gefühl, man verstummt –
man kann die Bedeutung von Worten nicht mehr identifizieren, nur noch raten –
der Gebrauch von Zischlauten – s, ß, tz, sch – ist absolut unerträglich –
Wärter, Besuch, Hof erscheint einem wie aus Zelluloid –
Kopfschmerzen –
flashs –
Satzbau, Grammatik, Syntax – nicht mehr zu kontrollieren. Beim Schreiben: zwei Zeilen – man kann am Ende der zweiten Zeile den Anfang der ersten nicht behalten –
das Gefühl, innerlich auszubrennen –
das Gefühl, wenn man sagen würde, was los ist, wenn man rausgelassen würde, das wäre, wie dem anderen kochendes Wasser ins Gesicht zischen, wie z. B. kochendes Trinkwasser, das einen lebenslänglich verbrüht, entstellt –
Rasende Aggressivität, für die es kein Ventil gibt. Das ist das Schlimmste. Klares Bewußtsein, daß man keine Überlebenschancen hat; völliges Scheitern, das zu vermitteln;
Besuche hinterlassen nichts. Eine halbe Stunde danach kann man nur noch mechanisch rekonstruieren, ob der Besuch heute oder vorige Woche war –
Einmal in der Woche baden dagegen bedeutet: einen Moment auftauen, erholen – hält auch für ein paar Stunden an –
Das Gefühl, Zeit und Raum sind ineinander verschachtelt –
das Gefühl, sich in einem Verzerrspiegelraum zu befinden –
torkeln –
Hinterher: fürchterliche Euphorie, daß man was hört – über den akustischen Tag- und Nacht-Unterschied –
Das Gefühl, daß jetzt die Zeit abfließt, das Gehirn sich wieder ausdehnt, das Rückenmark wieder runtersackt über Wochen.
Das Gefühl, als sei einem die Haut abgezogen worden.
(Dezember 1973:)
Ohrendröhnen, Aufwachen, als würde man verprügelt.
Das Gefühl, man bewege sich in Zeitlupe.
Das Gefühl, sich in einem Vakuum zu befinden, als sei man in Blei eingeschlossen.
Hinterher: Schock. Als sei einem eine Eisenplatte auf den Kopf gefallen.

Vergleiche, Begriffe, die einem da drin einfallen:
(Psycho)Zerreißwolf – Raumfahrsimuliertrommel, wo den Typen durch die Beschleunigung die Haut platt gedrückt wird – Kafkas Strafkolonie – der Typ auf dem Nagelbrett – pausenloses Achterbahnfahren.
Zum Radio: Es verschafft minimale Entspannung, als wenn man z.B. von Tempo 240 auf 190 runtergeht.

Der Kampf gegen die Vernichtungshaft, S. 201 ff.

Das Prinzip, das diese Haftbedingungen regelt – Bedingungen, von denen ich nur wenige genannt habe* – bezeichneten Berliner Genossen als *Folter durch Entzug*.
»Entzogen wird nicht die physische Fähigkeit, zu sprechen, zu hören (es wird nicht die Zunge, das Ohr abgeschnitten). Sondern entzogen wird die Möglichkeit zur Kommunikation, die den Organen Ohr, Zunge, Gehirn erst Nahrung gibt, ihre Funktion ausmacht. Entzogen wird nicht die Sehfähigkeit, das Augenlicht (es wird nicht geblendet). Sondern entzogen wird die Möglichkeit, mit den Augen etwas zu sehen – Bewegung, andere Menschen. Entzogen wird nicht die subjektive Fähigkeit der Sinnesorgane, sondern ihr Objekt, ihr Inhalt; sie werden nutzlos, funktionslos, ausgehungert. In dieser *Form* der Folter liegt der Grund dafür, daß sie als Folter so unvorstellbar ist für den, der ihr nicht ausgesetzt ist (...).«
Die politischen Gefangenen wurden – und werden z.T. noch – in der Konstruktion einer reiz- und konfigurationsarmen künstlichen Umwelt *sinnlich* desorientiert; sie wurden (und werden z.T. noch heute) jedoch auch von – akustischen, optischen, haptischen – Informationen über die *soziale Umwelt* des Gefängnisses abgeschnitten, also auch *sozial* desorientiert. In solchen künstlichen Umwelten verfällt der Inhaftierte auch *körperlich*.

* Ich denke dabei nicht nur an Fesselungen während des Hofgangs, an das Verbot, sich dabei rasch – laufend, hüpfend – zu bewegen, an ständige Zellen- und Körperkontrollen, an die laufende Beschlagnahme auch von Notizen; ich denke beispielsweise an die Kontrolle von *Besuchern.* Frau Ensslin: »Ich habe meine Tochter einmal in diesen 3 Jahren gesehen und besucht, und das war kein Besuch, der wurde abgebrochen, ganz klar, weil die 4 Leute (!), die dabei zuhörten, Abhörgeräte hatten – das war kein Besuch.«

Die seelische Deprivation – U. K. Preuss: Auslöschung der Persönlichkeit – wird im Brief Ulrike M. Meinhofs in einigen Aspekten spürbar.

Deutsche Verhältnisse
Der hessische Justizminister Hemfler in einem Interview mit dem Niederländischen Fernsehen:
Das ist nicht angemessen, aber das liegt zum Teil ja selbst in der Person der Betroffenen, die durch ihr hartnäckiges Weigern oder durch die Tendenz, alles zu verschleiern und auf keinen Fall hier die Wahrheit zu sagen oder die Wahrheitsfindung zu erleichtern, sich das selbst zuzuschreiben haben.

Der Kampf gegen die Vernichtungshaft, S. 120

Mir scheint, daß Hungerstreiks und andere organisierte Aktivitäten der meist auch gegeneinander isolierten Gefangenen in vollem Ernst als *Abwehr des Auslöschens, ja: des auch physischen Schwindens* angesehen werden müssen; es war *Notwehr.* Gewiß: die Notwehr kann von der Konstituierung eines *Gruppen*-Bewußtseins, und damit der politischen Identität, nicht getrennt werden.*
Das Grundgesetz der BRD bestimmt in Art. 104, Abs. 1:
»Festgehaltene Personen dürfen weder seelisch noch körperlich mißhandelt werden«,
ja, die *Würde des Menschen* gilt nach dem Wortlaut der Verfassung dieses Staates als unantastbar. Die Illegitimität, Grausamkeit und Irrationalität der Maßnahmen für die Haft der politischen Gefangenen wird nicht dadurch beseitigt, daß sich, scheint's, allemal ein Richter findet,der für sie Begründungen aussinnt (bzw. die Begründungen Dritter legitimiert). Vergeltung, Abschreckung, *Terror* treffen hier eine Gruppe, die den üblichen Weg der Erlösung nicht geht: das Ablegen eines Geständnisses, die Unterwerfung unter die Normenkontrolle des Gefängnis-Apparats.

* Teil dieser »Notwehr« gegen die drohende physische und psychische Deprivation in einer artifiziellen Umwelt ohne lebenswichtige Reize war auch das Informationssystem der *Anwälte.*

»Der Gefangene, der Bubacks Foto im Schrank hat, ist das Staatsbürgerideal der Bundesanwaltschaft.« Andreas Baader, *letzte texte*, S. 30)

Tigerkäfig – auch für Schwerstverletzte
Auszug aus einem Brief der Evangelischen Studentengemeinde Clausthal an Justizminister Posser und die Staatsanwaltschaft Köln, Mai 1976:

Sehr geehrter Herr Dr. Posser!
Durch zahlreiche besorgte Stimmen aus dem In- und Ausland wurden wir auf den bedenklichen Gesundheitszustand von Dr. Karl Heinz Roth aufmerksam gemacht (...) Wenn es in einer Gefängnisklinik vorkommen kann, daß ein Gefangener während eines einfachen chirurgischen Eingriffs zum Zwecke der Kastration stirbt, wie erst kürzlich geschehen, so erhellt dieser Fall schlaglichtartig die völlig unzulängliche apparative und personelle Ausstattung einer solchen Klinik. Die hohe Selbstmordrate in den Haftanstalten der BRD zeigt, daß die Haftbedingungen den Prozeß der psychischen und physischen Selbstzerstörung bis hin zur Selbstauslöschung begünstigen und fördern. Ein Heilungsprozeß angesichts eines so komplizierten Befundes wie im Falle von K. H. Roth ist daher schon mangels umgebungsbedingter psychischer Kondition zum Scheitern verurteilt.
Nachdem Sie bisher so hartnäckig alle Anträge und Eingaben zur Haftverschonung von K. H. Roth abgelehnt haben, können wir uns des Eindrucks nicht erwehren, daß Sie den Tod dieses Untersuchungsgefangenen eiskalt einkalkulieren. Die Todesstrafe ist zwar abgeschafft in unserem Lande, aber der kalkulierte Tod auf Raten tritt an deren Stelle. (...) Wir sind nicht bereit, solche Handlungen der Justiz, die allen humanen und demokratischen Prinzipien total widersprechen, ungerührt und unwidersprochen hinzunehmen. Uns ist auch bekannt, daß wir mit öffentlichen Stellungnahmen gegenwärtig in erster Linie das Interesse der Staatsschutzorgane auf uns lenken, was verstärkte Überwachung und Überprüfung unserer Gruppe und anderer Personen nach sich ziehen wird. Demgegenüber ist die Chance, die Justiz zur Änderung ihrer Haltung zu veran-

lassen, gering. Wir werden uns dadurch aber nicht zum Duckmäusertum und zum opportunistischen Stillschweigen verleiten lassen. In der Geschichte unseres Landes hat schon einmal alles damit angefangen, daß viele, allzu viele schwiegen. Darum fordern wir sofortige Haftverschonung
für Dr. Karl Heinz Roth.

Mit vorzüglicher Hochachtung
für die Ev. Studentengemeinde Clausthal

(Ewald Hein-Janke)	gez. Reimute Roesler
Studentenpfarrer	gez. Gustav Boesche
	gez. Gerhard Lilienkamp
	Der Vorstand der Gemeindeversammlung

> »hier noch einmal einfach:
> wir sind verantwortlich für die angriffe auf das cia-hauptquartier und das hauptquartier des 5. us-corps in ffm und auf das us-hauptquartier in heidelberg – *insofern* wir in der raf seit 70 organisiert waren, in ihr gekämpft haben und am prozess der konzeption ihrer politik und struktur beteiligt waren.
> *insofern* sind wir sicherlich auch verantwortlich für aktionen von kommandos – z. b. gegen das springer-hochhaus, von denen wir *nichts wußten,* deren konzeption wir nicht zustimmen und die wir in ihrem ablauf abgelehnt haben.
> zu erwägen ist nicht ein widerstandsrecht in der bundesrepublik – wie es hier nicht um rechte geht – sondern was die politik der raf ausdrückt, ist das bewußtsein der pflicht zum widerstand in der bundesrepublik.«

Diese Aussage zur Sache von Gudrun Ensslin im Stammheimer Prozeß (Frühjahr 1976) könnte in ihrem ersten Teil, wenn wir sie aus dem Zusammenhang aller Äußerungen der RAF lösen, den Eindruck machen, als sei die RAF ein Kommando-Unternehmen gewesen, das sich gegen militärische Einrichtungen der USA im eigenen Land gewendet habe – *direkte* Unterstützung der vietnamesischen Befreiungsbewegung, *unvermittelte* Schädigung des Angreifers USA.
Ich hoffe, daß der Leser nachvollziehen konnte, wie und warum in politischen Köpfen und Kollektiven der BRD (moralischer) Aufruhr, wie Scham, Verzweiflung und *Entschluß* entstehen mußten – nicht nur bei Ulrike M. Meinhof oder anderen Mitgliedern der RAF; und oft entstanden ganz andere Entschlüsse. Die Entstehungsgeschichte der sehr verschiedenen, oft unvereinbaren und konkurrierenden »Entschlüsse« war in jedem Falle ein *politischer* Prozeß, niemals ein bloß individualistischer, gar a-politischer.* Bei Ulrike M. Meinhof und einigen anderen Genossen ging die getroffene Entscheidung weit über die Orga-

* Nicht *alle* Konsequenzen dieser Entschlüsse blieben »politisch« (in dem Sinne, der diesem Begriff in der Protestbewegung gegeben worden war). Ulrike M. Meinhof: »69 waren es die ML, KSV und AO-Gruppen, die mit dem »Klassenstandpunkt« die politische Bewegung an den Universitäten entpolitisiert haben, indem sie eine Politik als richtig behauptet haben, der kein Student mehr emotional folgen konnte.« (*letzte texte,* S. 12).

nisierung eines gegen die US-Militärbasen sich richtenden *Kommandos* hinaus. Die RAF war kein Zweckverband für single-point-actions auf Zeit. Die »Rote Armee Fraktion« begriff sich vielmehr als eine selbständig operierende Einheit einer vielfältigen, globalen, weitgehend praktisch unverbundenen, von Sprach-, Kultur- und Religionsgrenzen belasteten, in ihrer Zielsetzung in den für die RAF entscheidenden Punkten (Antiimperialismus) jedoch identischen und weltumfassenden Bewegung: der *proletarische Internationalismus.*

Wir wissen, was proletarischer Internationalismus ist: eine im Zusammenhang der marxistischen Gesellschaftsanalyse und Geschichtswissenschaft (»Historischer Materialismus«) als *Einheit* zu begreifende Vielfalt von antiimperialistischen Befreiungsbewegungen (»Dekolonisation«), nationalen Kämpfen gegen Überfremdung und Ausbeutung (namentlich durch das US-Kapital), von kämpfenden Gruppierungen (die im einzelnen in ihren politischen Auffassungen differieren können), von wechselnden Bündnissen, von Revolutionen mit manchmal schwankendem Ausgang, von Protesten in den Ländern der »Peripherie«, von der Politik kommunistischer Parteien und von Aktionen militanter und nicht-militanter kommunistischer Gruppierungen in den »Metropolen«.

Die Frage, wer zu diesem proletarischen Internationalismus zu rechnen wäre, wird in diesen Gruppierungen verschieden beantwortet. In der Regel sind eher bestimmte politische und/oder militärische Akte ausschlaggebend als ein politisch-staatliches »Sein«, es entscheidet eher *aktuelles Handeln* als die jeweilige *institutionelle Organisation.**

Der Proletarische Internationalismus antwortet, so könnte ich ohne allzuviel Verkürzung sagen, auf den Drang der Bourgeoisie, *den Weltmarkt herzustellen,* auf den *Imperialismus* als dessen politische Form, und auf wechselseitige Abhängigkeiten der ausgebeuteten *Völker* und der »Bevölkerung« der Industriestaaten. In dieser These, die sich gewiß auf Tatsachen und Tendenzen stützen kann, liegt jedoch die Gefahr, das Moment der

* Solche Zuordnungs-Fragen werden besonders von solchen Gruppierungen erbittert diskutiert und zum Gegenstand von Abgrenzungen gemacht, die sich am bewaffneten Kampf des »Proletarischen Internationalismus« – aus verschiedenen Gründen – nicht beteiligen.

Einheit in »der« Geschichte der neueren Zeit zu übertreiben, d.h. Geschichte – die realen, historischen Prozesse auf dieser Erde – als *eine*, als geschlossene, als kohärente Geschichte zu denken (mit dem Wertgesetz als *dem* Bewegungsgesetz); eine Betrachtungsweise, die gegenüber der Vielfalt von »Geschichten« der Erd-Bevölkerung selbst noch am Drang teilhat, »den Weltmarkt herzustellen«. Konsequenzen hat eine realistischere Betrachtungsweise von Geschichte auch für die *Theorie*. Trotz weitgehend identischer Methoden auf der Seite *des* Imperialismus gestattet die Vielfältigkeit der ethnisch-kulturellen, sozialen, religiösen und politischen Überlieferungen (und bioklimatischen Bedingungen) in den betroffenen einzelnen Ländern, Völkern, Stämmen Asiens, Afrikas und Lateinamerikas, gestattet die heutige und die zukünftige Wirksamkeit sozialer, politischer und wirtschaftlicher Beziehungen *zwischen* den einzelnen Staaten, Völkern, Stämmen, ihre Außenpolitik wie ihre je unterschiedliche Innenpolitik, kurz: die ungeheure Vielfalt an wirksamen Faktoren und ihrer Kombinatorik keine *einheitliche, verbindliche Theorie* über »die« Welt.* Daß es nicht nur zwischen bürgerlichen und marxistischen Wissenschaftlern, sondern auch zwischen den letzteren verschiedene Auffassungen über die gesellschaftlichen Prozesse »all over the world«, über Entwicklungs-Tendenzen, Prognosen gibt, drückt sehr gut einen zugrundeliegenden Tatbestand aus: *die Unstrukturiertheit des »Ganzen«*. Der Proletarische Internationalismus wird dort, wo er eine globale Strukturierung des Ganzen vorzufinden glaubt, »idealistisch« im Sinne der materialistischen Erkenntnistheorie. Als *politische Kampfformel* kann die Globalthese – in der Hand einer Großmacht – schlicht einen *Herrschaftsanspruch* ausdrücken, ebenso in traditionellen Thesen der Kommunistischen Parteien; es drückt sich im »Proletarischen Internationalismus« und in seiner Strukturthese dann gleichsam die Erwartung aus, daß *Herrschaft*, eine *einheitliche*, die soziale Einheit herstellen werde, die der Realität wie der Theorie gegenwärtig noch fehlt. Daran ist richtig, daß Herrschaft und Unterdrückung ihrer Tendenz nach homogenisieren, d.h. sie schaffen nicht nur

* Genauer: sozialwissenschaftliche, gesellschaftliche, politische Theorien; die Physik, die Geologie usw. können schon eine haben.

die spezifischen Details in der theoretischen Diskussion ab, sie schaffen auch soziale Besonderheiten unter den Menschen ab, während *Emanzipation* »Besonderheiten« liebt – wenn auch nicht alle, und nicht unbefragt.

Wenn der Proletarische Internationalismus das Konzept des Klassensubjekts der Revolution (»Proletariat«) aus seiner nationalen »Enge« befreit, weil »Proletariat« jetzt der Inbegriff *aller* Ausgebeuteten sein soll, mit bestimmten Befreiungsbewegungen in der »Dritten Welt« als Avantgarde, wie in den Texten Ulrike M. Meinhofs, unterliegt er dem gleichen Idealismus. Einen *Inbegriff* »aller« Ausgebeuteten all over the world gibt es wieder nur als (schlechte) Abstraktion. Ich frage mich, ob es nicht mit der spezifischen Lage der Linken in Westdeutschland zusammenhängt, daß viele Gruppen anstelle einer »italienisch« organisierten Arbeiterklasse – Italien spricht übrigens von *den* arbeitenden und abhängigen Klassen! –, die sie nicht vorfinden, ein *Weltproletariat* beschwören, auf das die Linke sich berufen könne. Aber nicht einmal in Westeuropa, oder in der BRD, läßt sich die Bevölkerungsmasse, die die hier herrschenden Verhältnisse umwälzen soll und wird, unter dem Konstrukt eines *kollektiven Subjekts*, des »Klassensubjekts« veranschaulichen.* Noch weniger gibt es ein »Weltsubjekt«, obwohl sich viele eins *denken* können. Wenn aber der Proletarische Internationalismus sogar als *konkrete* Bedingung praktischer Einheit und Übereinstimmung, ja als Basis der *Identität* militanter Gruppierungen in Westeuropa begriffen werden soll, läuft die Abstraktion davon, beginnt der Sieg eines Prinzips (= bestenfalls überlieferter Theorien) über die konkrete, historische Realität. Die politische Identität (Wer sind wir? Wie werden wir [wirklich], was wir [potentiell] sind?), die soziale Verankerung (Wo lernen wir?), die Kollektivität der politischen Gruppierung muß sich im wesentlichen aus der Geschichte, der Überlieferung, der Gegenwart, aus den Verhältnissen des eigenen *Landes* speisen. Und so auch ihre Praxis:

»Mögliche Aktionen müssen der gesamten politischen Linie koordiniert sein, das heißt: sie müssen *klassenkampfintern*

* Der Gedanke des »Klassensubjekts« ist ein Gedanke des 19. Jahrhunderts. Er wäre nicht nur von den Auffassungen Althussers aus zu kritisieren.

sein (...). *Alles muß sich auf die politische Kapazität der Arbeiterzellen rückbeziehen.*« (Brigate rosse, Diskussionspapier des Autonomen Plenums Pirelli, in: *Sozialistisches Jahrbuch 5*, Wagenbach, Berlin 1973, S. 150)
In diesem »Rückbezug« auf das eigene Land, auf die Sphäre der Fabrik, könnte ein Moment der *Partikularität* gesehen werden – und gerade darin, meine ich, hat er auch recht. Der »Weltgeist« *ist* »partikulär«.*

Ulrike M. Meinhof:
Antiimperialistischer Kampf, wenn das nicht nur eine hohle Phrase sein soll, zielt darauf, das imperialistische Herrschaftssystem zu vernichten (...) Vernichtung des Imperialismus militärisch heißt im internationalen Rahmen: der Militärbündnisse des US-Imperialismus rund um die Erde, hier: der Nato und Bundeswehr; im nationalen Rahmen: der bewaffneten Formation des Staatsapparates, die das Gewaltmonopol der herrschenden Klasse, ihre Macht im Staat verkörpern – hier: Polizei, Bundesgrenzschutz, Geheimdienste; ökonomisch heißt: der Machtstruktur der multinationalen Konzerne; politisch heißt:

* Immer wieder muß ich, wenn ich über Subjekte der Veränderung in Westeuropa, über die »Historische Alternative« rede, *Vieles* nennen: Den (linken) Regionalismus – der Springquell der Revolte ist der starke Druck der Nationalstaaten auf Zentralisierung und soziale wie kulturelle Vereinheitlichung (»Homogenität«); autonome Klassenbewegungen wie in Italien – der Springquell ist nicht nur der Kapitalismus, sondern die Politik der italienischen Kommunistischen Partei, insoweit sie *allgemeine* Interessen, nicht mehr die spezifischen der Arbeiter, organisiert; die »Sponti-Szene«, Jugendzentren, alternative Gruppierungen – der Springquell des Ausbruchs ist der kapitalistische »Alltag«; Teile der Frauenbewegung, aber auch Ausbrüche im Bereich des sog. Subproletariats – der Springquell ist die unerträglich gewordene »Getto«-Situation; Fabrikkämpfe, Streiks, Verweigerungen – der Springquell ist das Lohnarbeitsverhältnis.
Bestimmte Wandlungen in der Politik und Theorie kommunistischer Parteien (PCI, KPF, die KP Spaniens) deuten auf einen *Polyzentrismus* innerhalb des Kommunismus hin, der das »Schisma« – UdSSR/China – an Bedeutung noch übertreffen könnte: »Partikularität« auch da.
Es liegt nahe, in dieser Partikularität eine *Schwäche* zu sehen – angesichts der übernationalen Vereinheitlichungen auf der Seite des Kapitalismus und der bürgerlichen Staaten. (Doch so einheitlich sind sie gar nicht.) Ob es wirklich eine Schwäche ist, das ist jedoch nicht ausgemacht. Es liegt *Stärke* darin.

der staatlichen und nichtstaatlichen Bürokratien, Organisationen und Machtapparate – Parteien, Gewerkschaften, Medien – die das Volk beherrschen.
»*Ein Volk, das andere unterdrückt, kann sich nicht selbst emanzipieren*«, sagt Marx. Was der Metropolen-Guerilla, der RAF hier, der brigate rosse in Italien, der United Peoples Liberation Army in den USA, die militärische Relevanz gibt, ist die Tatsache, daß sie im Rahmen der Befreiungskriege der Völker der Dritten Welt, im solidarischen Kampf dem Imperialismus hier, von wo aus er seine Truppen, seine Waffen, seine Ausbilder, seine Technologie, seine Kommunikationssysteme, seinen Kulturfaschismus zur Unterdrückung und Ausbeutung der Völker der Dritten Welt exportiert – in den Rücken fallen kann. Das ist die strategische Bestimmung des Metropolenguerilla: im Hinterland des Imperialismus die Guerilla, den bewaffneten, antiimperialistischen Kampf, den Volkskrieg entfesseln, in einem langwierigen Prozeß.
›Bewaffneter antiimperialistischer Kampf und die Defensive der Konterrevolution in ihrer psychologischen Kriegsführung gegen das Volk‹, *letzte texte, S. 48 ff.**

»Aber wesentlich ist: daß *diese* Entlarvung der Sozialdemokratie durch den Angriff kleiner bewaffneter Gruppen es ihr unmöglich machen wird, Westeuropa als militärischen Machtblock für die Strategie des US-Kapitals zu organisieren, weil der Faschismus, hier *sichtbar* gemacht, *notwendig* alles, was es an

* Alles, was als RAF-Texte in den letzten Jahren zugänglich wurde, ist wahrscheinlich Fragment, oder lückenhafter Selbstverständigungs-Entwurf. Der *Staatsschutz* hat bei den häufigen Zellenkontrollen viel schriftliches Material beschlagnahmt und den politischen Gefangenen damit eine kontinuierliche theoretisch-analytische Arbeit unmöglich gemacht. Wer sich mit den RAF-Texten zur Gänze auseinandersetzen will, muß weiter bedenken, daß es von dem einen oder anderen Text verschiedene *Versionen* gibt, die nicht alle »authentisch«, d.h. von den politischen Gefangenen selbst angefertigt worden sein müssen. So scheinen ab und an Mitglieder von »Komitees gegen die Folter« an der redaktionellen Ausgestaltung solcher Texte beteiligt gewesen zu sein.
Zu meiner eigenen Position: vgl. *Sozialistisches Jahrbuch 5*, Wagenbach, Berlin 1973 (Politisch-psychologische Anmerkungen zur »Roten-Armee-Fraktion«) und das mit B. Sichtermann gemeinsam verfaßte Buch *Gewalt und Solidarität*, Wagenbach, Berlin 1974.

politischem Ressentiment im Ausland gegen die Bundesrepublik gibt – alter Antifaschismus und in allen Gruppen im Spektrum von der äußersten Linken bis in die Sozialdemokratien und in die nationalen Regierungen an Ressentiment gegen die Deutschen, den deutschen Imperialismus, Militarismus, Hegemoniebestreben gibt – gegen die BRD mobilisiert, und zwar auf der Linie: Hauptfeind USA, also *der Linie, auf der – der ersten Demarkationslinie – Front* – Nord-Süd-Konflikt – Befreiungskämpfe der Völker der dritten Welt – gekämpft wird: Weltproletariat – USA.

Worum es geht, ist in den Metropolen die zweite Demarkationslinie, die determiniert ist durch die Rückwirkungen der Befreiungskämpfe an der Peripherie des Systems auf die Metropolen – ideologisch, politisch, militärisch, *ökonomisch* ja auch (was wie hier mal nicht weiter entwickeln) – zur *Front* zu entwickeln, zur militärisch-politischen Auseinandersetzung, durch welchen Prozeß die Metropolenguerilla zu einem Teil der Befreiungskämpfe der Dritten Welt *wird*, die Avantgarde des Weltproletariats, Teil davon.

Das ist – kurz – die Strategie, die wir aus unserer Erfahrung und dem, was wir hier so gelernt haben, im Auge haben,

die Linie, auf der das Kapital und sein Staat gezwungen ist, auf den Angriff kleiner revolutionärer Gruppen zu *reagieren*, und so selbst die zweite Front (auf die wir aus sein müssen) konstituiert, entwickelt, die Polarisationsprozesse in Gang setzt durch die Verfolgung der Linken usw., in denen die Guerilla als *die* Sache jedes einzelnen und aller, die ihre Probleme *politisch* (im Gegensatz zu »privat« – wie die Spontiscene größtenteils) begriffen werden kann, und wir sagen: begriffen werden wird.

Konzept zu einem anderen Prozeß, *letzte texte*, S. 44
(als Autoren werden u. a. Ulrike und Andreas genannt)*

»... worum es geht ist in den Metropolen die zweite Demarkationslinie (...) zur *Front* zu entwickeln.« Mir scheint, hier müßten wir Ulrike M. Meinhofs Text ergänzen – zur *zweiten* Front,

* Aus Gründen der Lesbarkeit wurde in den Notizen Ulrike M. Meinhofs die Kleinschreibung durch Großschreibung ersetzt. Kommata wurden aus dem gleichen Grunde dort eingefügt, wo dies das Verständnis der Texte erleichtert.

die nach der Strategie des antiimperialistischen Kampfs die *Revolution im eigenen Land* sein muß, weniger emphatisch: die *Entfaltung der Klassenkämpfe,* am richtigsten vielleicht: die Schwächung des Imperialismus durch oppositionelle Bewegungen in den »Massen«, der Bevölkerung.
In der Tat kommt in RAF-Publikationen das Wort »Volkskämpfe« reichlich vor. Das wirkliche, antreffbare Volk jedoch, die arbeitenden und abhängigen Klassen in der BRD, ist nach Auffassung der RAF *vereinzelt,* fragmentiert, verführt, ja: krank oder apathisch durch »die Totalität der Entfremdung in der vollständig vergesellschafteten Produktion« (Ulrike M. Meinhof*). Diese Totalität der Entfremdung mache die soziale Realität der Massen, des Volks, zum *Knast***, freilich einem von den Massen nicht einmal als Knast begriffenen.

Ulrike M. Meinhof zur Befreiung von Andreas Baader (im Mai 1970):

Diese Aktion war exemplarisch, weil es im antiimperialistischen Kampf überhaupt um Gefangenenbefreiung geht,
aus dem Gefängnis, das das System für alle ausgebeuteten und unterdrückten Schichten des Volkes schon immer ist und ohne historische Perspektive als Tod, Terror, Faschismus und Barbarei;
aus der Gefangenschaft der totalen Entfremdung und Selbstentfremdung, aus dem politischen und existentiellen Ausnahmezustand, in dem das Volk im Griff des Imperialismus, der Konsumkultur, der Medien, der Kontrollapparate der herrschenden Klasse, in Abhängigkeit vom Markt und vom Staatsapparat zu leben gezwungen ist. *letzte texte, S. 51*

Teile dieser Diagnose treffen für *totale Institutionen* zu: für Irrenhäuser, Gefängnisse, Fürsorge-Anstalten, für manche Altersheime und Kliniken (»totale Entfremdung und Selbstentfremdung«, »im Griff (...) der Kontrollapparate«). Andere Passagen sind auf paradoxe Weise zugleich provinziell und kosmopolitisch – gelten einerseits für nur kolonialisierte Völker der Drit-

* *letzte texte*, S. 3
** Vgl. hierzu *Schwarze Protokolle,* 10, 1975, S. 7ff.

ten Welt, der »Peripherie«, wie z.B. für die Indios in einigen lateinamerikanischen Staaten, für arme Bauern oder für Farbige und arme Weiße in den verschiedensten Gettos (»Gefängnis«, »ohne historische Perspektive als Tod, Terror«, »Abhängigkeit vom Staatsapparat« usw.), andererseits höchstens für weite Bereiche der BRD, dagegen nicht für Italien, Großbritannien, Frankreich (»Volk im Griff (...) der Konsumkultur, der Medien, der Kontrollapparate der herrschenden Klasse«, »Abhängigkeit vom Markt«). Weder die *Massen*: italienische und französische Arbeiter, Frauen, die Bauern im französischen Larzac, Teile des englischen Proletariats, sind in der »totalen Entfremdung und Selbstentfremdung« gefangen, *noch* alle Intellektuellen, Studenten, Priester, Gewerkschafter, Partei-Mitglieder. Es wäre realistischer, die vergangenen 10–15 Jahre in Europa als Jahre des beginnenden *Ausbruchs aus den Gefängnissen,* aus der Despotie des Kapitals und dem Zentralisierungs- und Vereinheitlichungs-Druck der Nationalstaaten zu bezeichnen (bis hin zu so verschiedenartigen Erscheinungen wie Antipsychiatrie und Regionalismus), also gerade nicht als Jahre einer »Totalität der Entfremdung«. Die Protestbewegung, die *Neue Linke* in der BRD, die RAF sind selbst Produkt und Träger dieses Aufbruchs und Ausbruchs. Gewiß: Die geschichtliche Realität hat zugleich die ganz andere Seite, die der *Repression,* der Counter-insurgency, des »security risk«-Programms, und die Schwäche der Staatsgewalt unter dem Ansturm der praktischen, oft militanten Kritik an den Zuständen ist viel geringer, als es in den Jahren 1967/68 den Anschein hatte. Gerade in der BRD, mit ihren träge ablaufenden gesellschaftlichen Prozessen, sahen die herrschenden Klassen und Bürokraten, seit Jahrzehnten in der Apathie, der *Entpolitisierung* des Volks, eine wichtige Bedingung für die Stabilität ihrer Herrschaft, und konnten auf nationalen Überlieferungen aufbauen, die wenig Gutes verhießen.

Gesellschaftliche Prozesse verlaufen also *träge* nicht von allein, im »Selbstlauf«: die Herstellung eines kapital- und herrschaftskonformen *sozialen Friedens* (S. 20) über »Wohlstands«-Strategien mit Leistungs- und Komsumzwängen, die Ausschaltung fast aller Tendenzen zur Konstituierung der Arbeiterschaft *als Klasse* (S. 21), die Absicht, *Streiks,* wiewohl legal und legitim, zwischen den Zeilen als *subversiv* zu betrachten (S. 24), das KPD-

Verbot 1956, Gleichschaltungs-Tendenzen in Nachrichtenwesen und Presse (S. 29), das *ohne mich* des Bürgers als staatsbürgerliches Ideal (S. 37) bezeichnen einige zentrale Ursachen prozessualer »Trägheit«. »Sie lebt an sich selbst und ihrer Geschichte vorbei, die Bevölkerung der Bundesrepublik, uninformiert, unaufgeklärt, desorientiert; unentschieden zwischen Pril und Sunil, im Bilde über Alete-Kinderkost und Küchenmaschinen, nicht über Nichtangriffspakt und kernwaffenfreie Zone. Die da zu wenig von sich selbst wissen, um für sich selbst sorgen zu können (...) sind aber bestens unterrichtet (...) über die Gefühle einer persischen Ex-Kaiserin.«

Obrigkeitsstaatliche Traditionen trugen zur Trägheit bei – die in Deutschland besonders große Fremdheit zwischen den Intellektuellen und *den Leuten* (auf der Straße) nicht zu vergessen. Die sog. Reeducation nach dem Weltkrieg, die politische und soziale Organisation des Entstehungsprozesses der BRD hat, wie in Teil 1 skizziert, ihren zusätzlichen, »präventiven« Charakter gehabt. Ernst Niekisch, kurz vor seinem Tod, 1965:

»Hält man darauf, gegen sich selbst redlich zu sein, dann muß man sich eingestehen, daß das Dasein des gegenwärtigen Deutschland wieder auf einer geschichtlichen Fehlentscheidung beruht«, und so war die Geschichte der BRD nicht nur die des Aufstiegs »vom Trümmer- und Hungerstaat zur Wirtschaftsmacht«, sondern auch eine Geschichte der versäumten Gelegenheiten: der Gelegenheit zur *Einsicht,* zum *Frieden,* zu einer grundlegenden *Änderung der gesellschaftlichen Ordnung***, zur politischen wie sozialen Emanzipation des Volks. Aber dennoch gelingt erst Ulrike M. Meinhof in ihren Abstraktionen das, was dem Staat, was dem Kapitalismus *nicht* gelang. Weder Staat noch Kapital haben alle unsere Lebensverhältnisse, den sozialen Prozeß, lückenlos unter ihre Kontrolle gebracht. (Eine wirkliche »reelle Subsumption« unter das Wertgesetz gar wäre unmöglich.)

* Ulrike M. Meinhof, Provinz und Kleinkariert, in: *Die Ära Adenauer,* Fischer-Bücherei, Frankfurt 1964, S. 109f.

** Vgl. Helmut Lindemann, Daseinsverfehlung – Dritter Akt, in: *Zensuren nach 20 Jahren Bundesrepublik,* Köln 1969, S. 111ff.

So dauert die *Ausbeutung* in den Fabriken an, die ganze technische und soziale »Maschinerie«, die dem Volke das Maul abschneidet, und doch zeigen Arbeiter in Streiks (und nicht nur in den gewerkschaftlich organisierten, »legalen«) und in anderen Formen der Selbstorganisation, daß sie durchaus Selbstbewußtsein, Widerstandskraft entwickeln können.* Wie wären Bürgern-Initiativen wie die von Wyhl möglich, wenn die Gefangenschaft des Volkes »total« wäre, ja: wie wäre überhaupt die Produktion der Ware Arbeitskraft, d.h. die Pflege und Erziehung von Neugeborenen möglich, wenn es nicht sogar hier, im Zentrum der Familie, einen *Block* gegen die Despotie des Kapitals gäbe, an dem sich die Intervention des Wertgesetzes bricht?** Nicht einmal das Erlernen von Kulturtechniken (Lesen, Schreiben, Rechnen) in unseren Grundschulen erzieht nur BILD-Zeitungsleser, gerade die Bildungs-Einrichtungen produzieren eben *nicht* nur das »Gefängnis«, die Manipulation, sondern – wie eingeschränkt auch immer – Bedingungen für den *Ausbruch* aus dem System. Schon die Rekonstruktion der Linken in der Bundesrepublik nach 1965, die Möglichkeit von Protestbewegungen, sogar noch von entglittenen Lernprozessen in manchen Kommunen und Sekten widersprechen der RAF-These von der *totalen Verknastung der sozialen Realität.* Entstünden nicht in vielen Menschen *neue* Bedürfnisse, so brauchte es nicht des parlamentarischen Geredes von besserer »Lebensqualität«, eine Formel des Integrations-Versuchs gegenüber neuen Bedürfnissen. Doch *neu* an ihnen ist gerade, daß sie der organisierten Verwaltung durch Partei und Staat meist entzogen sind.

Wenn eine Hausfrau im Zuge von Initiativen für Kindergärten und »Kleine Klassen« reden lernt, Flugblätter entwirft, Kultus-

* Seien wir sorgfältig auch im Detail: Warum ist es den Unternehmern nicht gelungen, Arbeiter zur vollständigen Verausgabung ihrer Arbeitskraft zu pressen, trotz hochentwickelter »Taylorisierung« der Arbeitsorganisation, und trotz wenig eingeschränkter Herrschaft im Betrieb? Warum verstehen es Arbeiter, sich dem Zugriff und der Kontrolle des »Zeitnehmers« auch einmal wirksam zu entziehen? Totale Entfremdung und Selbstentfremdung? Noch blieb die Integration der arbeitenden Klassen in die Wert- und Normensysteme der bürgerlichen Gesellschaft *partial.*

** Vgl. hierzu die Publikationen von H. Lefèbvre; in der BRD: von A. Lorenzer, A. Krovoza, O. Negt.

minister attackiert, ihre Produktivkräfte entwickelt, sich beruflich unabhängig macht, ist das nichts? Oder: Wenn sich Arbeiterinnen, wenn sich Journalisten gewerkschaftlich organsisieren? Das alles ist keine Revolution, um eine Trivialität zu bestätigen, aber es ist nicht *nichts*. Da zeigen sich andere Perspektiven als Tod, Terror, Faschismus, wiewohl das droht.

»Das Problem der Metropolen« sei, so Ulrike M. Meinhof*, »daß, obwohl das System ökonomisch und politisch reif ist, abgeschafft zu werden, die revolutionären Kräfte im Volk noch zu schwach sind – es mehr Resignation, Lethargie, Depression, Agonie, mehr Kranke und Selbstmörder, mehr Leute gibt, die sich hinlegen und sterben, weil man in diesem System nicht mehr leben kann, als aufstehen und kämpfen.« »Weil man in diesem System nicht mehr leben kann ...? Es ist wahr: Die bürgerlichen Gesellschaften haben historisch einen Untergrund von *Elends*-Populationen erzeugt, den sie in ihren Gettos (Obdachlosen-Baracken, Heilanstalten, Gefängnissen) verbergen. Es ist wahr, daß Depression, Erkrankungen an den Arbeitsverhältnissen, daß *Feindseligkeit und Anpassung*, daß »Angst machen und Angst haben« der harte Kern der Lebenserfahrungen für Viele bleibt. Die Kritik der Protestbewegung an den zwischenmenschlichen Beziehungen im Kapitalismus und an der Deformation von »Subjektivität«, die uns in den Papieren der RAF begegnet, hatte, soweit ich sehe, drei Quellen: Sie war realistisch als Kritik an jenem Bild der sozialen Welt, wie es in *Hör Zu!*, in den Sonntagsreden führender Politiker, in Schulbüchern umging oder zur Ideologie der parlamentarischen Demokratie rechnet (Überfluß-, Wohlstandsgesellschaft, »freie« Entwicklung, usw.). Wenn man die Kritik aus dieser Position als Antithese herauslöst, wird sie selbst abstrakt (und verliert an Realitätsgehalt). Sie war realistisch, insofern sie sich einer öffentlich (und privat) *verdrängten Realitätsebene* annahm, der *Schatten*, die zu verleugnen wir angehalten werden. Sie traf soziale und psychische Realität, wenn sie sich auf die Reaktionen großer Bevölkerungsanteile auf

* in: *Hungerstreikerklärungen der politischen Gefangenen*, September, 1974; *Der Kampf gegen die Vernichtungshaft*, hrsg. von den Komitees gegen Folter, 1974, S. 17

»Signale zur Veränderung« bezog*; sie war schließlich angeleitet von Selbsterfahrungen der studentischen Linken, die in vielen Strukturen schon zu verallgemeinern waren.** Aber dennoch *leben* die Leute (auch die, die nicht kämpfen), und viele leben gern.

»Wenn das ›System‹ nicht Chancen von Leben, ja sogar von Glück, Befriedigung böte, hätte es diese seine Integrationskräfte (...) nicht.« Und: »(...) Die Tatsache, daß es Widerstand, Unruhe, Rebellion (...) gibt, *zeigt gerade,* daß das ›System‹ Reste von Selbstverwirklichungschancen offen läßt, denn im Wahrnehmen solcher Chancen entwickeln wir doch nur die Zuversicht, daß wir etwas ändern können, den Mut zur Utopie. Daß es gerade die seine Integrationskraft garantierenden Möglichkeiten: Glück und Anerkennung, wie gebrochen auch immer, doch zu finden, sind, die das ›System‹ zugleich bedrohen und uns ein besseres, menschlicheres wünschen und projektieren lassen, ist ein Aspekt jener ›Dialektik von Reform und Revolution‹, von ›Systemimmanenz und -transzendenz‹, in deren Dynamik wir uns alle bewegen.«***

An diesen »guten Haaren«, die wir dem »System« lassen müssen, hängt vor allem eins: Die Chance einer (...) Revolution, die wirklich eine *gesellschaftliche Tat* ist, von der Mehrheit der Bevölkerung selbstbewußt vorbereitet, erprobt und vollzogen. Die Abstraktionen der RAF – oder die Ulrike M. Meinhofs –: Verknastung der sozialen Welt, es gibt kein (Alltags-)Leben vor dem Tod, Totalität der Entfremdung, enthalten gewiß *Wahrheit*; noch als ontologisierte oder verallgemeinerte sind sie gängigen Verharmlosungen des modernen Alltags vorzuziehen, den Pseudomythen von der »freiesten Gesellschaft, die es je gab«.

* Vgl. P. Brückner, Die Transformation des demokratischen Bewußtseins, in: Agnoli/Brückner (...), EVA. Frankfurt 1968[1]

** Ich erinnere an das damals bekannte *Mannheimer paper* (o. J., ohne Verlag): »wie können wir die psychische selbstbefreiung systematisch in unsere politische praxis aufnehmen – in welcher beziehung steht die psychische selbstbefreiung zur politischen schlagkraft?«

*** *Schwarze Protokolle,* 10, 1976, S. 18

Ernst Bloch:
Anomaler Zustand von Herren und Knechten
Der Zustand, daß es Herren und Knechte gibt, daß die herrschende Klasse so gewaltige Profitsteigerungen zu verzeichnen hat, daß es wirklich so aussieht, als ob die Reichen immer reicher und die Armen immer ärmer würden – dieser Zustand ist so anomal, so unakzeptabel, daß man nicht viel Verständnis der philosophischen Terminologie nötig hat, um zu begreifen, daß das Verhältnis von Herr und Knecht das Verhältnis von Mensch zu Mensch bestimmt, obwohl alle Menschen von Geburt anatomisch gleich sind und nur durch die »Auswahl« ihrer Eltern Millionäre oder Unternehmer, Proleten oder Obdachlose oder Straffällige werden, weil eben die Verhältnisse nicht so sind, daß sie selber in Ruhe leben können, ohne den anderen anzugreifen, ohne sich dauernd ducken, verharmlosen und betrügen zu lassen.
Wenn der Punkt erreicht ist, wo die Schuppen von den Augen fallen, dann haben wir einen Zustand, in dem (...) man mit Verständnis alles das entgegennimmt, was Marx über diesen Zustand gesagt hat in Worten, die (...) immer wieder eine neue Zündkraft besitzen im Angesicht dieser unerträglichen, falschen sozialen Wirklichkeit, die wir haben.
in: Das kleine Rotbuch, Almanach, 1975, Rotbuch Verlag Berlin, S. 21

Hat er's gelesen? Mathias Walden:
Noch fehlt ein Gesetz, das die geistige Vorbereitung und Begünstigung des Terrorismus unter Strafe stellt.
Die Welt, 27. April 1975

Die Abstraktionen Ulrike M. Meinhofs enthalten zutreffende Beobachtungen, Ergebnisse einer schmerzhaften Selbstanalyse*, richtige Schlußfolgerungen und Theoreme, aber die Weise, wie die Autorin sie zusammenrafft und interpretiert, ein wahrer

* Vgl. *letzte texte*, S. 8: »Worüber wir hier (...) am meisten nachdenken, ist, wie wir die zum Teil grauenhaften Erfahrungen, die wir in der Isolation gemacht haben, für die die Begriffe sind: Verrat, Kapitulation, Selbstzerstörung, Entpolitisierung, so vermitteln können, daß Ihr sie nicht noch einmal machen müsst«; auf S. 7 spricht Ulrike M. Meinhof von »bestimmten Erfahrungen, die *erlitten* werden« müßten.

»Amoklauf an Abstraktionen, Analogien, Verkürzungen und Extrapolationen«*, macht sie *falsch*.

Bei diesem Amoklauf wird die Guerilla *ortlos*:

»In der vollständigen Durchdringung aller Beziehungen im Imperialismus durch den Markt und im Prozeß der Verstaatlichung der Gesellschaft durch die repressiven und ideologischen Staatsapparate gibt es aber *keinen Ort und keine Zeit*, wo Du sagen könntest: von da geh' ich aus.«**

Dieses Schwinden von Ort und Zeit, als habe der Imperialismus das Lebensgelände des sozialen Geschehens (und damit die »Örter«, die Topografie des alltäglichen Daseins) wirklich *verschlungen*, den Menschen die Zeitlichkeit *ihres* Lebens *entrissen*, wird von Ulrike M. Meinhof – und von anderen Genossen – als eine für sie wesentliche und mitteilbare innere Erfahrung ausgedrückt und behandelt: zwar kein schlichtes, sinnlich wahrnehmbares Faktum, aber viel mehr als eine bloße Illustration der sog. *reellen Subsumtion* MARXens, viel mehr als ein bloßer *Gedanke*, der nur in agitatorischer Absicht sprachlich-sinnlichen Ausdruck annähme. Im Motiv der Zeit- und Ortlosigkeit bündeln sich vielmehr psychische Inhalte verschiedener Herkunft an einer symbolisch exakten Stelle. Noch die existentialistische Wendung, die der »politische Kampf« in manchen Äußerungen der RAF genommen hat, knüpft hier an.

Einen der zahlreichen Verweisungs-Zusammenhänge dieses Motivs nimmt Ulrike M. Meinhof in ihrem Brief, aus dem ich zitierte, selbst auf. Ohne Ort und Zeit: da wird alles Bewegung. Auch das *Proletariat*, die »Klasse« existiert daher nur als Prozeß (»im Angriff«); es gibt auch keinen Klassen*standpunkt*, der kann höchstens die *Bewegung der Klasse* (»im Klassenkrieg«) sein. Darin liegt eine Kritik des statischen, »realpolitischen« Standpunkt-Denkens in den revisionistischen Parteien. Klassen-Standpunkt, das meint dort ja: auf dem Bestehenden zu *beharren*, meint: die Austreibung der Negation.* Doch Ulrike M. Meinhofs Texte treiben weit über diese Kritik hinaus. In ihrer Bewegung *allein*, in der Aktion, wird die Metropolen-Guerilla Teil des »Weltproletariats« – sie findet keinen Ort, von dem sie

* *Schwarze Protokolle*, 10, 1975

** *letzte texte*, S. 11

ausgehen kann; ja: gehend konstituiert sie erst den Boden, auf dem sie geht. Eben diesen Selbstkonstituierungsprozeß in der Bewegung, in der politischen Aktion bezeichnet die RAF als *Praxis.* Wie wir aus anderen Äußerungen, namentlich zum Stammheimer Prozeß, wissen, war nach Auffassung von Ulrike M. Meinhof diese Praxis zugleich das *einzige* Medium der *Selbstdarstellung* der RAF; eine bloß verbal-argumentative Selbstdarstellung daher unmöglich.

Man kann diese Auffassung sozusagen »gegen den Strich bürsten« und ganz anders lesen: *ein* Mittel des Widerstands – verbal-argumentative Selbstdarstellung – trennt sich vom konkreten Leben der Subjekte. Meine These: Wo die »Bewegung« verabsolutiert wird, immer wieder: Bruch, Aktion, Kampf als Geburtsprozeß (der Klasse, des Proletariats, des Revolutionärs), wo sich die Negation *aller* Positionen bemächtigen soll, hebt sich der Widerstand, den der einzelne leistet, von den sozialen und geschichtlichen Bedingungen seines Lebens zu weit ab, der scheinbar zwingend gegebene Zusammenhang von Leben und Widerstand wird unterbrochen.

Nun verweisen allerdings – jedenfalls in ihrer *Tendenz* – wirksame Koordinaten unser aller politischen Tätigkeit auf solche Trennungen von Leben und Widerstand. Z. B. in der ganz allgemeinen Form, daß politischer Widerstand in der bürgerlichen Gesellschaft *des-integriert,* d. h. in Widerspruch treibt zum (all-) gemeinen Leben. Oder: Ohne rechten »Ort« sind Sozialisten und Kommunisten in einer Nation mit nur schwacher Klassen- und Massenbewegung – es gibt, um an die *Brigate rosse* zu erinnern, in der BRD keine »Arbeiterzelle«, auf die sich subversive Aktionen als auf ihre Kontrollinstanz beziehen könnten. Näher liegend: »Ohne Ort und Zeit« sind kritische Intellektuelle in einer verspäteten Nation, d. h. in einer ohne *bürgerliche Revolution.* Immer wieder erscheinen die Kritiker den sozial Integrierten als lebensfern, als abstrakt, als Utopisten. Hier liegt *ein* rationales Element der Meinhof'schen These. Ja, in ihre Formel – »ohne Ort und Zeit« – gehen sehr reale, individuelle Erfahrungen mancher Genossen ein: daß sie aus ihren »Orten« (Plätzen, Wohnungen, Beziehungen) *vertrieben* wurden, wenn sie ver-

* *Schwarze Protokolle,* 2, 1975, S. 48 (»Die Negation im Exil«)

suchten, ihre Kritik in Fabriken und Stadtviertel zu verlängern. Exemplarisch dafür die Biografie Ulrike M. Meinhofs; *radikal*, 2, 1976, S. 8:
»Erst Protestaktionen im Rahmen der Ostermarschbewegung, dann die ersten Schritte in der Praxis, Bambule, Film, die Agitation in Heimen, Mitarbeit im Märkischen Viertel. Im Heim schlug die Anstaltsleitung zurück und beendete ihre Arbeit (...), im Märkischen Viertel wurden sie mit anderen Besetzern aus dem leerstehenden Fabrikraum, der das Jugendzentrum werden sollte, von den Bullen herausgeprügelt. Ihre Praxis endete (...) an der repressiven Gewalt der Exekutivorgane des Staates.«
Gleichwohl: diese »innere Erfahrung« Ulrike M. Meinhofs (und anderer, die sie in ähnlichen Worten ausgedrückt haben), daß es keinen Ort und keine Zeit gäbe, von denen wir sagen könnten: Von da geh' ich aus! – verdichtet nicht nur solche geschichtlichen Bestimmungen und individuellen Erfahrungen. Sie hat mit Sicherheit noch eine andere, für *sie* (Ulrike M. Meinhof) wie für uns nachvollziehbare, Bedeutung: nämlich den Bruch, den die antiautoritäre Phase der Protestbewegung mit Überlieferungen, mit Denk-, Gefühls- und Affektgewohnheiten vollzogen hat; ein »Bruch«, der *Umstrukturierungen* von Raum und Zeit einleitete, wie sie Merleau-Ponty in seiner *Phänomenologie der Wahrnehmung* (1954) als Moment des revolutionären Prozesses beschrieben hat. Bruch und Absprung 1967/68 waren auf besondere Weise vom »Thermidor« einer Revolution bedroht, weil in keinem «revolutionären Gegenmilieu« verankert: einerseits von der *Traditionalisierung*, in der ein Prozeß der Verdrängung von Erfahrung, von »Bewegungs«-Erfahrung, von Erinnerung und Bedürfnis, von *Subjektivität* begann – wir könnten auch sagen: eine Regression auf entfremdete Formen der Organisation »in Raum und Zeit«; andererseits aber von *Radikalisierungen* des antiautoritäten Bruchs – exemplarisch für *eine* Form dieser Radikalisierung wiederum Ulrike M. Meinhof: sie trennt sich von ihrem Beruf als Journalistin, von ihrer Universitätsarbeit, von der Sphäre der Legalität und entscheidet sich für den *subversiven bewaffneten Kampf*. Hier wird an der Idee der antiautoritären Bewegung: Gegengewalt als Geburtsakt des »neuen Menschen«, festgehalten; es war für sie nun die Guerilla, die

militärische Aktion, die – gleichsam in Erinnerung an Fanon und Guevara – zum Geburtsakt ganz neuer Räume und Zeiten, des *homo novus* der Revolution, werden sollte.
Ich sagte eingangs: In der Verabsolutierung von »Bewegung« scheint die Guerilla *gehend* erst den Ort zu erschaffen, auf dem sie geht. Diese Setzung oder These hat Ulrike M. Meinhof in der Terminologie des »neuen Menschen« so ausgedrückt: Es sei die »Erfahrung jedes einzelnen, daß Leben und Subjektivität nur im bewaffneten antiimperialistischen Kampf möglich sind« (*letzte texte,* S. 24). Mir scheint, daß darin die eigentliche *existentialistische Wendung* der »inneren Erfahrung« des Schwindens von Ort und Zeit liegt – eine abstrakt-konsequente. Zunächst entfaltet sich diese Struktur der Ort- und Zeitlosigkeit – in ihrem Ansatz, wie erinnerlich, eine symbolische Verdichtung historischer Bestimmungen und realer Lebenserfahrungen – in der Art eines notwendigen Selbsterzeugungsprozesses, der »Praxis« genannt wird: *Der Guerillero materialisiert sich (nur) im Kampf,* Negation ist *alles.* Der Bruch mit den alltäglichen, integrierten und traditionell organisierten Räumen und Zeiten gewinnt die Gestalt – und die Gewalt – einer abstrakten Totalität; eine abstrakte Totalität, in der sich nun nicht nur historische Koordinaten, Lebenserfahrungen, politische Ziele symbolisch überhöhen, sondern in der sich auch die *Energien* des Revolutionärs wie in einem Brennglas bündeln. Die Identität des Revolutionärs wird dabei von diesem Totalitätsanspruch *abhängig,* die »Subjektivität« – mit dem Begriff des Revolutionärs bedeutungsgleich geworden – ist auf *diesen* Totalitätsanspruch gegründet, und sonst auf nichts. Holger Meins am 31. Oktober 1974:
»Die Guerilla aber *materialisiert* sich im *Kampf* – in der *revolutionären Aktion,* und zwar: *ohne* Ende – eben: *Kampf bis zum Tod* und natürlich: kollektiv ...«
»Entweder Schwein oder Mensch. Entweder Überleben um jeden Preis oder Kampf bis zum Tod. Entweder Problem oder Lösung. Dazwischen gibt es nichts.«
Was hier unter den Amoklauf von Abstraktionen gerissen wird und vor der abstrakten Totalität des Anspruchs verschwindet, sollten wir so deutlich wie möglich ausdrücken. »Dazwischen gibt es nichts ...«? »Dazwischen« liegt nur die an den realen

Bedingungen wie an den eigenen Bedürfnissen orientierte Lebensperspektive des politischen Menschen. Überleben, ja – aber in historischen Ausnahmesituationen gewiß nicht um *jeden* Preis. Manchen Preis wird man entrichten: es kommt ja nicht darauf an, daß wir als reinere, glühendere, absolute Revolutionäre sterben, wenn wir sterben, sondern daß sich die allgemeinen Verhältnisse ein Stück weit in Richtung auf unsere konkrete Utopie verändert haben. »Entweder Schwein oder Mensch« – ein platonistisches Konzept vom *Menschen,* dazu auf der anderen Seite der Alternative die *Vertierung* des Menschen; *ganz* menschlich nur hier, *ganz* tierisch dort. Aber keiner von uns ist ganz Mensch, d.h. (individualisiertes) *Gattungswesen.* Alles Edle versammelt sich auf dem *einen* Punkt, alles Schmutzige auf dem anderen. Nicht einmal das Wort *Ehre* (zwischen den beiden zitierten Absätzen) fehlt:
»*Dann* – also, wenn Du nicht weiter mithungerst – sagste besser, ehrlicher (wenn Du noch weißt, was das ist: Ehre): ›Wie gesagt: ich lebe. Nieder mit der RAF. Sieg dem SCHWEINESYSTEM‹ –.«
Holger Meins setzt sich in diesem Brief mit Manfred Grashof auseinander, der von einem bestimmten Punkt an am Hungerstreik der RAF nicht mehr teilnehmen wollte. Beide: Holger Meins und Ulrike M. Meinhof, sind tot. Es ist ein Ausdruck der Tatsache, daß ich beide als politische Existenzen ernst nehme, und mich selbst auch, daß meine Trauer über ihren Tod ohne allzugroßen Einfluß auf meine Überlegungen bleibt. Wo Alternativen sich *so* zugespitzt haben, wo das Ausscheiden aus einem langen Hungerstreik in der Auffassung anderer Gruppenmitglieder zugleich bedeutet: »Nieder mit der RAF!« und »Sieg dem Schweinesystem!«, wo die wirkliche Vielzahl der gelebten Zwischentöne und alternativen Handlungs-Möglichkeiten unter das Fallbeil des Absoluten gerät, dort gibt es neben der moralischen Schuld und der rechtlichen Verantwortlichkeit der *Staatsgewalt* für den Tod auch einen *subjektiven* Begründungs- und Verantwortungs-Zusammenhang für den Tod. Wo politische Kämpfer die wechselnden historischen Gestalten, in denen sich ihre Alternativen schon früher einmal ausgedrückt haben (hier Schwein, hier Mensch; Überleben um jeden Preis oder Kampf bis zum Tod; Ehre) offensichtlich nicht mehr mit-

reflektieren, *können* wir Zweifel daran kaum abweisen, was an *dieser* heutigen Gestalt denn zwingend sozialistisch oder kommunistisch sein soll. Aber wir können es bei dem Zweifel belassen, brauchen ihm nicht weiter nachzugehen. Hätte Holger Meins länger leben dürfen, hätte er ihn wahrscheinlich irgendwann einmal selbst gehabt und sich korrigiert. (Auch darum ist es nicht gleichgültig, wie lange einer zu leben hat.) Begnügen wir uns mit der Feststellung, daß in den Auffassungen von Ulrike M. Meinhof und Holger Meins, die wir zitiert haben, die Gefahr extremer Denunziation alternativer Politik liegt: Was innehält, was sich auf das Vorhandene als seinen »Boden« besinnt, oder was seine Lebenstätigkeit waffenlos auf Dauer stellen will, erscheint schon als von der »Totalität der Entfremdung« verschlungen.

Ulrike M. Meinhof: »Was der Metropolen-Guerilla (...) ihre militärische Relevanz gibt, ist die Tatsache, daß sie im Rahmen der Befreiungskämpfe (...) dem Imperialismus hier (...) in den Rücken fallen kann.« Was heißt das wirklich? Nach ihrer objektiven Position und im eigenen Anspruch handelt die RAF »im Rahmen der Befreiungskämpfe«. Soweit uns zuverlässige Informationen zugänglich geworden sind, wurde diese Kooperation *praktisch*, in einer organisierten Weise *real*, für die RAF im wesentlichen im Kontakt mit Palästinensern (mit Personengruppen in den arabischen Staaten, schließlich mit internationalen Einzelnen, für die das gleiche galt*). In der Tat hat die Metropolen-Guerilla in der Bundesrepublik Deutschland mit dem Palästinenser ein strukturell wichtiges Moment gemeinsam: eben die Ortlosigkeit in *einem* ihrer (nicht-symbolischen) Aspekte. Die Interessen, die elementaren Lebensbedürfnisse und kulturellen Überlieferungen der Palästinenser haben seit der Gründung des Staates Israel, nie mehr eine *staatliche Form* gefunden, konnten sich nicht als ein *politisches System* organisieren; sie blieben, auch in der zweiten Generation, in den Flüchtlingslagern geboren, »Gäste« arabischer Staaten, vertrieben in eine »Heimat«,

* Vgl. in jüngster Zeit die OPEC-Entführung (Wien 1975) und die Entebbe-Geiselnahme, 1976.

die aus Baracken besteht*. Ein *Volk im Zwischenland* – bei dem Versuch, Anerkennung zu finden, sich zu materialisieren, vielfach verfolgt, fast dezimiert (so im »Schwarzen September« des Jahres 1970 in Jordanien, so 1976 im Libanon). Das Bedürfnis, einen definierten *Ort* zu haben, der Anspruch, Staat, »Nation« zu werden, war aufgrund ihrer staatlichen Nichtexistenz nicht formell bei völkerrechtlichen Instanzen wie der UNO einzuklagen; nicht einmal der »legitime«, d.h. zwischenstaatlich-protokollarisch *erklärte Krieg* war ihnen möglich. Für die Orts- und Staatslosen wurde daher *jeder* Ort ununterscheidbar potentieller Kriegsschauplatz, jede Kampfhandlung notwendig »illegal«. Für die Palästinenser schien der sog. Internationale Terrorismus gerade einen »Ort«, einen bestimmbaren, für sie zu konstituieren – und er war es im Ansatz auch, wie die Einladung Arafats zur UNO-Vollversammlung bewies. Jedoch auch die Genossen der RAF befanden sich auf ihre prekäre Weise im »Niemandsland«. Ich habe weiter oben schon auf einige reale Aspekte dieser »Ortslosigkeit« hingewiesen (S. 172). Wo sich der innerkapitalistische Konflikt in der Bundesrepublik Deutschland entfaltete oder wenigstens regte – in den Arbeitskämpfen, in (vereinzelten) härteren Formen von Gewerkschaftspolitik, an den Universitäten, in Redaktionen oder unter den Lehrern –, ging er deutlich an den Plänen und Programmen der bewaffneten Gruppierungen vorbei. (Einige der autonomen Jugendzentren bilden hier eine Ausnahme.) Und umgekehrt: Der Versuch dieser Gruppierungen, eine »Front« in der BRD zu bilden, war weder in eine politische Aktivierung der Arbeiterbewegung noch in die organisierte Selbsttätigkeit autonomer Gruppen in Universität und Betrieb integriert.

Die RAF war mit ihren Programmen und Analysen, soweit sie offen zugänglich waren, aber auch in ihren Aktionen und Zielen Jahre hindurch zu sehr umstritten, als daß man sie als Fraktion der westdeutschen Linken hätte bezeichnen wollen – es sei

* »Kairo, 20. Juli (dpa/AP). Syrien und die palästinensische Befreiungsorganisation (PLO) unterzeichneten am Donnerstagabend ein Abkommen, daß – wenn es in Kraft tritt – die bewaffnete palästinensische Präsenz auf die Flüchtlingslager beschränken würde.« (*Frankfurter Rundschau*, 31. Juli 1976)

denn, die Bezeichnung »Fraktion« sollte mehr nicht zum Ausdruck bringen, als daß sie Genossen, Teile der Linken sind. Aus dieser Linken sind sie entstanden, und für diese Linke hat die RAF ihre Wirkungsgeschichte gehabt, und hat sie noch. Andererseits ist der Begriff der *Sympathisanten-Szene* nicht nur eine Erfindung der Staatsgewalt, und impliziert sogar *mehr* als die Behauptung, die RAF habe Anhänger. Die Existenz der »Roten-Armee-Fraktion« (und der »Bewegung 2. Juni«) hat vielmehr sehr viele Linke dazu genötigt, sich bestimmten, von Ulrike M. Meinhof und anderen aufgeworfenen Fragen zu stellen. Auch die noch so kritische Rezeption, wenn sie nur *wirklich* kritisch ist, ist eine Form der *Aneignung*. Auch das Echo, das die RAF und die Prozesse gegen sie im Ausland gefunden haben, hallt im eigenen Lande wider, so daß in jüngerer Zeit ein Stück Abstraktion von der Linken *aufgehoben* wurde. Seit die RAF weitgehend zerschlagen ist, *wird* sie Fraktion.
Nichts dergleichen vollzog sich in der Bevölkerung Westdeutschlands.
Ich weiß nicht recht, was Ulrike M. Meinhof auf den Gedanken gebracht hat, daß »die RAF im Bewußtsein des Volkes begriffen wurde als das, was sie ist: die Praxis, die Sache, die sich logisch und dialektisch aus den bestehenden Verhältnissen ergibt«* – es sei denn, sie verwendete die Vokabel »Volk« in einem Sinne, der das wirkliche, antreffbare Volk aus dem »Volk« ausschließt**.

Friedrich Nietzsche:
»Heroismus – das ist die Gesinnung eines Menschen, welcher ein Ziel anstrebt, gegen das gerechnet er gar nicht mehr in Betracht kommt.
Heroismus ist der gute Wille zum Selbstuntergang.«

»Die Aktionen der RAF haben nicht aus einem blinden Aktionismus heraus stattgefunden. Sondern sie waren genau gezielt gegen militärische und geheimdienstliche Einrichtungen des

* *letzte texte*, S. 55
** P. Brückner/B. Sichtermann, *Gewalt und Solidarität*, Politik 59, Wagenbach, Berlin 1974 (Exkurs über das Volk)

US-Imperialismus in der BRD, die wichtige Funktionen im Völkermord in Vietnam hatten; die Aktionen waren direkte Sabotierung der Menschenvernichtung in Indochina und wurden deshalb bewaffnet ausgeführt, weil parlamentarische und außerparlamentarische Proteste und Widerstandsaktionen allein nicht mehr ausreichten.«*

So betrachtet, hat die RAF *Jeanson'sche* Aktivitäten der studentischen Linken 1968/69 fortgesetzt – etwa die Desertations-Kampagne des SDS. (Auch Gespräche mit Vertretern der PCI über US-Stützpunkte auf Sardinien soll es 1968 gegeben haben.) Aber das Konzept der Guerilla geht über diese direkte Schädigung der Kriegsmaschinerie weit hinaus. Der antiimperialistische Kampf, so Ulrike M. Meinhof (vgl. S. 163) zielt darauf ab, das imperialistische System zu vernichten – politisch, ökonomisch, militärisch, in seinen kulturellen Institutionen und seinem Kommunikationssystem. Doch hat der »Soldat der Weltrevolution« zunächst eine der Zerstörung des Imperialismus vorgelagerte Funktion: nicht das System selbst, sondern seine *Integrationskraft* zu vernichten. Dies soll das System *selbst* einleiten: indem es auf die Metropolen-Guerilla mit voller militärischer Macht-Entfaltung, indem es auf die Verletzung des staatlichen Monopols zur Ausübung physischer Gewalt mit *offener Unterdrückung* reagiert – eine Unterdrückung, die das System niemals auf die wenigen Militanten begrenzen kann, die vielmehr die gesamte *Bevölkerung* trifft, löst es selbst Massen-Loyalitäten auf. Die dann sich des-integrierende, unterdrückte Population werde es, so die Überlegung, in der Auseinandersetzung mit der allgemeinen Repression lernen, ihre eigene strukturelle Unterdrückung zu erkennen und sich massenhaft aufzulehnen**.

Ulrike M. Meinhof stützt sich bei solchen Analysen auf eine Hypothese, vor der – Lateinamerika anbetreffend – schon auf dem Vietnamkongreß 1968, Westberlin, gewarnt worden ist. Die Hypothese: Der Druck der sich verschärfenden Maßnah-

* Aus: *Beweisanträge der Verteidiger im Stammheimer Prozeß*, 1976

** Daß sich Maßnahmen nicht *begrenzen* lassen (siehe oben) trifft zu: Das vor der Verabschiedung stehende neue »Polizeigesetz« der BRD kann und wird für alle Bürger unerfreuliche Konsequenzen haben können. (Es gibt noch viele andere Belege.)

men der Staatsgewalt werde nicht nur die Widerstandskämpfer, sondern viele unterdrückte Schichten und Klassen der Bevölkerung hart treffen. »Dadurch verschärft die herrschende Klasse die Widersprüche zwischen den unterdrückten Klassen und sich selbst, und durch die Schaffung einer solchen Atmosphäre, in die sie zwangsläufig hineingerät, treibt sie das politische Bewußtsein der Massen sprunghaft voran.«* Diese These soll das Produkt einer *Analyse* sein; mir scheint, sie ist eher eine Art willkürlicher Setzung, und nicht nur, weil sie die *Vermittlung* nicht erwähnt, die zwischen der »Atmosphäre« und dem »politischen Bewußtsein der Massen« geleistet werden muß – in der marxistisch-leninistischen Auffassung, aus der die These stammt, notwendig von einer *großen Massenpartei.* Es gibt noch andere Einwände. Die These setzt darauf, daß eine offene Faschisierung: mit Verfolgung, Einschüchterung, Abbau von Grundrechten, Bedrohung jedes Besitzstandes der arbeitenden Klassen, Terror, gar die Vermassung eines KZ-Konzepts von »Ordnung« die Bevölkerung dazu nötigen werde, oder es ihnen ermögliche, »sprunghaft« ihre Interessen gegen Staat und Kapital militant auszudrücken (wobei *wir* als Intellektuelle natürlich wissen, was diese »Interessen« sind – die sogenannten *objektiven***). Daß der Polizeistaat den revolutionären Prozeß vorantreiben werde, indirekt, als sein eigenes historisches Paradox, wäre heute wohl ein ungemein seltenes Ereignis. In Westdeutschland gibt es, soweit ich sehe, überhaupt keinen Grund zur Annahme, daß ökonomische Krise und zunehmende staatliche Repression eine »Bewegung nach links« verursachen, so daß der Kommunist sich wie ein Fisch im Wasser bewegen könne.

Der Staat soll nachholen, was das Kapital »versäumen« mußte: die offene (politische) Verelendung der Massen. Erst soll Faschismus sein, ehe Revolution sein kann? Die Kalkulation, die in dieser Auffassung liegt, ist in der neueren europäischen

* *letzte texte,* S. 58 (Zitat Ulrike M. Meinhofs: A. P. Puyan)

** Wo sich in den »Massen« neue Bedürfnisse, politische Interessen, kritisches Bewußtsein entwickeln, liegen sie durchaus nicht immer auf der Linie des Marxismus-Leninismus, und können »trotzdem« revolutionär sein.

Geschichte nicht belegbar, sie ist spekulativ. Es wäre schon eher historisch belegbar, daß der Kampf *für* bürgerliche Rechte: für ihre Erhaltung, für die Verbreiterung ihres Geltungsbereichs, Emanzipationsschritte der arbeitenden und abhängigen Klassen (und ihrer Organisationen) ermöglicht hat. Wer heute so kalkuliert, macht sich taub für die Frage, *wen* – beispielsweise in der BRD – die »Volkswut« treffen würde, falls die staatliche Repression das Volk durch die Verschlechterung seiner Lebensbedingungen in Wut versetzen sollte. (Vorläufig wird nicht nur ein Rolf Pohle, sondern auch ein schwedischer Bankräuber und Ausbrecher aus dem Gefängnis mit Hilfe deutscher Touristen von der Polizei gefaßt, Hilfssheriffs der Staatsanwaltschaft selbst im Urlaub.) Die Verfechter der These, die ich bestreite, sind blind für Entwicklungen beispielsweise in Uruguay, in denen die offene Konterrevolution nicht nur die Widerstands-Kämpfer dezimiert, sondern die Unterdrückung und Ausbeutung des Volks verschärft *und* allem Anschein auch *stabilisiert* hat. Sie rechnen nicht mit der Chance, daß eine offene Konterrevolution in Westdeutschland große Anteile der Bevölkerung noch sicherer »befrieden« könnte als die westdeutsche Linke (soweit es diese dann noch geben würde).

Bei begrenzterem Anspruch bleibt allerdings die Annahme richtig, daß die Reaktion der Staatsgewalt auf subversiv-militärische Opposition auch konträre, zumindest unbequeme Folgen für die Position des Staates haben wird. Wo Ulrike M. Meinhof sich auf die Feststellung beschränkt, die SPD-Führung geriete in eine spürbare *Isolierung* (*letzte texte,* S. 44) hat sie recht. Sie registriert die antifaschistische Kritik des Auslands, sieht, wie Berufsverbote, Einschränkung der Rechte der Verteidigung, die Haftbedingungen für politische Gefangene in vielen Ländern antideutsche Ressentiments aus der Zeit des Nationalsozialismus und des Zweiten Weltkriegs mobilisieren. Insofern hat die Situation in der Tat ihre listige Dialektik: Eine in Europa isolierte SPD(-FDP)-Regierung wäre ein fragwürdiger Statthalter der US-amerikanischen Interessen in Westeuropa.

Wer einige der Reaktionen führender Politiker und regierungsfreundlicher Journalisten auf die Entebbe-Entführung im Fernsehen verfolgen konnte, sah, daß in den Köpfen der CDU/CSU, aber auch einiger Militärs, die Isolierung der BRD eine aggressive Wendung zu nehmen droht: Organisierung der am »Antiterrorismus« wirklich interessierten Staaten *außerhalb* der UNO (und außerhalb der EG), in Verbindung mit einer weiteren Verminderung parlamentarischer Kontrolle der Apparate außerökonomischer Zwangsgewalt. Diese Tendenzen erinnern an den Austritt Deutschlands aus dem Völkerbund nach 1933. M. a. W.: Die Kritik aus dem Ausland kann nicht nur die Position Bonns schwächen, sie kann auch *Autarkie*-Tendenzen mobilisieren (oder/und zur »Freundschaft« mit Staaten drängen, von denen keine Kritik an der Entdemokratisierung zu befürchten ist). Solche Schritte der Faschisierung würden die Linke in Westdeutschland einer Revolution nicht um einen einzigen Schritt näher bringen: im Gegenteil.

Die Bundesrepublik ist zum stärksten Kettenglied des internationalen Kapitals in Westeuropa geworden. *Sie* vertritt auf der Bühne zeitgeschichtlicher Veränderungen das »retardierende Moment«. Aber auf die Dauer wird sie sich vom Einfluß der politischen Entwicklungen in Frankreich, Italien, Spanien, Portugal hoffentlich nicht ganz ablösen können. So haben wir »Führungssysteme« des Veränderungsprozesses, ob uns das gefällt oder nicht, eher von der Politik großer kommunistischer Parteien (Italien, Frankreich) zu erwarten, *und von den autonomen Klassenbewegungen, die auf diese Politik antworten,* als von militanten Gruppierungen in der BRD; eher von linker Gewerkschaftspolitik, deren Grenzen auch nicht in jedem Staat so eng gezogen sind wie in dem unsrigen, als vom bewaffneten Kampf, vor allem dort, wo er, wie in der BRD, exterritorial bleibt, d.h. herausgelöst ist aus der Sphäre der Fabrik, aus dem Leben der abhängigen und arbeitenden Klassen. So sehr wir auch vom Prozeß der Entdemokratisierung bedroht sind: bis zur Chile-Nostalgie einzelner CDU/CSU-Politiker und ihres Anhangs, ihre Hausphilosophen mit eingerechnet, so sollten wir in der Bundesrepublik, was Politik als Lebensperspektive, was die Entwicklung der »Historischen Alternative« angeht, auf die Vielfalt und Partikularität sozialistischer (und »alternativer«) Projekte und Positionen setzen, und uns wenig vom Druck des Polizeistaats versprechen (der gewiß zunimmt), solange nicht *wir* – undogmatische Linke – ihn, für *viele* verständlich, interpretieren können.

Die Entdemokratisierung ist, wie wir wissen, nicht ein Produkt der RAF (eher noch ist die RAF ein Produkt der Entdemokratisierung). Die Weichen der Politik waren längst in diese Richtung gestellt, ehe 1970 die ersten Fahndungs-Plakate öffentlich angeschlagen wurden. Diese Entwicklung nach dem Ende des Zweiten Weltkriegs nicht verhindert zu haben, ist eine neue Niederlage der *historischen Alternative,* und damit auch *unsere* Niederlage. Die Bestürzung Ulrike M. Meinhofs über die deutsche Geschichte sollten wir teilen:
»... daß (...) unsere Geschichte mal aufhört, eine Geschichte zu sein, über die (...) man sich schämen müßte. Denn das – die Geschichte der Deutschen, des deutschen Monopolkapitals, der deutschen Sozialdemokratie, der Gewerkschaften – zwei imperialistische Weltkriege und 12 Jahre Faschismus nicht verhindert zu haben, nicht mal relevant dagegen gekämpft zu haben, ist die Geschichte der deutschen Arbeiterbewegung.«*
Teilen sollten wir ihre Einsicht, daß die zunehmende Verfilzung von ökonomischer Ausbeutung, politischer Macht und kultureller Despotie, den »Innenbau« der Individuen mitbetreffend, neue Formen und neue Anstrengungen im *Kampf für die Freiheiten* von uns verlangt. Aber die Ideologisierung eines bewaffneten Kampfs, der auch als ein von erfahrener Geschichte wirklich aufgenötigter schrecklich genug wäre, eine Ideologisierung, die in vielen Texten der RAF umgeht, sollten wir *nicht* teilen.

Ulrich K. Preuss zur Praxis der RAF:
»Ihr Konzept des antiimperialistischen Kampfs durch bewaffneten Widerstand ist noch in der Negation des staatlichen Gewaltmonopols eine bürgerliche Variante der Propagierung einer von der sozialen Bewegung abstrahierten Gewalt, die gewissermaßen zum ›cogito‹ aller gesellschaftlichen Beziehungen stilisiert wird.«
in: Politische Prozesse ohne Verteidigung? Politik 62, Wagenbach, Berlin 1976, S.16

* *letzte texte,* S.37

Rede aus Frankfurt

Sie wollten mit den Bomben ein Signal für den bewaffneten Widerstand setzen und haben den Genossen, die sie zu verstehen suchen, ihre politischen und sonstigen Waffen aus der Hand geschlagen. Sie wollten uns damit Mut zum Kampf und Widerstand machen, und haben die meisten von uns doch nur verschreckt und in einen ohnmächtigen Zorn getrieben. Und schließlich wollten sie uns zeigen, daß bewaffneter Widerstand möglich und notwendig ist und zeigen uns dabei doch nur den Weg zur Selbstvernichtung.
Wir meinen es mit (unserer Kritik an, Ref.) dieser Selbstvernichtung ernst, sehr ernst sogar und keineswegs diffamierend. Das Ankämpfen dagegen, die Weigerung, sich noch nicht selbst politisch aufzugeben, obwohl der Gegner übermächtig und seine Gewalt jeden Tag barbarischer erscheint, macht einen wesentlichen Bestandteil der politischen Identität von vielen von uns aus. War es früher der Neid des Hungernden, den die Bourgeoisie unter ihrem reichlich gedeckten Tisch vermutete, so ist es heute der Wahnsinn gescheiterter Existenzen, die sich in Karriere und Konsumgesellschaft nicht zurechtfinden. Generäle und Politiker, die die globale Selbstvernichtung planen, sind normal. Der Soldat, der Gefängnisdirektor, der Lehrer – alle die tun, was man von ihnen verlangt, sind normal. Und ein Prolet, der sein dreißigjähriges Fließbandjubiläum begeht, ist auch normal. Und wir Linksradikale, die wir von Glück und Befriedigung reden, von anderen Arbeits- und Lebensformen, die wir nicht einfach wegsehen können, wenn wir Chile sehen, die den Fordstreik 1973 als das kleine Santiago des westdeutschen Kapitalismus erlebt haben, und die auch das schleichende, antiseptisch saubere Santiago in den Knästen nicht vergessen können, wir sind die Wahnsinnigen, die Utopisten. Wir wollen ein anderes Leben, ein revolutionäres Leben. Wir wollen nicht eines fernen Tages den Sozialismus aufbauen, sondern für uns vollzieht sich Befreiung im alltäglichen Widerstand, in unserem Leben. Aber Widerstand und Leben stehen bei uns in einem sehr praktischen Verhältnis zueinander. Sobald sich das eine vom anderen isoliert, geben wir entweder auf oder gehen in den Unter-

grund. Und je stärker der Druck der Verhältnisse auf uns lastet, umso mehr streben Widerstand und Leben auseinander. Die einen denken nur an ihr Überleben und versteinern dabei. Für sie ist Revolution, Sozialismus, Befreiung, Solidarität eine Sache der Theorie, ein politischer Anspruch, der mit ihrer tagtäglichen Lebenspraxis sehr wenig zu tun hat. Für sie sind es eben die »Systemzwänge«, denen sie als Lehrer, Professoren, Sozialarbeiter und Betriebsräte nicht entkommen können. Und diese Systemzwänge, dieser »Zwang der deutschen Verhältnisse« macht sie zu dem, was Linke in unserem Lande schon immer geworden sind, zu »Untertanensozialisten« reinsten Wassers. Sozialismus ja, auf dem Papier, aber sobald die Sache konkret wird, sobald es nicht um eine abstrakte Kritik an Familie und Sozialisation geht, sondern um konkrete Lebensalternativen, um andere Formen von Leben und Arbeit, da passen sie und verweisen auf ihre »Systemzwänge«. Und taucht irgendwo einmal das Problem der Gewalt von unten praktisch auf, da finden sie zu nichts anderem als zu erschreckender Distanzierung oder maximal zu bürokratischer Belehrung über die Sinnlosigkeit solcher Gewalt.
Die anderen denken nur an Widerstand, an Kampf, und haben sich ein anderes Leben aus dem Kopf geschlagen. Sie treiben ihre vom System erzwungene Selbstentfremdung bis zu physischer und politischer Selbstaufgabe. Ihre Utopie finden sie nunmehr als Soldaten der Weltrevolution in den unterdrückten Massen der Dritten Welt. Ihre Revolution wird zur alleinigen Frage der militärischen Verunsicherung des Hinterlandes des imperialistischen Feindes. Sie handeln wie Techniker, wie Soldaten, wie ein Stoßtrupp im Feindesland, abgeschnitten von den konkreten Bedürfnissen, den persönlichen und politischen Erfahrungen und Problemen jener Menschen, unter denen sie leben. Sie isolieren sich von jeglichem Massenwiderstand, stempeln uns zu Zuschauern ihrer Attentate und setzen dem System einsam und vereinzelt das Messer der militärischen Machtfrage auf die Brust, mit dem ihnen dann jedesmal die eigene Kehle durchgeschnitten wird.
Wir können uns aber nicht einfach von den Genossen der Stadtguerilla distanzieren, weil wir uns dann von uns selbst distanzieren müßten, weil wir unter demselben Widerspruch

leiden, zwischen Hoffnungslosigkeit und blindem Aktionismus hin- und herschwanken.
Aber aus demselben Grund müssen wir die Aktionen der Genossen der Stadtguerilla entschieden angreifen, weil wir wissen und fühlen, daß sie die Selbstaufgabe bedeuten, den Verzicht auf Leben, den Kampf bis zum Tod und damit die Selbstvernichtung. Wir meinen, daß Revolutionäre an dieser Einheit von Widerstand und anderem Leben auch unter den gegenwärtigen deutschen Verhältnissen um jeden Preis festhalten müssen. Nur so kann Befreiung, unsere Befreiung, wirkliche Gestalt annehmen. Wenn unser Programm nur Verzweiflung, Gefängnis und Tod enthält, so sind wir dieser Gesellschaft endgültig unterlegen. Sie hat uns dann unserer Hoffnungen, unserer Kraft zur Utopie und unserer Fähigkeit zum Widerstand beraubt.
Andererseits verstehen wir nur zu gut, wenn Genossinnen und Genossen sagen, daß sie einfach nicht mehr können. Uns treibt nicht mehr der Hunger nach Essen, uns treibt der Hunger nach Freiheit, Liebe, Zärtlichkeit, nach anderen Arbeits- und Verkehrsformen. Und dieser Hunger ist auf die Dauer durch noch so kluge Reden und Analysen nicht aufschiebbar, gar wenn man noch unter den deutschen Verhältnissen der Gegenwart zu leben hat. Wir können sie weder als Agenten noch als Verrückte abtun, als »Desperados, die nichts, aber auch gar nichts mit der Linken zu tun haben«, wie das ein linker Professor einmal formuliert hat. Aber wir könnnen ihnen in ihrer Politik auch nicht folgen, da sie für uns alle Entwaffnung und Selbstvernichtung bedeutet.
Gerade weil unsere Solidarität den Genossen im Untergrund gehört, weil wir uns mit ihnen so eng verbunden fühlen, fordern wir sie von hier aus auf, Schluß zu machen mit diesem Todestrip, runter zu kommen von ihrer »bewaffneten Selbstisolation«, die Bomben wegzulegen, und die Steine* und einen Widerstand der ein anderes Leben meint, wieder aufzunehmen.

Ein Genosse vom *Revolutionären Kampf* auf dem Kongreß des »Sozialistischen Büros« im Juni 1976 (gekürzt); zit. nach: *radikal,* 2, 1976, S. 9

* [Wir lassen diesen Stein stehen, als Stein des Anstoßes, obwohl die deutschen Verhältnisse 1976, politisch und juristisch solche Steine kaum noch ertragen.
Heinrich Heine: »Solche Bücher läßt du drucken! / Teurer Freund, du bist verloren! / Willst du Geld und Ehre haben, / mußt du dich gehörig ducken.«]

Klaus Wagenbach Nachwort

Knapp zwanzig Jahre nach der Erstveröffentlichung dieses Buches sind einige erläuternde Nachbemerkungen zur Neuausgabe sinnvoll, unter anderem schon deswegen, weil diese Neuausgabe überwiegend durch das Interesse junger Leser verursacht wurde. Diese Leser wollen offensichtlich das, was Deutschland heute sein will oder ist, nicht als endliche und endgültige Zukunftsperspektive hinnehmen, die Geschichte der Bundesrepublik bis zur Wiedervereinigung und darüber hinaus nicht als pure Erfolgsgeschichte annehmen, sondern danach fragen, was ihr entgegenstand und warum.
Sie sind mit diesen Fragen den Studenten von 1968 näher als es auf den ersten Blick aussieht. Der erste Blick zurück zeigt nicht nur ein hochabstraktes (marxistisches) Vokabular, sondern auch hochabstrakte Umgangsformen, Überzeugungen, Ziele – eine ferne, unverständliche Welt. Der zweite Blick zeigt allerdings Erfahrungen und Lebensgeschichten, die mehr mit deutscher Geschichte zu tun haben, als vielen damals klar (und lieb) war, und die also für deutsche Leser auch heute wichtig sind: Geschichte hört eben – auch wenn es von manchen Schönrednerkanzeln anders klingt – nicht einfach auf, deutsche schon gar nicht.
Etwa zur Zeit der Veröffentlichung dieses Buches habe ich einen Text (im »Jahrbuch Politik 8«) geschrieben, der zu verstehen versucht, warum sich aus studentischem Protest innerhalb sehr kurzer Zeit äußerst militante Kader entwickelten. Ich zitiere hier die wichtigsten Passagen, um die Zustände und politischen Vorstellungen der Jahre, von denen das Buch Peter Brückners handelt, für heutige Leser besser verständlich zu machen.

Die Unbedingheit, die Militanz

»Es ist heute [1978] sehr schwer zu erklären, warum die ›Neue Linke‹, die ›APO‹ (Außerparlamentarische Opposition) bereits 1969, zwei oder höchstens drei Jahre nach ihrem Beginn, kurzfristig nur noch zwei Möglichkeiten für ihre künftige politische Praxis sah: den militärischen Kampf (die Stadtguerilla der späten RAF) odern den Aufbau marxistisch-leninistischer Parteien (z.B. die KPD/AO = Kommunistische Partei Deutschlands Aufbau Organisation).

Etwas drittes gab es nicht (das heißt: damals noch nicht). Es gab nur die Möglichkeit des ›Aussteigens‹ aus der APO – und davon machten allerdings Tausende Gebrauch. Es wurde ja auch durch eine ›Generalamnestie‹ seitens der Staatsgewalt gefördert – wer sie in Anspruch nahm, dem wurde die Biographie bis dahin nicht nachgerechnet. Die Kehrseite dieser ›Generalamnestie‹ hieß aber: von nun an *wird* die Biographie nachgerechnet. Die übriggebliebene Linke war also vorgewarnt, was zu strafferen Organisationsformen führen *mußte.*

Warum gab es nichts Drittes? Der Grund dafür war eine vollkommen berechtigte – psychologische Sperre, deren Gründe man etwas ausführlicher erklären muß: Die ›Neue Linke‹ von 1967 war einerseits ein Versuch, gegenüber einem autoritären Staat eine demokratische Gesellschaft durchzusetzen, andererseits aber auch ein Widerspruch zur Feigheit und Korruption der älteren Generation. Diesen Mangel an Zivilcourage, dieses politische Desinteresse hatten die jungen Linken nicht nur in den fünfziger Jahren zu Hause erfahren, sondern er starrt uns ja aus der ganzen deutschen Geschichte an, besonders aus den dreißiger Jahren. Die überwältigende Mehrheit der jungen Linken mußte sich die Geschichte der Unterdrückung der alten Linken in den Nachkriegsjahren (bis zum Verbot der Kommunistischen Partei 1956) aus Büchern zusammenbuchstabieren (die zudem damals zumeist noch gar nicht erschienen waren). Was sie aber genau kannte, war die Ichschwäche und politische Verdrängung ihrer bürgerlichen Umwelt.

Die letzte wirklich große politische Auseinandersetzung, die quer durchs Volk ging – die Frage der Wiederbewaffnung – lag fünfzehn Jahre zurück. Sie hatte nicht nur mit einem massiven Sieg der Befürworter der Bundeswehr geendet, sondern war auch der Beginn der schleichenden Kompromißlerei ihrer Gegner, insbesondere der SPD, die sich damit fünfzehn Jahre später das Eintrittsbillett in die Große Koalition erkaufte.

Nachdem die Beamten der NS-Zeit von der Bundesrepublik

übernommen und die Industriellen nicht entnazifiziert worden waren, sondern ihren ›Besitz‹ zurückerhielten, durften nun auch wieder die alten NS-Offiziere der Republik dienen. Die linken und liberalen Teile des Bürgertums (und nur vom Bürgertum, den Elternhäusern der Neuen Linken, ist hier die Rede) fanden entweder keinen Platz in den von Nazis und Nazimitläufern wimmelnden drei Säulen der Republik oder sie waren abgestoßen von der Zusammenarbeit mit ihren Feinden, die ihnen da geboten wurde, deprimiert und entmutigt.
Die große Ruhe kehrte in die deutsche Bürgerfamilie ein, der Slogan ›Keine Experimente‹, mit dem Adenauer jede Wahl gewann. Wer diesen Kordon aus Resignation und Lüge, diesen Widerspruch zwischen Familiensinn und politischer Feigheit, zwischen innerfamiliärer Kommandogewalt und außerfamiliärem Untertanengeist durchbrechen wollte, der brauchte eben jenes Maß an persönlichem Mut und Autonomie, jenes Maximum an Abwehr gegenüber der Umwelt, das dann auch zur jeweils maximalen Abwehr durch die Umwelt führte, bis zur Erschießung von Benno Ohnesorg durch einen Polizisten. Mit diesen Schüssen begann dann auch die Neue Linke, sich immer stärker über die Konfrontation zu begreifen. Die demokratischen, sozialistischen und utopischen Inhalte wurden schwächer, die Definition über ›den Staat‹ und ›die Bullen‹ wurde stärker. Damit begann die unselige linke Konkurenz bei der Suche nach der extremsten Gegenposition. Es war auch ein Wettlauf gegen die eigene Angst.
In der Diskussion und politischen Papieren der Jahre 1969/71 spielte die persönliche Angst eine zentrale Rolle. Wer Angst auch nur vermuten ließ, war ein ›feiges Schwein‹, dachte nur an ›eine bürgerliche Karriere‹, war ein ›Konterrevolutionär‹.
Diese quälenden Diskussionen stürzten jeden, der länger daran teilnahm, in Zweifel und Ängste, führten zu Spaltungen von Kollektiven und Wohngemeinschaften, zu Trennungen, Feindschaften und Verlust von Freunden. Die Zunahme des staatlichen, juristischen und polizeilichen Drucks verlangte von jedem Linken ein Maximum an politischer Autonomie, an Ich-Stärke, die zunehmend straffere Organisation innerhalb der Linken verlangte das Gegenteil: die Aufgabe der Individualität gegenüber den Kadern, die Unterwerfung.

Das erklärt, warum viele Linke damals ihre Angst nicht zu formulieren wagten, weil sie sie für eben jene politische Feigheit und Schwäche hielten, die sie am deutschen Bürgertum mit Grund verachteten. Sie hatten Angst vor der Angst. Wir waren ja in dieser Zeit sehr entschieden und sehr ratlos. Es war kein Verdienst der älteren Linken (vom Bürgertum zu schweigen), sich damals von der Neuen Linken abgewandt zu haben, sondern ein schwerer Fehler.
So konnte der Anspruch auf pesönlichen Mut und Solidarität fast bedingungslos abgerufen werden von den Kadern der RAF und der KPD/AO, als Anspruch auf militärische Disziplin und als Anspruch auf programmierte Basis- und Betriebsarbeit (und viele Genossen fanden ihre Angst, d.h. ihren Mut erst wieder, als die RAF die Antwort auf Fragen nach der Ermordung Unschuldiger schuldig blieb und das Unterwerfungszeremoniell unter ZK-Beschlüsse der KPD/AO immer absurder wurde).
Die Theorie war demngegenüber sozusagen gesichertes Beiwerk, Kritik am Marxismus-Leninismus war weniger gefragt als die Kritik der Mittel zu seiner Durchsetzung.«
Soweit meine Überlegungen von 1978.

Die Vorgeschichte des Buchs

Das Buch über Ulrike Meinhof war ein Auftrag des Verlages. Ursprünglich sollte es eine Sammlung der wichtigsten Aufsätze Ulrike Meinhofs mit einem Vorwort von Peter Brückner werden, erst später wurde daraus das Buch in der vorliegenden Form. Besprochen haben wir es in der Zeit von Ulrike Meinhofs Tod, der uns beiden sehr nahe ging. Beide waren wir mit ihr befreundet gewesen; ich war zudem seit der Veröffentlichung des Textbuchs von »Bambule« ihr Verleger.
Der Fernsehfilm »Bambule« war die letzte Arbeit von Ulrike Meinhof, bevor sie in den Untergrund ging und hätte kurz darauf gesendet werden sollen (was nicht geschah, so daß das Textbuch fast zwei Jahrzehnte die einzige Quelle für Ulrike Meinhofs Arbeit mit »Randgruppen«, in diesem Fall Fürsorgezöglinge, blieb). Zuvor hätte ich schon der Verleger eines Buches über die Arbeit mit randständigen Gruppen sein sollen, das Ulrike Meinhof 1970 zusammen mit Andreas Baader schrei-

ben wollte. Angeblich. In Wirklichkeit diente der Verlagsvertrag dazu, eine ›Ausführung‹ Andreas Baaders (wegen Brandstiftung verurteilt) aus dem Gefängnis in eine Bibliothek zu erreichen, wo er mit Waffengewalt befreit werden sollte. Als Ulrike mich in den Plan einweihte, habe ich, in einer langen Diskussion (auf der Straße, der Verlag wurde damals schon überwacht), versucht, sie von einer Teilnahme abzuhalten, leider vergeblich. Dennoch blieb ich in der folgenden Zeit mit ihr in Kontakt, half, wo es ging, und bemühte mich noch im Frühjahr 1972, sie samt einem fertigen Plan zur Flucht nach Algerien zu bewegen. Aber sie war, verzweifelt und entschlossen, von jener oben beschriebenen Unbedingtheit, die sie, zum Beispiel, sagen ließ, was kein Truppenkommandeur (schon gar nicht des Vietcong) gesagt haben würde: »Der Vietcong macht auch keinen Urlaub.«

So weit war es also gekommen und so blieb es viele Jahre: Im Kampf gegen eine deutsche Staatsgewalt, die »sich keinem Lernprozeß ausgesetzt hatte« übernahm die deutsche Linke »Aspekte des eigenen Selbstverständnisses aus den Händen der Herrschaft«. So beschrieb es Peter Brückner und er war einer der wenigen, der es sah und beschreiben konnte: Psychologe in Hannover, von einem verständnislosen niedersächsischen Kulturminister in vorauseilendem Gehorsam dienstenthoben, mit dem (nie erfüllten) Wunsch, auch Soziologie zu lehren, weil, die Barbara Sichtermann es sehr schön und genau beschrieben hat, »das Rätsel, das eine Lebensgeschichte aufgibt, immer irgendwie gelöst wird – und sei es durch Tod oder Vergessen. Die Rätsel der Geschichte aber bleiben da, sie häufen sich auf und wuchern – sie wachsen zu Bergen, und daß die junge Generation von heute [1994] manchmal glaubt, sie brauche diesen Berg nicht abzutragen, sondern könne einfach drüberklettern – das hätte Brückner als einen tragikomischen Irrtum aufgefaßt, den er mit seiner typischen mehrdimensionalen, von Ironie und mannigfachen Anspielungen blitzenden Redeweise versucht hätte aufzuklären.« (Aus dem Vorwort zu Peter Brückners Autobiographie »Abseits als sicherer Ort«)

Der Tod Ulrike Meinhofs am 8. Mai 1976 in Stammheim ließ beides zusammenfließen, Lebensgeschichte und Geschichte. Ich habe deswegen, weil Ulrike Meinhof ein sehr geschichtsbewußter Mensch war, nie recht an einen staatlichen Mord geglaubt. Zweifel bleiben freilich nach allem, wozu ein deutscher Staat fähig ist, auch ein deutscher Rechtsstaat – ich kann es aus eigener Erfahrung bezeugen. Autor und Verlag haben sich deswegen eines Urteils enthalten, was aber den Gefangenen der RAF, besonders Gudrun Enßlin, bereits zu wenig war. Das hatte schon für meine (unten abgedruckte) Grabrede gegolten (zu der ich erst abends zuvor gebeten worden war, nachdem offenbar andere mögliche Redner abgesagt hatten), deren Hinweis auf die »deutschen Verhältnisse«, die Ulrike Meinhof umgebracht hätten, nicht nur als feige, sondern als ›konterrevolutionär‹ bezeichnet wurde. Man brauchte offenbar die Vorstellung eines staatlich gedungenen Mörders, um nicht über ein nationales Umfeld nachdenken zu müssen, in dem sich beispielsweise – nach der Theorie – die Revolutionäre »wie Fische im Wasser« hätten bewegen können.

So wurde also dem Verlag zuerst die Veröffentlichung der Aufsätze von Ulrike Meinhof verboten, durch Claus Croissant, einen Verteidiger der RAF (und zu dieser Zeit Testamentsvollstrecker Ulrike Meinhofs). Wie erwähnt, war das Buch inzwischen aber schon über eine Aufsatzsammlung hinaus gewachsen zu einem eigenständigen Buch, dem wir dann den jetzigen Titel gaben, was offenbar wiederum als Provokation empfunden wurde. Jedenfalls stand im November 1976 – das Buch war gerade gesetzt – Claus Croissant in der Verlagstür und verlangte, das Buch dürfe nicht erscheinen, weil es die »Selbstmordthese« vertrete. Als ich das (wahrheitsgemäß) bestritt, öffnete Croissant einen Aktenordner und überreichte mir einen Zettel Gudrun Enßlins, in dem sie mir im besten Gruppenton befahl, den Anweisungen zu folgen. (Siehe Abbildung auf der nächsten Seite; mit »iuk« war das »Internationale Untersuchungskomitee« genannt, das den Tod von Ulrike Meinhof untersuchen sollte). Ich wies Croissant die Türe und wir haben das Buch innerhalb kürzester Zeit veröffentlicht.

lieber wagenbach,

wir haben nichts gegen eine politische biographie, wenn sie der arbeit der iuk funktional ist. wogegen wir allerdings ne menge haben, ist eine schwarte, in der der kaputte kitsch von typen, die das arrangement mit der spd suchen, mit u's texten transportiert wird.

wenn es richtig ist, dass du dieses buch machst, um die selbstmordthese der bundesanwaltschaft zu untermauern und damit das ergebnis der iuk zu präjudizieren, wirst du damit rechnen müssen, dass es ausser den ideen der juristen, die die veröffentlichung verhindern wollen, auch ein paar einfälle von uns gibt, um deinen devotionalienhandel zu stören.
d.h. du wirst dich in der interpretation ihres todes an die zweifel halten, die die dokumentation der anwälte begründet, wenn schon nicht an das was wir sagen (und ihre briefe + manuskripte). und du lässt es vielleicht auch lieber, dich mit idiotien lächerlich zu machen, wie ulrike, deren ganze geschichte antifaschistisches engagement war, hätte sich ausgerechnet am jahrestag der niederlage des faschismus umgebracht, etwa um das 'signal zu setzen', auf das ne alte votze wie du gewartet hat, um sich dem markt endlich ganz zu überlassen.

gruss g. 11.11.

Im letzten Moment vor der Auslieferung stellte der Autor allerdings fest, daß im fertigen Buch eine Seite völlig korrumpiert war, sodaß ein umfanggreicher Errata-Zettel eingelegt werden mußte. Die Seite (in diesem Buch: Seite 175/6) war dem bereits genannten ›nationalen Umfeld‹ gewidmet, das Brückner so behutsam wie möglich zu bedenken gibt. Er vermeidet zum Beispiel bewußt den Hinweis auf eine »Ehre«, die auch auf den Koppelschlössern der SS zu lesen war (»Unsere Ehre ist die Treue«), sondern schreibt: »... wo die Vielzahl der gelebten Zwischentöne und alternativen Handlungs-Möglichkeiten unter das Fallbeil des Absoluten gerät, ... wo politische Kämpfer die wechselnden historischen Gestalten, in denen sich ihre Alternativen schon früher einmal ausgedrückt haben (hier Schwein, hier Mensch; überleben um jeden Preis oder Kampf bis zum Tod; Ehre) offensichtlich nicht mehr mitreflektieren, *können* wir Zweifel daran kaum abweisen, was an *dieser* heutigen Gestalt denn zwingend sozialistisch oder kommunistisch sein soll.«
Eben *das* (und nicht die »Selbstmordthese«) sollte nicht bewußt gemacht und verbreitet werden, und als es sich weder durch Einschüchterung noch durch innerbetriebliche Sabotage (die noch ein schwieriges Nachspiel haben sollte) erreichen ließ, griff man zur höchst bürgerlichen Waffe der Einstweiligen Verfügung: Kurz nach Auslieferung des Buches erhielten wir von einer angesehenen Hamburger Kanzlei (im Auftrag von Claus Croissant) ein Vertriebsverbot wegen Verletzung der Urheberrechte von Ulrike Meinhof, da die Zitate aus ihren Schriften zu umfangreich seien. Das Buch war nicht nur vom Markt, sondern ich konnte mich unter den gegebenen Umständen auch nicht öffentlich dagegen wehren. So wandte ich mich an den »Verband Linker Buchhandel«, der – dank sei Helmut Richter und Daniel Cohn-Bendit! – eine Versammlung nach Darmstadt einberief, zu der auch Claus Croissant kam, kommen mußte, denn die linken Buchläden waren damals die einzigen, die die Schriften der RAF noch vertrieben. Das war mein Glück: Zwar war die Diskussion den Zeiten entsprechend lang, ermüdend und kontrovers, aber die Türen waren von ein paar klugen Genossen abgeschlossen worden und öffneten sich erst, nachdem Croissant einen Widerruf der Einstweiligen Verfügung unterzeichnet hatte ...

Das Buch war wieder legalisiert und fand eine große Verbreitung. Ob auch Wirkung – wir wissen es nicht, wie stets bei Büchern.

Grabrede für Ulrike Meinhof

15.5.1976

Der jetzige politische Zustand in Deutschland soll zu tun haben – so die offizielle These – mit der »Bedrohung der Demokratie durch terroristische Gruppen«. Für diese Gruppen war Ulrike Meinhof das Symbol. Es ist deswegen vollkommen absurd, wenn jetzt die Staatsgewalt so tut, als habe der Tod von Ulrike Meinhof *nichts* mit unsern Zuständen zu tun.

Die offiziellen Stellen mögen nachzuweisen versuchen, daß der Tod Ulrike Meinhofs ein ›Selbstmord‹ gewesen sei. Sie werden damit nicht unsere deutschen Zustände aus der Welt schaffen: Ein massives, lange vor irgendwelchen ›terroristischen Gruppen‹ – 1968 – geschaffenes ›Notstandsgesetz‹. Ein noch viel länger zurückliegendes Verbot der kommunistischen Partei und die mit ihm verbundenen Verfolgungen. Neuerdings die Verordnung zum Schutz der Beamten vor Linken jeder Art. Und schließlich das erst wenige Wochen alte Gesetz gegen »die Befürwortung von Gewalt«.

Was Ulrike Meinhof umgebracht hat, waren die deutschen Verhältnisse. Der Extremismus derjenigen, die alles für extremistisch erklären, was eine Veränderung der Verhältnisse auch nur zur Diskussion stellt.

Ulrike Meinhof, geboren in der Mitte der dreißiger Jahre, war alt genug, um die sinnlichen Erscheinungsformen des Nazismus noch wahrzunehmen. In den fünfziger Jahren wuchs sie bei Renate Riemeck auf, einer Antifaschistin, die für die ›Friedensbewegung‹ arbeitete, eine Organisation, die die Wiederbewaffnung zu verhindert suchte. Auch die Sozialdemokraten waren damals gegen die Wiederbewaffnung – heute, angesichts eines sozialdemokratischen Verteidigungsministers, mögen sie ebenso ungern daran erinnert werden wie an ihre ersten Nachkriegsprogramme. Als die Bundeswehr durchgesetzt worden war,, wurde die Kampagne gegen die Wiederbewaffnung abge-

löst von der »Kampagne gegen den Atomtod«, an der in der ersten Zeit die Sozialdemokratie ebenfalls beteiligt war. Erst in der zweiten Hälfte der fünfziger Jahre fand praktisch der Bruch innerhalb der Linken statt: Die Sozialdemokratie schied aus der »Kampagne« aus und nahm Kurs auf NATO und Godesberger Programm.
Dies waren die ersten politischen Erfahrungen Ulrike Meinhofs. Im folgenden Jahrzehnt – von der Mitte der fünziger bis zur Mitte der sechziger Jahre – wurde Ulrike Meinhof innerhalb weniger Jahre zur bedeutendsten linken Journalistin der Bundesrepublik. *Sie* war es, die am klarsten die Enttäuschungen über die reaktionäre Entwicklung der Sozialdemokratie formulierte. Sie kämpfte gegen den Krieg in Algerien, gegen die Notstandgesetze und gegen die ›Große Koalition‹. Sie agitierte für die Beendigung des Krieges in Vietnam und für eine andere ›Ostpolitik‹. Sie widmete sich schließlich zwei Grundfragen des Marxismus: der Klassenanalyse und der Frage der revolutionären Gewalt:
Wer gehört zur ausgebeuteten und unterdrückten Klasse? Und, damit verbunden, wie ist die Befreiung dieser Klasse durchzusetzen? Es waren Überlegungen, die von den Betroffenen ausgingen, vom tatsächlichen Elend, nicht von der theoretischen Entfremdung. Und da waren es die Randgruppen, die in den Blick gerieten: Die Eingesperrten, die Fürsorgezöglinge, die Weggelaufenen und Durchgedrehten. Ulrike Meinhof nahm damit sehr früh etwas wahr, was wir heute erst zu begreifen beginnen: die psychischen Kosten des Kapitalismus, die *innere* Verelendung.
Ulrike Meinhof berichtete viele Jahre über Gefängnisse und Fürsorgeheime, sie arbeitete in Stadtteilen und sie war Beobachterin in Prozessen. 1970 ging sie in den Untergrund und propagiert den bewaffneten Kampf für die Veränderung der Verhältnisse.
Auch diese Entscheidung hat mit unseren deutschen Verhältnissen zu tun: Die Polizei hatte zu jener Zeit – 1970 – die ersten Demonstranten erschossen, der Kampf gegen die Notstandsgesetze war vergeblich gewesen, der Bombenterror in Vietnam war auf dem Höhepunkt, die politische Kritik in den Medien wurde immer stärker zensiert.

Die rasende Wut der Staatsgewalt gegen die »Rote Armee Fraktion« haben wir alle erlebt. Die »Baader-Meinhof-Bande« wurde zum ›Staatsfeind Nr. 1‹ erklärt, ganze Stadtviertel abgeriegelt, tausende von Personen Tag und Nacht vom ›Staatsschutz‹ überwacht, hunderte von Wohnungen durchsucht – am Ende machte sich die Polizei nicht einmal mehr die Mühe zu klingeln und einen Durchsuchungsbefehl vorzuweisen: sie trat einfach die Tür ein und nahm sämtliche Bewohner und Papiere mit. Und schließlich: Die Polizei tötete während der zweijährigen Fahndung *mehr* Menschen als die fünf, die bei den Attentaten der »Roten Armee Fraktion« getötet wurden.
Wir haben erlebt, wie die politische Zielrichtung der Attentate geleugnet wurde und weiter nach den ›Kriminellen‹ gefahndet wurde, obwohl bereits der *Umfang* der Fahndungen diese Behauptung widerlegte. Wir haben erlebt, wie die politischen Manifeste der Gruppe unterdrückt wurden. Wir haben schließlich erlebt, wie der Prozeß gegen Ulrike Meinhof geführt wurde.
Ulrike Meinhof war eine der klarsten Kritikerinnen des Kapitalismus in der Bundesrepublik. Diejenigen, die ihre Taten als ›Anarchistin‹ kritisieren, sind fast stets diejenigen, die sie in den Jahren zuvor als Kritikerin bekämpften und lächerlich machten.
Das wollen wir nicht vergessen. Es sind *unsere* Verhältnisse, die wir nicht vergessen wollen. Ulrike Meinhof starb am 8. Mai. An diesem Tag wurde vor 31 Jahren der Krieg beendet. An diesem Tag eröffneten die Christdemokraten den diesjährigen Bundestagswahlkampf mit der Parole »Freiheit oder Sozialismus«!
Wir sagen, mit Rosa Luxemburg und Ulrike Meinhof: »Freiheit *und* Sozialismus!«
Und diejenigen unter uns, denen vielleicht die Entschiedenheit und Strenge Ulrike Meinhofs zu fremd ist, erinnern wir an die beiden Zeilen von Bert Brecht: »Ach, wir / Die wir den Boden bereiten wollten für Freundlichkeit / Konnten selber nicht freundlich sein.«

Zeittafel

1934

7. Oktober: Ulrike Marie Meinhof wird in Oldenburg geboren

1939

Tod des Vaters von Ulrike M. Meinhof, des Kunsthistorikers Dr. Werner Meinhof, seit 1936 Direktor des Stadtmuseums in Jena

1945

8. Mai: Kapitulation der deutschen Wehrmacht
17. Juli bis 2. August: Potsdamer Konferenz; Unterzeichnung des Potsdamer Abkommens (Verschiebung der polnischen Grenzen; Ausweisung der deutschen Bevölkerung aus den Ostgebieten)

1946

Die Familie Meinhof verläßt die sowjetisch besetzte Zone und zieht von Jena nach Oldenburg, wo Ulrike M. Meinhof das Gymnasium besucht
21./22. April: Vereinigungsparteitag von SPD und KPD in der sowjetisch besetzten Zone
Oktober: Verkündigung der Urteile im Nürnberger Hauptkriegsverbrecherprozeß

1947

Juni: Die USA legen den Marshall-Plan (Kredite und Zuschüsse zum Wiederaufbau) vor
November: Der »Kulturbund für die demokratische Erneuerung Deutschlands« wird im amerikanischen und britischen Sektor Berlins verboten

1948

Tod der Mutter von Ulrike M. Meinhof, der Kunsthistorikerin Dr. Ingeborg Meinhof; fortan wächst Ulrike mit ihrer älteren Schwester unter der gesetzlichen Vormundschaft der Historikerin und späteren Mitbegründerin der »Deutschen Friedens-Union«, Prof. Renate Riemeck, auf
21. Juni: Währungsreform in den drei Westzonen. Zwei Tage später wird Westberlin in die Währungsreform einbezogen; am 26. Juni Beginn der Blockade und Luftbrücke (bis 5. Mai 1949)

1949

8. April: Zusammenschluß der drei Westzonen zur Trizone
23. Mai: Verkündigung des Grundgesetzes der BRD
14. August: Erste Wahlen zum Deutschen Bundestag (Ergebnis: CDU 31,0%; SPD 29,2%; LPD, später FDP 11,9%; KPD 5,7%)
12. September: Theodor Heuss wird zum ersten Bundespräsidenten gewählt; drei Tage später Konrad Adenauer zum ersten Bundeskanzler
7. Oktober: Gründung der DDR; am 11. 10. wird Wilhelm Pieck zum Präsidenten, einen Tag später Otto Grotewohl zum Ministerpräsidenten der DDR gewählt

1950

25. Juni: Beginn des Korea-Kriegs (Waffenstillstand am 27. 7. 1953)
3. August: Gesetz zur Gründung des Verfassungsschutzes
31. August: Bundesinnenminister Gustav Heinemann kündigt wegen schwerwiegender Differenzen in der Frage der Wiederaufrüstung seinen Rücktritt (9. 10.) an
26. Oktober: Das »Amt Blank« übernimmt die Organisation der Wiederaufrüstung

1951

30. Januar: Der DDR-Ministerpräsident schlägt zur Wiederherstellung der deutschen Einheit die Bildung eines »gesamtdeutschen Rates« vor
6. März: Änderung des Besatzungsstatuts – der BRD wird eine selbständige Außenpolitik zugebilligt
24. April: Eine Volksbefragung zur Frage der Wiederaufrüstung wird von der Bundesregierung verboten
26. Juni: Die Bundesregierung verbietet die Jugendorganisation der KPD (FDJ)
26. Juli: Die Bundesregierung verbietet die »Vereinigung der Verfolgten des Naziregimes«; ihre Arbeit sei »gegen die verfassungsmäßige Ordnung gerichtet«

1952

Renate Riemeck erhält eine Professur am Pädagogischen Institut in Weilburg; Ulrike M. Meinhof besucht hier das Philippinum, engagiert sich in der Schülermitverwaltung, wird Mitglied der Europabewegung und ist Mitherausgeberin der Schülerzeitung
10. März: Note der Sowjetunion zur Deutschlandfrage mit dem Angebot der Wiedervereinigung; der Notenaustausch der Alliierten bleibt ohne Ergebnis
26. Mai: Unterzeichnung des »Deutschlandvertrages«: Ablösung des »Besatzungsstatuts« der westlichen Alliierten; die BRD wird souverän
24. Juni: Die erste Ausgabe der »Bild-Zeitung« erscheint

1953

18. März: Gegen die Stimmen von SPD und KPD nimmt der Bundestag den Vertrag über die Gründung der »Europäischen Verteidigungsgemeinschaft« an
17. Juni: Aufstand in der DDR
6. September: Wahlen zum Bundestag (Ergebnis: CDU 45,2%; SPD 28,8%; FDP 9,5%; BHE 5,9%; DP 3,3%; KPD 2,2%); Konrad Adenauer wird wieder Bundeskanzler
27. Oktober: Hans Globke, maßgeblich an den nazistischen Rassegesetzen beteiligt, wird Staatssekretär im Bundeskanzleramt

1954

26. Februar: Der Bundestag verabschiedet die Wehrergänzung zum Grundgesetz
23. Oktober: Pariser Verträge: Die BRD wird in die Westeuropäische Union aufgenommen, ihr Beitritt zur NATO (am 9. 5. 1955 vollzogen) beschlossen
29. November bis 2. Dezember: Ostblockkonferenz in Moskau: Angebot freier gesamtdeutscher Wahlen gegen den Verzicht auf die Wiederbewaffnung der BRD

1955

Ulrike M. Meinhof legt das Abitur ab und beginnt in Marburg ihr Studium der Philosophie, Pädagogik, Soziologie und Germanistik

25. Januar: Die Sowjetunion erklärt den Kriegszustand mit Deutschland für beendet

7. Juni: Theodor Blank wird erster Verteidigungsminister der BRD

September: Besuch Adenauers in der Sowjetunion; Aufnahme diplomatischer Beziehungen

20. Oktober: Gründung eines Ministeriums für Atomfragen

7. Dezember: Bundesaußenminister Heinrich von Brentano erläutert die »Hallstein-Doktrin«: informelle, nie schriftlich fixierte Doktrin; ihrzufolge drohte die Bundesregierung jedem Land den Abbruch der diplomatischen Beziehungen an, das mit der DDR offizielle Beziehungen aufnahm

1956

2. Januar: Die ersten Einheiten der Bundeswehr werden aufgestellt

7. Juli: Allgemeine Wehrpflicht in der BRD

17. August: Die KPD wird vom Bundesverfassungsgericht als verfassungsfeindlich verboten

1957

Ulrike M. Meinhof wechselt zum Wintersemester an die Uni Münster. Sie wird Sprecherin des »Anti-Atomtod-Ausschusses«, der sich um den SDS (»Sozialistischer Deutscher Studentenbund«) herum gebildet hat

12. April: 18 westdeutsche Atomwissenschaftler und Nobelpreisträger wenden sich mit der »Göttinger Erklärung« gegen jede atomare Bewaffnung der Bundeswehr

15. September: In den sogenannten »Adenauer-Wahlen« erringt die CDU die absolute Mehrheit (Ergebnis: CDU 50,2%, SPD 31,8%; FDP 7,7%; BHE 4,6%)

Oktober: Der Rapacki-Plan, benannt nach dem polnischen Außenminister, schlägt eine neutralisierte, waffenfreie Zone in Mitteleuropa vor

1958

Ulrike M. Meinhof tritt dem SDS bei. Für zahlreiche studentische Zeitungen verfaßt sie Artikel zur Atomfrage, organisiert Anti-Atom-Veranstaltungen und -Unterschriftensammlungen

20. Januar: Adenauer lehnt in einem Schreiben an den Vorsitzenden des Ministerrats der Sowjetunion dessen Vorschlag einer Konföderation beider deutscher Staaten als Vorstufe einer Wiedervereinigung ab

10. März: Gründung des Arbeitsausschusses »Kampf dem Atomtod« in Frankfurt

25. März: Gegen SPD und FDP stimmt der Bundestag einer Ausrüstung der Bundeswehr mit taktischen Atomwaffen zu. Die SPD fordert eine Volksbefragung

Mai: In elf deutschen Universitätsstädten finden Großkundgebungen gegen die atomare Bewaffnung statt. Ulrike M. Meinhof gehört zu den Hauptorganisatoren und hält auf der Demonstration in Münster eine Rede. Auf einer Pressekonferenz der Atomwaffengegner lernt sie Klaus Rainer Röhl, den Verleger der Zeitschrift »konkret« kennen

30. Juli: Das Bundesverfassungsgericht erklärt eine Volksabstimmung über die Atomwaffenausrüstung der Bundeswehr für verfassungswidrig

1959

3./4. Januar: Studentenkongreß gegen Atomrüstung in West-Berlin; die »konkret«-Gruppe im SDS, vor allem durch Ulrike M. Meinhof vertreten, setzt sich gegen die SPD-Fraktion durch. Die Schlußresolution fordert Verhandlungen mit der DDR und stellt den Antikommunismus der Adenauer-Zeit öffentlich in Frage. Die SPD reagiert mit dem Ausschluß aller »konkret«-Mitarbeiter aus dem SDS *1. Juli:* Nachdem Konrad Adenauer seine Kandidatur drei Wochen vor der Wahl zurückgezogen hatte, wird Heinrich Lübke Bundespräsident

15. September: Nikita Chruschtschow besucht als erster sowjetischer Ministerpräsident die USA; in einer Rede vor der UNO-Vollversammlung schlägt er eine allgemeine kontrollierte Abrüstung vor.

15. November: Mit dem »Godesberger Programm« vollzieht die SPD den Kurswechsel von der Arbeiter- zur Volkspartei.

Ulrike M. Meinhof schreibt in »konkret« ihre erste Kolumne: »Der Friede macht Geschichte«

1960

Januar: Ulrike M. Meinhof wird Chefredakteurin von »konkret«

Bundesinnenminister Gerhard Schröder (CDU) legt dem Bundestag den Regierungsentwurf für ein Notstandsgesetz vor

20. Juli: Die SPD bricht alle Kontakte zum SDS ab

Juli: Manifest von 121 französischen Intellektuellen zum Algerien-Krieg mit der Aufforderung der Wehrdienstverweigerung

8. November: John F. Kennedy wird zum neuen Präsidenten der USA gewählt

1961

13. August: Die DDR baut eine Mauer durch Berlin

17. September: In den Wahlen zum Bundestag verliert die CDU die absolute Mehrheit (Ergebnis: CDU 45,4%; SPD 36,2%; FDP 12,8%); Konrad Adenauer wird Bundeskanzler

27. Dezember: Ulrike M. Meinhof heiratet Klaus Rainer Röhl, aus dieser Ehe gehen zwei Kinder hervor

1962

8. März: Beginn offizieller Verhandlungen zwischen Frankreich und der algerischen Unabhängigkeitsbewegung FLN

18. März: Abschluß eines Waffenstillstandsabkommens zwischen Frankreich und der algerischen Exilregierung in Evian

Oktober: Errichtung sowjetischer Raketenbasen auf Kuba (»Kuba-Krise«)

26. Oktober: In einer Nacht-und-Nebel-Aktion werden die Redaktionsräume des »Spiegel« besetzt (»Spiegel-Affäre«)

1963

Juni: John F. Kennedy besucht West-Berlin

16. Oktober: Konrad Adenauer tritt zurück; Ludwig Erhard wird Bundeskanzler

22. November: John F. Kennedy wird in Dallas/Texas erschossen. – Ulrike M. Meinhof schreibt einen Kommentar in »konkret«: »Deutschland ohne Kennedy«

1964

Ulrike M. Meinhof schreibt weiter Kolumnen für »konkret«, zieht sich jedoch aus der redaktionellen Arbeit zurück. Sie verfaßt Reportagen für den Rundfunk und dreht einige zeitkritische Filme für die Sendung »Panorama«
Sommer: Massiver Eingriff der USA in den Vietnam-Krieg, der erst am 30. 4. 1975 beendet wird

1965

25. März: Verlängerung der Verjährungsfrist für NS-Verbrechen durch den Bundestag
19. September: Wahlen zum Bundestag (Ergebnis: CDU 47,5%; SPD 39,3%; FDP 9,5%); Ludwig Erhard bleibt Bundeskanzler

1966

Oktober: Kongreß »Notstand der Demokratie« in Frankfurt gegen die geplanten Notstandsgesetze der Bundesregierung
1. Dezember: Bildung der »Großen Koalition« aus SPD und CDU; Bundeskanzler wird Kurt Georg Kiesinger, Außenminister Willy Brandt

1967

2. Juni: Benno Ohnesorg wird während der Protestkundgebungen gegen den Staatsbesuch des Schahs von Persien von der Westberliner Polizei erschossen.

1968

Februar: »Internationaler Vietnam-Kongreß« an der TU Berlin; nach Aufhebung eines vom Senat erlassenen Demonstrationsverbotes nehmen über 12 000 an der Abschluß-Demonstration teil. Das offizielle Berlin antwortet mit einer von Senat, DGB und Springer-Konzern organisierten Gegenkundgebung, auf der es zu massiven Ausschreitungen gegen Studenten, Langhaarige und Intellektuelle kommt.
Frühjahr: Bruch zwischen Ulrike M. Meinhof und Klaus Rainer Röhl. Sie siedelt von Hamburg nach Berlin über. Tätigkeit als Journalistin und Lehrbeauftragte am Institut für Publizistik der FU; für den Südwestfunk schreibt sie das Fernsehstück »Bambule«
2. April: Andreas Baader und Gudrun Ensslin legen einen Brandsatz in einem Frankfurter Kaufhaus; sie werden zu drei Jahren Gefängnis verurteilt
11. April: Attentat auf Rudi Dutschke; in West-Berlin und der BRD kommt es zu den bisher größten und militantesten Demonstrationen der Studenten- und Jugend-Bewegung; Aktionen gegen den Springer-Konzern
10. Mai: Beginn des »Pariser Mai«
30. Mai: Begleitet von zahlreichen Demonstrationen und Streikversuchen verabschiedet der Bundestag die Notstandsgesetze
21. Augsut: Einmarsch sowjetischer und anderer Truppen des Warschauer Pakts in die CSSR
26. September: Gründung der DKP
November: Beate Klarsfeld ohrfeigt Bundeskanzler Kiesinger wegen seiner nazistischen Vergangenheit

1969

5. März: Gustav Heinemann wird zum Bundespräsidenten gewählt
April: Ulrike M. Meinhof beendet ihre Mitarbeit bei »konkret«
28. September: Wahlen zum Bundestag (Ergebnis: CDU 46,1%; SPD 42,7%; FDP 5,8%); Willy Brandt wird Bundeskanzler und bildet eine SPD/FDP-Koalitionsregierung

1970

Februar: Abschluß der Dreharbeiten zu »Bambule«
19. März: Bundeskanzler Willy Brandt und DDR-Ministerpräsident Willi Stoph treffen sich in Erfurt
14. Mai: Andreas Baader wird in West-Berlin mit Hilfe von Ulrike M. Meinhof aus dem Gefängnis befreit; Ulrike M. Meinhof beendet ihre journalistische Karriere und geht in den Untergrund (ihr Film »Bambule« wird kurz vor der Sendung vom Fernsehprogramm gestrichen und 1994 erstmals ausgestrahlt); Gründung der »Roten Armee Fraktion«
12. Augsut: Unterzeichnung des Moskauer Vertrags
7. Dezember: Unterzeichnung des Warschauer Vertrags

1971

1. September: Horst Herold wird neuer Präsident des BKA (Ausbau des Fahndungsapparates: »Rasterfahndung«)

1972

28. Januar: Auf dem Höhepunkt der RAF-Fahndung beschließen die Ministerpräsidenten der Länder der BRD den sogenannten »Radikalenerlaß«, der Mitgliedern einer Organisation, die verfassungsfeindliche Ziele verfolgt, den Zugang zum öffentlichen Dienst verwehrt.
27. April: Im Bundestag scheitert das »konstruktive Mißtrauensvotum« gegen Willy Brandt
Mai: Die amerikanische Luftwaffe vermint Häfen in Nordvietnam; die RAF antwortet mit einer Reihe von Bombenanschlägen (»Mai-Offensive«)
11. Mai: Bombenanschlag auf das v. US-Korps im IG-Farben-Haus in Frankfurt am Main
12. Mai: Sprengkörper detonieren in einer Augsburger Polizeidirektion und auf dem Parkhof des Münchener Landeskriminalamts
15. Mai: In Karlsruhe explodiert das Auto des Bundesrichters Buddenberg
19. Mai: Bombenanschlag auf das Hamburger Springer-Hochhaus
24. Mai: Bombenanschlag auf das Europa-Hauptquartier der US-Armee in Heidelberg
31. Mai: Große Terroristenfahndungsaktion in der gesamten BRD
1. Juni: Andreas Baader und Holger Meins werden verhaftet
7. Juni: Gudrun Ensslin wird festgenommen
15. Juni: Ulrike M. Meinhof wird festgenommen und im »Toten Trakt« von Köln-Ossendorf besonders schweren Haftbedingungen unterworfen
19. November: Vorgezogene Wahlen zum Bundestag (Ergebnis: CDU 44,9%; SPD 45,8%; FDP 8,4%); Willy Brandt bleibt Bundeskanzler

Dezember: Die Mitglieder der BM-Gruppe treten aus Protest gegen die Haftbedingungen (»Isolationsfolter«) in einen zweimonatigen Hungerstreik
21. Dezember: Unterzeichnung des »Grundlagenvertrages« zwischen der BRD und der DDR

1973

8. Mai bis 29. Juni: 2. Hungerstreik der inhaftierten RAF-Mitglieder; die Gefängnisbehörden setzen zum ersten Mal das Mittel der Zwangsernährung ein; Lockerung der Haftbedingungen

1974

6. Mai: Guillaume-Affäre. Willy Brandt tritt zurück; Helmut Schmidt wird Bundeskanzler
15. Mai: Walter Scheel wird zum Bundespräsidenten gewählt
27. August: Während der Gerichtsverhandlung zur Baader-Befreiung kündigt Ulrike Meinhof den 3. Hungerstreik der RAF-Gefangenen an
2. Oktober: Der Generalbundesanwalt erhebt offiziell Anklage gegen die fünf Kernmitglieder der RAF (Baader, Ensslin, Meinhof, Meins, Raspe)
Dezember: Jean Paul Sartre besucht Andreas Baader in Stammheim
9. November: Holger Meins stirbt an den Folgen des Hungerstreiks
10. November: Der Präsident des Kammergerichts, Günter von Drenkmann wird in Berlin von der »Bewegung 2. Juni« (eine der Nachfolgeorganisationen der RAF) erschossen.
29. November: Ulrike Meinhof wird wegen Mordversuchs bei der Baader-Befreiung zu acht Jahren Freiheitsstrafe verurteilt

1975

2. Februar: Abbruch des Hungerstreiks
23. Februar: In Wyhl wird der Bauplatz des geplanten Kernkraftwerks besetzt
27. Februar: Der Bürgermeisterkandidat der Berliner CDU, Peter Lorenz, wird von der »Bewegung 2. Juni« entführt
2. März: Verena Becker, Gabriele Kröcher-Tiedemann, Ingrid Siepmann, Rolf Heissler und Rolf Pohle werden gegen Peter Lorenz ausgetauscht
25. April: Überfall des Kommando »Holger Meins« auf die Botschaft der BRD in Stockholm
21. Mai: Beginn des Stammheim-Prozesses gegen den »harten Kern«
Dezember: Terroristischer Anschlag mit Geiselnahme auf die OPEC-Konferenz in Wien

1976

1. Mai: Zahlreiche neue Zensurgesetze treten in Kraft (§ 88a u. a.)
8. Mai: Ulrike M. Meinhof wird erhängt in ihrer Zelle aufgefunden
16. Mai: Beerdigung von Ulrike Meinhof in Berlin
3. Oktober: Wahlen zum Bundestag (Ergebnis: CDU 48,6%; SPD 42,6%; FDP 7,9%); Helmut Schmidt wird Bundeskanzler
4. Juli: Geiseldrama auf dem ugandischen Flughafen Entebbe; die Entführer, darunter auch zwei Deutsche, fordern die Freilassung von 53 inhaftierten Terroristen
14. November: Heftige Auseinandersetzungen um den Bauplatz des KKW Brokdorf